江苏省高等学校重点教材（编号：2021-2-027）

江苏省"十四五"首批职业教育规划教材

高等职业教育财务会计类专业新形态一体化教材

基础会计

沈爱凤　山小花　主　编

邹　俊　副主编

清华大学出版社

北　京

内容简介

本书充分考虑财务会计类专业学生的特点及就业需求,以会计工作过程为导向,以企业典型业务为背景,以职业岗位技能要求为基础,依据新准则、新税率精心编写而成,着重提升学生会计理论素养和实际核算能力。本书共五个项目,分别是:认知会计职业基础、期初建账、处理会计凭证、处理会计账簿和编制财务报表。为便于教学,本书配有教学课件、课后习题与参考答案等资源。

本书既可作为高等职业院校财务会计类专业的教材,也可作为社会相关人员的培训用书。

本书封面贴有清华大学出版社防伪标签,无标签者不得销售。
版权所有,侵权必究。举报:010-62782989,beiqinquan@tup.tsinghua.edu.cn。

图书在版编目(CIP)数据

基础会计/沈爱凤,山小花主编. —北京:清华大学出版社,2021.10(2024.9重印)
高等职业教育财务会计类专业新形态一体化教材
ISBN 978-7-302-58713-2

Ⅰ.①基… Ⅱ.①沈… ②山… Ⅲ.①会计学－高等职业教育－教材 Ⅳ.①F230

中国版本图书馆 CIP 数据核字(2021)第 141319 号

责任编辑:刘士平
封面设计:傅瑞学
责任校对:赵琳爽
责任印制:曹婉颖

出版发行:清华大学出版社
网　　址:https://www.tup.com.cn,https://www.wqxuetang.com
地　　址:北京清华大学学研大厦 A 座　　邮　编:100084
社 总 机:010-83470000　　邮　购:010-62786544
投稿与读者服务:010-62776969,c-service@tup.tsinghua.edu.cn
质量反馈:010-62772015,zhiliang@tup.tsinghua.edu.cn
课件下载:https://www.tup.com.cn,010-83470410

印 装 者:三河市龙大印装有限公司
经　　销:全国新华书店
开　　本:185mm×260mm　　印　张:17.75　　字　数:426 千字
版　　次:2021 年 10 月第 1 版　　印　次:2024 年 9 月第 4 次印刷
定　　价:49.90 元

产品编号:092104-02

前 言

党的二十大报告指出,高质量发展是全面建设社会主义现代化国家的首要任务。现代会计是社会化大生产和现代市场经济的基石,是资源配置、价值创造、财富分配的基本方法和核心工具,对经济高质量发展、现代化建设和国家治理至关重要。如何培养出符合国家教育战略需要、诚实守信、守正创新的合格会计人才,以适应新时代的新要求,是会计教育关注的重要话题。

基础会计是经济管理类专业的一门重要基础课程,是会计入门的必修课。本书旨在通过课程教学使会计专业学生树立诚信价值观,掌握会计基础知识和实践技能,提高综合素质,成为专业的财务会计人才,并为学生利用数字化转型契机,应对数字化变革带来的挑战,发挥会计在经济管理中的重要作用,打下坚实的理论基础。

本书依据"工学结合、任务驱动、学生主体、能力主线"的理念,基于会计工作过程的思路进行编写。本书作者团队以项目为导向,以企业真实的会计业务为载体,以工作任务为核心,以学生为主体,以实训为手段,校企共同开发,编写了本书。

全书共分五个项目、二十个任务,基于会计工作流程依次介绍:认知会计职业基础、期初建账、处理会计凭证、处理会计账簿、编制财务报表。每个项目中设有小知识、温馨提示等模块,可丰富学生知识,开拓学生视野,提高学生分析问题、解决问题的能力。

(1) 本书遵循能力本位、工学结合、校企合作、持续发展的原则,突出"学中做,做中学"的教学理念;在介绍会计理论的同时,安排企业真实的案例分析,充分体现"把企业搬进校园"的教学理念。

(2) 以会计工作过程为导向,以职业岗位技能要求为基础,构建全新的结构体系,充分贴合中小企业会计、管理岗位的工作要求。

(3) 课堂教学与企业实务无缝对接。从企业实际出发,采用"实训内容即工作内容,实训过程即工作过程"的编写思路,系统梳理会计人员应知应会的核心知识与技能,精选企业典型会计业务为实训业务,制作了仿真的单据及账证表,学生可以完全模拟企业会计工作场景进行实训,从而迅速具备会计上岗的能力。

(4) 形式仿真,增强感性认识。本书的会计凭证、会计账簿、会计报表都来自企业真实的会计资料,可增强学生的感性认识。这种形式符合企业工作的实际情况,更能帮助学生认识真实的企业会计工作。

本书可以作为高等院校会计专业和经济管理类专业基础会计课程的教材，也可以作为经济管理工作者自学基础会计理论知识与技能的参考用书。

本书由苏州信息职业技术学院沈爱凤教授和山小花副教授担任主编，负责全书的总纂、修改和最终定稿，由邹俊老师担任副主编。具体编写分工如下：项目一和项二由邹俊编写；项目三由沈爱凤编写；项目四和项目五由山小花编写。

本书在编写过程中，参考了有关专家、学者的论著、教材及文献资料，吸取了一些最新的研究成果，在此表示衷心的感谢！由于编者水平所限，书中难免有不妥之处，恳请读者批评指正。

编 者
2023 年 8 月

目 录

项目一 认知会计职业基础 ·· 1

  任务一 认知会计职业 ·· 1

  任务二 认知会计 ·· 4

  任务三 明确会计核算要求 ···································· 8

  任务四 了解会计工作组织 ··································· 15

项目二 期初建账 ·· 22

  任务一 建账前的准备 ······································· 22

  任务二 认识账簿 ··· 61

  任务三 建立账簿 ··· 67

项目三 处理会计凭证 ·· 78

  任务一 识别、填制并审核原始凭证 ··························· 79

  任务二 填制并审核记账凭证 ································· 93

  任务三 核算企业主要经济业务 ······························ 108

  任务四 传递与保管会计凭证 ································ 215

项目四 处理会计账簿 ·· 218

  任务一 确定账务处理程序 ·································· 218

  任务二 登记会计账簿 ······································ 225

  任务三 对账 ·· 235

  任务四 组织财产清查 ······································ 240

  任务五 结账 ·· 252

  任务六 更换与保管会计账簿 ································ 254

项目五　编制财务报表……………………………………………………………… 257
　　任务一　认知财务报表…………………………………………………………… 257
　　任务二　编制资产负债表………………………………………………………… 260
　　任务三　编制利润表……………………………………………………………… 270

参考文献……………………………………………………………………………… 275

项目一 认知会计职业基础

学习目标

价值目标

1. 了解中西方会计的产生与发展,增强民族自豪感;
2. 认识会计的职能,对会计职业产生兴趣;
3. 熟悉会计信息质量要求,树立诚实守信的职业道德。

能力目标

1. 能够认知会计的含义、职能、会计的对象与目标;
2. 能够正确分析会计专业与职业的关系,树立正确的学习理念,完成职业生涯规划;
3. 能够根据会计核算前提分析会计业务的处理方法;
4. 能够运用会计核算基础完成收入、费用的归属划分。

知识目标

1. 掌握会计的基本概念、基本职能、会计对象与会计目标;
2. 了解会计的拓展职能;
3. 掌握会计核算的基本前提和核算基础;
4. 了解会计核算方法及会计循环;
5. 了解会计工作组织。

任务一 认知会计职业

一、会计职业的内涵

会计职业(accounting profession)广义上指会计从业人员所从事的职业,即指整个会计行业,狭义上指具备职业资格的会计师群体,如特许会计师、注册会计师等。会计职业非常讲究实际经验和专业技巧,它的入职门槛相对比较低,而后期发展较难。会计从业人员要想得到好的发展,就要注意在工作中积累经验,不断提高专业素质和专业技巧,开拓自己的知识面。随着社会经济的高速发展,会计行业已经开始和其他的专业慢慢融合,产生了很多新职业,为从业者提供了不断变化且富有挑战性的工作。很多商界的成功人士最早都是从事会计工作的,同时,很多大企业的财务总监都具有会计职业背景。

二、会计职业的种类

1. 单位会计

单位会计指企业、政府机关、社会团体等单位的会计,其主要工作任务是会计核算、会计监督和财务管理等。

2. 公共会计

公共会计指为社会各界服务的会计,主要是指注册会计师。

三、会计职业发展规划

(一)会计职业发展四大常见方向

会计人的职业发展通常集中在以下四大类:第一类是会计,通常可以理解为服务于各类企业或组织,遵循会计法和通用企业会计准则进行会计计量、会计核算、会计信息披露、财务分析和财务管理等的狭义上的会计人员。第二类是审计,服务于各类企业,为信贷机构和资本市场提供独立、客观的鉴证信息等,包括注册会计师和政府及企事业单位审计部门的审计人员、资产清算评估人员、单位内部审计人员。第三类是会计管理人员,服务于投资人,也就是首席财务官(CFO)。第四类是会计研究者,主要指科研与教研人员,如学校教师、会计师协会研究员等。

> **温馨提示**
>
> 在我国从事注册会计师职业,必须取得注册会计师资格证,并在注册会计师事务所从事审计工作两年以上,申请注册取得职业资格,才能独立承担审计业务。未取得职业资格者,只能作为注册会计师的助理人员。

> **小知识**
>
> 美国管理会计师协会(IMA)资助进行的一项关于会计职业的现在和未来的调查研究显示,客户和产品获利能力、流程改善、业绩评价、长期战略计划、计算机系统及其操作、成本会计系统、合并购售和剥离、项目会计、职业教育、内部咨询、财务和经济活动分析、质量系统及其控制等,是今后数年内重要的会计职业活动。传统的财务会计已不能适应企业的发展,管理会计才是会计职业的发展方向。

(二)会计职业发展的三种模式

1. 纵向发展模式

纵向发展模式相对传统,是指会计人从出纳、助理会计师、会计师、注册会计师、国际注册会计师(主要有 ACCA 与 CPA 两种)等职位逐步晋升的专业发展道路。

2. 横向发展模式

横向发展模式更具挑战性，是指会计人员在具备一定的会计知识、技能之后转向管理岗位发展，专业化的纵向发展道路对有些人未必合适。

如果会计人员成为管理人员，就能很好地实行成本控制，充分运用投资、筹资功能，为企业进行资本运作。在世界 500 强企业中，这样的例子很多。此外，在中国人理财意识已然苏醒的形势下，对理财人员的需求将会以几何级数递增，会计人员可以转向金融、家庭理财管理等方向，获得新的发展机会。

3. 斜向发展模式

斜向发展模式更为灵活，是指会计人员既不走专业化道路，也不走管理化道路，而是走适合自己的道路。因为专业化道路有限制条件，公司的管理岗位也是有限的，还要涉及会计人员是否具备管理技能。

在企业内部调动或者原来的职业生涯没有发展空间时主动选择从事另外一种工作，不但有助于企业降低人力成本，也有助于员工个人成长。

理想化的职业选择，就是个人需求、兴趣、能力等与市场的机会保持最佳的匹配。良好的职业选择，可以带来一连串的机会，使人找到能很好表现自己的职位，进而一心想坚持自己所选的职业，并感到工作带来的高度满意感以及工作和私人生活之间的平衡。

会计人为了在职场中获得认可、实现自身的价值、打开未来职场的上升通道，普遍重视提升自身职业水平，会在资格考试中加大自己的投入。国内国际的会计资格考试类别很多，哪种资格考试更受会计人的青睐呢？中国会计视野发布《2017 年国内会计资格考试调查报告》显示，会计专业人员认为对个人职业发展有价值的考试如图 1-1 所示。

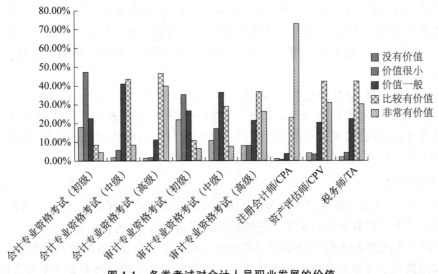

图 1-1　各类考试对会计人员职业发展的价值

任务二 认知会计

一、会计的产生与发展

（一）会计的产生

会计作为一项记录、计算和考核收支的工作，在原始社会中便已具有雏形。但是，会计具体诞生在何时、发源于何地，至今尚很难确切地加以考证。最初的会计只是生产职能的附带部分，后经历了古代会计、近代会计和现代会计三个发展阶段。

人类要生存，社会要发展，就要进行物质资料的生产。生产活动一方面创造物质财富，创造一定的劳动成果；另一方面则要发生劳动耗费，包括人力、物力的耗费。在一切社会形态中，人们进行生产活动时，总是力求以尽可能少的劳动耗费，取得尽可能多的劳动成果，做到所得大于所费，提高经济效益。为此，必须在不断改革生产技术的同时，采用一定方法对劳动耗费和劳动成果进行记录、计算，并加以比较和分析，这就产生了会计。可见，会计的产生与加强经济管理、追求经济效益有着不可分割的联系。

（二）会计的发展

早期的会计是比较简单的，只是对财物的收支进行计算和记录。随着社会生产的发展和科学技术水平的不断进步，会计经历了由简单到复杂、由低级到高级的漫长发展过程，主要有以下三个阶段。

1. 古代会计

原始社会中，随着社会生产力水平的提高，人们捕获的猎物及生产的谷物等有了剩余，要算计着食用或进行交换，这样就需要进行简单的记录和计算。但由于当时文字没有出现，人们只好"绘图记事"，后来发展为"结绳记事""刻石记事"等。这些原始的简单记录，就是会计的萌芽。

随着生产的发展，科技的进步，劳动消耗和劳动成果的种类不断增多，出现了大量的剩余产品，会计逐渐从生产职能中分离出来，成为特殊的、专门委托的当事人的独立的职能。据马克思考证，在原始的规模小的印度公社已经有了一个记账员，登记和记录农业项目，以及与此有关的一切事项，这便是早期的古代会计。

2. 近代会计

一般认为，从单式记账法转变到复式记账法，是近代会计形成的标志。15世纪末期，意大利数学家卢卡·巴其阿勒有关复式记账论著的问世，标志着近代会计的开端。

（1）15世纪航海技术的发展促进了各地区之间的贸易往来，意大利佛罗伦萨、热那亚、威尼斯等地的商业和金融业因此特别繁荣。日益发展的商业和金融业要求不断改进和提高过去的记账方法，复式记账技术在银行的存款转账业务上逐渐形成。为适应实际需要，1494年，意大利数学家卢卡·帕乔利出版了《算术、几何、比及比例概要》一书，系统地介绍了威尼斯的复式记账法,并给予理论上的阐述,近代会计的历史由此开始。

(2) 从15世纪到18世纪,会计的理论与方法的发展仍然比较缓慢。直到蒸汽技术的发明带来了工业革命,才使得会计有了较大的发展,尤其是在英国,会计迅速发展。此前,会计主要是记账和算账,这时还要编制和审查报表,为满足编制财务报表的需要,还要求研究资产的估价方法和有关理论等。

(3) 第一次世界大战以后,美国取代了英国的地位,无论是生产力还是科学技术的发展,都处于遥遥领先的地位。会计学的发展中心,也从英国转移到美国。在20世纪20年代至30年代,美国对标准成本会计的研究有了突飞猛进的发展。到这一时期,会计方法已经比较完善,会计科学也已经比较成熟。

3. 现代会计

在经济活动更加复杂,生产日益社会化,人们的社会关系更加广泛的情况下,会计的地位和作用,会计的目标,会计所应用的原则,会计方法和技术都在不断发展、变化并日趋完善,逐步形成自身的理论和方法体系。另外,科学技术水平的提高也对会计的发展起了很大的促进作用。

现代数学、现代管理科学与会计的结合,特别是电子计算机在会计数据处理中的应用,使会计工作的效能发生了很大变化,它扩大了会计信息的范围,提高了会计信息的精确性和及时性。至20世纪中叶,比较完善的现代会计已逐步形成。

二、会计的含义

(一) 会计的概念

会计是以货币为主要计量单位,运用专门的方法,对企事业、机关单位或其他经济组织的经济活动进行连续、系统、全面地反映和监督的一项经济管理活动。具体而言,会计是对一定主体的经济活动进行的核算和监督,并向有关方面提供会计信息。

(二) 会计的特点

1. 以货币为主要计量尺度,具有综合性

会计要反映和监督会计内容,需要运用多种计量尺度,包括实物尺度(如公斤、吨、件等)、劳动尺度(如工时、工日等)和货币尺度,且以货币尺度为主。实物尺度和劳动尺度能够具体反映各项财产、物资的增减变动和生产过程中的劳动消耗,对核算和经济管理都是必要的,但这两种尺度都不能综合反映会计的内容。

会计以货币作为综合计量尺度,通过会计的记录可以全面地、系统地反映和监督企业、行政单位和事业单位的财产物资财务收支、生产过程中的劳动消耗和成果,并计算出最终财务成果。会计具有综合性,在会计核算过程中即使已经运用了实物尺度和劳动尺度进行记录,也必须以货币尺度综合地加以反映。

2. 会计核算具有完整性、连续性和系统性

会计对经济业务的核算必须是完整、连续和系统的。完整是指会计核算对属于会计内

容的全部经济业务都必须加以记录,不允许遗漏其中的任何一项。连续是指对各种经济业务应按其发生的时间,顺序地、不间断地进行记录和核算。系统是指对各种经济业务要进行分类核算和综合核算,并对会计资料进行加工整理,以取得系统的会计信息。

3. 会计核算要以凭证为依据,并严格遵循会计规范

会计记录和会计信息讲求真实性和可靠性,这就要求企业、行政单位和事业单位发生的一切经济业务,都必须取得或填制合法的凭证,以凭证为依据进行核算。在会计核算的各个阶段都必须严格遵循会计规范,包括会计准则和会计制度,以保证会计记录与会计信息的真实性、可靠性和一致性。

三、会计的职能

会计的职能是指会计在经济管理过程中所具有的功能,这解释了会计是用来做什么的。

(一) 基本职能

一般而言,核算与监督是会计的两大基本职能。

1. 核算职能

会计核算职能又称会计反映职能,这是会计最基本、最首要的职能。它是指会计以货币为主要计量单位,对特定主体的经济活动进行确认、计量、报告和记录。"以货币为主要计量单位"是手段,"确认、计量和报告"是会计工作流程。会计核算是全面、连续、系统地进行的,这是由会计核算的特点决定的。

2. 监督职能

会计监督职能又称会计控制职能,是指对特定主体经济活动和相关会计核算的真实性、合法性和合理性进行监督检查。会计监督是一个过程,包括事前、事中和事后监督。会计监督主要通过价值指标进行。

(二) 拓展职能

随着生产力水平的日益提高、社会经济关系的日益复杂和管理理论的不断深化,会计所发挥的作用日益重要,其职能也在不断丰富和发展。会计的拓展职能主要包括以下内容。

1. 预测经济前景

会计通过反映过去的经济业务,提供会计信息,根据这些会计信息,找出会计各个要素及相互之间变化规律,可用于预测企业未来财务状况、经营成果、现金流量的发展变化趋势,有利于企业进行有效的计划、预算和预测。

2. 参与经济决策

会计依据决策理论与方法,运用会计信息、方法和手段,对企业的经济活动进行预测、分析、论证,并提出科学的决策依据,是企业经济决策中的一项重要管理活动。

3. 评价经营业绩

会计会根据一定时期的会计信息,对企业财务状况、经营成果、现金流量等进行评价,具有评价经营业绩的职能。

四、会计的对象与目标

(一) 会计对象

会计对象是指会计核算和监督的内容,具体是指社会再生产过程中能以货币表现的经济活动,即资金运动或价值运动,其内容如图1-2所示。

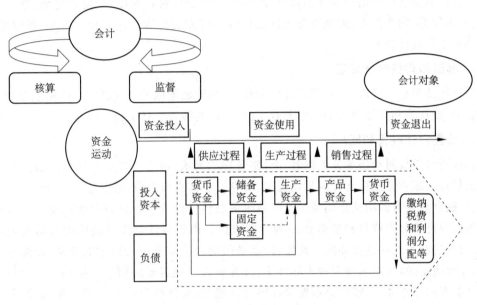

图1-2 会计对象内容示意图

会计对象是特定会计主体资金的运动。各独立经济实体进行生产经营活动,必须拥有一定数量的资金。随着生产经营活动的持续进行,形成了资金运动。资金运动是由许多具体的运动组成的,包括动态和静态两方面表现。资金运动的动态表现包括资金投入企业的运动、资金在企业内部的循环与周转运动、权益转化运动,以及资金退出运动。资金运动的静态表现为资产同负债和所有者权益的相对平衡。

(二) 会计目标

会计目标也称会计目的,是要求会计工作完成的任务或达到的标准。我国《企业会计准则——基本准则》中明确规定:财务会计报告的目标是向财务会计报告使用者提供与企业财务状况、经营成果和现金流量等有关的会计信息,反映企业管理层受托责任履行情况,有助于财务会计报告使用者做出经济决策。

会计目标是提供会计信息。一方面,要向资源委托者提供信息,监督受托者的受托责任;另一方面,除了资源委托者之外,还要向债权人、政府等和企业有密切关系的信息使用者提供对决策有用的信息。会计目标受到环境因素的影响,随环境因素的变化而变化。

任务三 明确会计核算要求

一、会计核算方法

会计核算方法是指对会计对象进行连续、系统、全面、综合的确认、计量和报告所采用的各种方法。

会计核算方法体系由填制和审核会计凭证、设置会计科目和账户、复式记账、登记会计账簿、成本计算、财产清查、编制财务会计报告等专门方法构成。它们相互联系、紧密结合，确保会计工作有序进行。

1. 填制和审核会计凭证

会计凭证是记录经济业务，明确经济责任，作为记账依据的书面证明。正确填制和审核会计凭证，是核算和监督经济活动财务收支的基础，是做好会计工作的前提。

2. 设置会计科目和账户

会计科目是按照经济业务的内容和经济管理的要求，对会计要素的具体内容进行分类核算的科目。账户是根据会计科目设置的，具有一定格式和结构，用于分类连续地记录经济业务、反映会计要素的增减变动情况及其结果的载体。设置会计科目和账户是对会计核算的具体内容进行分类核算和监督的一种专门方法。由于会计对象的具体内容是复杂多样的，要对其进行系统性核算和经常性监督，就必须对经济业务进行科学的分类，以便分门别类地、连续地记录，据以取得多种不同性质、符合经营管理需要的信息和指标。会计科目是对会计要素的基本分类，账户是根据会计科目设置的；会计科目是账户的名称，相同名字的科目核算的经济业务是相同的；会计科目只有名字，而账户包括结构与格式，可以记录和反映会计要素增减变化及结果。

3. 复式记账

复式记账是指对所发生的每项经济业务，以相等的金额，同时在两个或两个以上相互联系的账户中进行登记的一种记账方法。采用复式记账方法，可以全面反映每一笔经济业务的来龙去脉，防止差错，且便于检查账簿记录的正确性和完整性，是一种比较科学的记账方法。

4. 登记会计账簿

登记会计账簿简称记账，是以审核无误的会计凭证为依据在账簿中分类、连续地、完整地记录各项经济业务，以便为经济管理提供完整、系统的会计核算资料。账簿记录是重要的会计资料，是进行会计分析、会计检查的重要依据。

5. 成本计算

成本计算是按照一定对象归集和分配生产经营过程中发生的各种费用，以便确定该对象的总成本和单位成本的一种专门方法。产品成本是综合反映企业生产经营活动的一项重要指标。正确地进行成本计算，可以考核生产经营过程的费用支出水平，它是确定企业盈亏和制定产品价格的基础,可以为企业进行经营决策提供重要数据。

6. 财产清查

财产清查是指通过盘点实物、核对账目,查明各项财产物资实有数额的一种专门方法。通过财产清查,可以提高会计记录的正确性,保证账实相符。同时,财产清查还可以查明各项财产物资的保管和使用情况以及各种结算款项的执行情况,以便对积压或损毁的物资和逾期未收到的款项,及时采取措施,进行清理,并加强对财产物资的管理。

7. 编制财务会计报告

编制财务会计报告是以特定的形式,定期并总括地反映企业经济活动情况和结果的一种专门方法。财务会计报告主要以账簿中的记录为依据,经过一定形式的加工整理而产生一套完整的核算指标,用于考核、分析财务计划和预算执行情况,并作为编制下期财务和预算的重要依据。

以上会计核算的七种方法虽各有特定的含义和作用,但并不是独立的,而是相互联系、相互依存、彼此制约的。它们构成了一个完整的方法体系。在会计核算中,应正确地运用这些方法。一般在经济业务发生后,按规定的手续填制和审核凭证,并应用复式记账法在有关账簿中进行登记;一定期末还要对生产经营过程中发生的费用进行成本计算和财产清查,在账证、账账、账实相符的基础上,根据账簿记录编制财务会计报告。会计核算方法关系如图 1-3 所示。

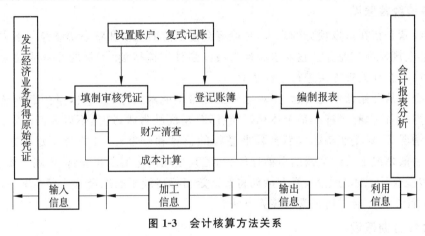

图 1-3 会计核算方法关系

二、会计循环

会计循环是指按照一定的步骤反复运行的会计程序。从会计工作流程看,会计循环由确认、计量和报告等环节组成;从会计核算的具体内容看,会计循环由填制和审核会计凭证、设置会计科目和账户、复式记账、登记会计账簿、成本计算、财产清查、编制财务会计报告等组成,其中填制和审核会计凭证是会计核算的起点。

会计循环的基本内容是经济业务发生后,由经办人员填制或取得原始凭证,经会计人员审核整理后,按照设置的会计科目和账户,运用复式记账法,编制记账凭证,并据以登记账簿,依据凭证和账簿记录对生产经营过程中发生的各项费用进行成本计算,并依据财产清查对账簿记录加以核实,在保证账实相符的基础上,定期编制财务会计报告。

三、会计基本假设

会计基本假设是企业会计确认、计量和报告的前提,是对会计核算所处时间、空间环境等所做的合理假定。会计基本假设包括会计主体假设、持续经营假设、会计分期假设和货币计量假设。

1. 会计主体假设

会计主体是指企业会计确认、计量和报告的空间范围,即会计核算和监督的特定单位或组织。

会计主体为会计人员从事会计核算和监督工作界定了空间范围,是会计人员为之服务的一个特定单位。会计整理的数据和提供的信息不是漫无边际的,而是严格限制在一个独立核算的经济实体之内,只记本主体的账,只核算和监督本主体的经济业务,明确会计主体是组织会计核算工作的前提。只有确认了会计主体,才能使这一主体的资产、负债、收入、费用和财务成果与其他主体不相混淆。

会计主体假设是持续经营假设、会计分期假设的基础,如果不划分会计的空间范围,会计核算工作就无法进行,指导会计核算工作的准则也就不需要了。

2. 持续经营假设

持续经营是指在可以预见的未来,企业将会按当前的规模和状态继续经营下去,不会停业,也不会大规模削减业务。它要求会计人员以会计主体持续、正常的经营活动为前提,选择会计程序及会计处理方法进行会计核算。

每个企业从开始营业之日起,主观愿望上都希望能永远经营下去,但在市场经济下,竞争非常激烈,不论国有经济还是个体私营经济,总是优胜劣汰,这是不以人们的意志为转移的。在此情况下,对企业持续经营或停业整顿的核算和监督,二者的会计处理方法完全不同。由于一般情况下持续经营的可能性较大,尤其是现代化生产和经营,客观上要求持续经营,所以假设会计主体的生产、经营活动将按既定目标持续不断地经营或存在下去。在这个前提下,会计主体才能采用正常的核算方法。

3. 会计分期假设

会计分期是指将一个企业持续经营的经济活动划分为多个连续的、长短相同的期间,以便分期结算账目和编制财务会计报告。

会计分期是对持续经营的必要补充。资金运动是一个连续不断的过程,只有在经济实体完全停止其资金运动后才能精确地核算其经营成果。但在持续经营的前提下,资金运动不能停止,且何时停止很难预测。为了及时取得会计信息,发挥会计的管理作用,有必要将营业期间人为划分为若干期进行核算。世界各国通常以年为主要会计分期,起讫日期一般与本国财政年度相同,还可以划分为若干较短的期间,如季度和月份等。

我国企业会计的会计期间按年度划分,以日历年度为一个会计年度,即从每年1月1日至12月31日为一个会计年度。每一会计年度还可具体划分为月份、季度,短于1年的通常称为中期。

4. 货币计量假设

货币计量是指会计主体在会计确认、计量和报告时以货币作为计量尺度,反映会计主体的经济活动。

货币是一般等价物,为了使会计能综合反映独立经济实体的资产、负债和所有者权益,必须以"货币计量"为前提,但货币本身也有价值,它是通过货币的购买力或物价水平表现出来的。在商品经济条件下,物价水平不停波动,币值很不稳定,故不可能准确计价,因此在选用货币计量单位时,应以币值保持相对稳定不变或变化甚微为条件。只有这样,才能对会计主体发生的经济活动进行连续、系统地记录和综合汇总,并对不同时期的会计信息进行比较、分析、评价。在我国,会计核算以人民币为记账本位币;以外币收支业务为主的单位,可以选用某一外国货币为记账本位币,但编制财务会计报告时应折算为人民币进行反映。

四、会计基础

会计基础是指会计确认、计量和报告的基础,包括权责发生制和收付实现制。

1. 权责发生制

权责发生制也称应计制或应收应付制,是指收入、费用的确认以收入和费用的实际发生作为确认的标准,合理确认当期损益的一种会计基础。在我国,企业会计核算采用权责发生制,凡是当期已经实现的收入和已经发生或应当负担的费用,不论款项是否收付,都应作为当期的收入和费用处理,凡是不属于当期的收入和费用,即使款项已经在当期收付,也不应作为当期的收入和费用。

权责发生制主要是从时间上规定会计确认的基础,其核心是根据权责关系的实际发生期间来确认收入和费用。根据权责发生制进行收入与成本费用的核算,能够更加准确地反映特定会计期间真实的财务状况及经营成果。

2. 收付实现制

收付实现制也称现金制,是以收到或支付现金作为确认收入和费用的标准,是与权责发生制相对应的一种会计基础。

在这种会计基础下,凡在本期实际收到现金的收入,不论其应否归属于本期,均应作为本期的收入处理;凡在本期实际以现金付出的费用,不论其应否在本期收入中取得补偿,均作为本期的费用处理。

事业单位会计核算一般采用收付实现制;事业单位部分经济业务或者事项,以及部分行业事业单位的会计核算采用权责发生制核算的,由财政部在相关会计制度中具体规定。

【工作任务——分别确定权责发生制和收付实现制下的收入和费用】

【例1-1】苏州荣华食品有限公司2019年10月发生以下经济业务。

(1) 销售产品20 000元,货款尚未收到;

(2) 销售产品50 000元,货款收到存入银行;

(3) 用银行存款支付本月广告宣传费2 000元;

(4) 用银行存款支付上月水电费1 500元;

(5) 收回上月销售款 30 000 元;
(6) 计提本月应负担短期借款利息 750 元;
(7) 预收货款 56 000 元,产品下月交货;
(8) 预付第四季度办公楼租金 24 000 元。

任务要求:按照权责发生制和收付实现制分别计算苏州荣华食品有限公司 2019 年 10 月的收入和费用,如表 1-1 所示。

表 1-1 权责发生制与收付实现制下收入、费用确认表　　　　　　　　　　　　单位:元

业务号	权责发生制		收付实现制	
	收入	费用	收入	费用
(1)	20 000.00			
(2)	50 000.00		50 000.00	
(3)		2 000.00		2 000.00
(4)				1 500.00
(5)			30 000.00	
(6)		750.00		
(7)			56 000.00	
(8)		8 000.00		24 000.00
合计	70 000.00	10 750.00	136 000.00	27 500.00

【实操训练——分别确定权责发生制和收付实现制下的收入和费用】

苏州荣华食品有限公司 2019 年 9 月发生以下经济业务。
(1) 收到上月产品销售货款 5 000 元;
(2) 销售产品 78 000 元,其中 54 000 元已收到存入银行,余款尚未收到;
(3) 预收销货款 32 000 元;
(4) 支付第三季度借款利息共计 3 600 元;
(5) 支付本月份的水电费 2 400 元;
(6) 本月提供劳务收入 2 600 元,尚未收款;
(7) 预付第四季度房租 3 600 元;
(8) 年初已支付全年财产保险费 14 400 元,由各月平均负担;
(9) 上月预收货款的产品本月发出,实现收入 23 000 元;
(10) 预计下月发生大修理支出 8 000 元,本月应负担 2 000 元。

按照权责发生制和收付实现制分别计算该企业 2019 年 9 月的收入和费用,填写表 1-2。

表 1-2 权责发生制与收付实现制下收入、费用确认表　　　　　　　　　　　　单位:元

业务号	权责发生制		收付实现制	
	收入	费用	收入	费用
(1)				
(2)				
(3)				
(4)				

续表

业务号	权责发生制		收付实现制	
	收入	费用	收入	费用
(5)				
(6)				
(7)				
(8)				
(9)				
(10)				
合计				

五、会计信息质量要求

会计信息质量要求是对企业财务报告所提供会计信息质量的基本要求，是使财务报告所提供会计信息对投资者等信息使用者决策有用所应具备的基本特征，主要包括可靠性、相关性、可理解性、可比性、实质重于形式、重要性、谨慎性、及时性。

（一）可靠性

可靠性要求企业应当以实际发生的交易或者事项为依据进行会计确认、计量和报告，如实反映符合确认和计量要求的各项会计要素及其他相关信息，保证会计信息真实可靠、内容完整。会计信息的有用性应建立在真实可靠的基础上，如果财务报告提供的会计信息是不准确、不可靠的，就会对投资者等使用者的决策产生误导甚至损失。

（二）相关性

相关性要求企业提供的会计信息应当与投资者等财务报告使用者的经济决策需要有关，有助于投资者等财务报告使用者对企业过去、现在的情况作出评价，对企业未来的财务状况、经营成果等作出预测。

会计信息质量的相关性要求，需要企业在确认、计量和报告会计信息的过程中，充分考虑使用者的决策模式和信息需要。相关性是以可靠性为基础的，两者之间并不对立。会计信息在可靠性前提下，应尽可能做到相关性，满足财务报告使用者的需要。

（三）可理解性

可理解性要求企业提供的会计信息应当清晰明了，便于财务会计报告使用者理解和使用。

企业编制财务报告、提供会计信息的目的在于使用，使用者有效使用会计信息的前提是，使用者能准确理解会计信息的内涵，弄懂会计信息的内容，这就要求财务报告所提供的会计信息应当清晰明了，易于理解。只有这样，才能提高会计信息的有用性，实现财务报告的目标，满足投资者等财务报告使用者提供决策信息的要求。

（四）可比性

可比性要求企业提供的会计信息应当相互可比，使得同一企业不同时期可比，不同企业相同会计期间可比。

（1）同一企业不同时期可比。即同一企业不同时期发生的相同或相似的交易或事项，应当采用一致的会计政策，不得随意变更。但如果按照规定或者在会计政策变更后能够提供更可靠、更相关的信息，企业可以变更会计政策。有关会计政策的变更情况，应当在附注中予以说明。

（2）不同企业相同会计期间可比。即不同企业同一会计期间发生的相同或相似的交易或事项，应当采用规定的会计政策，确保会计信息口径一致、相互可比，以使不同按照一致的确认、计量和报告基础提供有关会计信息。

（五）实质重于形式

实质重于形式要求企业应当按照交易或事项的经济实质进行会计确认、计量和报告，不应仅以交易或事项的法律形式为依据。

实际工作中，交易或事项在多数情况下经济实质和法律形式是一致的，但是并不完全。有些情况下，也有法律形式不能反映经济实质的情况发生。例如，企业融资租入的资产，虽然从法律形式来讲，租赁期结束前企业并不拥有其所有权，但从经济实质来看，租赁期内承租企业有权支配资产并从中受益，企业能够控制租入资产所创造的受益，因此，根据实质重于形式原则，在会计确认、计量和报告时就应当将融资租入的资产视为企业的资产。

（六）重要性

重要性原则要求企业提供的会计信息应当反映与企业财务状况、经营成果和现金流量有关的所有重要交易或者事项。

在实务中，如果会计信息的省略或者错报会影响投资者等财务报告使用者据此做出决策，该信息就具有重要性。重要性的应用需要依赖职业判断，企业应当根据其所处环境和实际情况，从项目的性质和金额两方面加以判断。例如，企业发生的某些支出金额很小，从支出的受益期来看，需要在若干会计期间分摊，但根据重要性原则，可以一次性计入当期损益。

（七）谨慎性

谨慎性要求企业对交易或事项进行会计确认、计量和报告应当保持应有的谨慎，不应高估资产或者收益、低估负债或者费用。

在市场经济环境下，企业的生产经营活动面临着许多风险和不确定性，比如应收账款的可回收性、售出的存货可能发生退货和返修等，会计信息质量的谨慎性要求，需要企业在面临不确定性因素的情况下，应当保持谨慎，充分估计到各种风险和损失，既不高估资产或收益，也不低估负债或费用。例如，企业对应收账款计提坏账准备，对售出的商品可能发生的保修义务确认预计负债，就体现了会计信息质量的谨慎性要求。

谨慎性要求也不允许企业故意低估资产或收益，比如设置秘密资金，这样不符合可靠性、相关性要求，会损害会计质量，扭曲实际的财务状况和经营成果，违背会计准则的要求。

（八）及时性

及时性要求企业对已经发生的交易或事项，应当及时进行会计确认、计量和报告，不得提前或延后。

会计信息的价值具有时效性，失去时效性的会计信息，对使用者的效用将大幅降低甚至失去其价值。在会计确认、计量和报告过程中应贯彻及时性要求，一是要求及时收集会计信息，即交易或事项发生后，及时收集整理各种原始凭证和单据；二是要求及时处理会计信息，对交易或事项进行确认和计量；三是要求及时传递会计信息，及时将编制的财务报告传递给相关使用者，便于及时使用和决策。

任务四　了解会计工作组织

会计工作组织是指为了适应会计工作的综合性、政策性和严密细致性的特点，对会计机构的设置、会计人员的配备、会计制度的制定与执行、会计档案管理等工作所做的统筹安排。会计机构和会计人员是会计工作系统运行的必要条件，会计法规则是保证会计工作系统正常运行的必要约束机制。会计工作组织的内容主要包括：会计机构的设置、会计人员的配备、会计法规体系，以及会计档案管理。

一、会计机构的设置

会计机构是各单位根据会计工作需要而设置的专门办理会计事务的职能部门。凡是独立核算的会计主体，一般都要单独设置会计机构，并配备必要的会计人员。

（一）会计机构设置的要求

会计机构是各单位办理会计事务的职能部门，会计人员是直接从事会计工作的人员。建立健全会计机构，配备与工作要求相适应、具有一定素质和数量的会计人员，是做好会计工作并充分发挥其作用的重要保证。

1. 设置会计机构应以会计业务需要为基本前提

《中华人民共和国会计法》（以下简称《会计法》）第三十六条和《会计基础工作规范》（以下简称《规范》）第六条都规定，是否单独设置会计机构由各单位根据自身会计业务的需要自主决定。一个单位是否单独设置会计机构，往往取决于下列各因素：单位规模的大小；经济业务和财务收支的繁简；经营管理的要求。

2. 不设置会计机构的应当配备会计人员

《规范》在第六条中规定：不具备单独设置会计机构条件的，应当在有关机构中配备专职会计人员。这类机构一般应是单位内部与财务会计工作接近的机构，如计划、统计或经营管理部门，或者是有利于发挥会计职能作用的内部综合部门，如办公室等；只配备专职会计人员的单位，也必须具有健全的财务会计制度和严格的财务手续。

3. 实行代理记账是途径之一

《规范》第八条规定：没有设置会计机构和配备会计人员的单位，应当根据《代理记账管理暂行办法》委托会计师事务所或者持有代理记账许可证书的其他代理记账机构进行代理记账。代理记账是指由社会中介机构即会计咨询、服务机构代替独立核算单位办理记账、算账、报账业务。《会计法》中明确规定：对不具备设置会计机构条件的单位，可以委托经批准设立的会计咨询、服务机构进行代理记账。

（二）会计机构负责人任职资格和条件

会计机构负责人是指单位任用的组织、领导会计机构依法进行会计核算，实行会计监督的负责人，包括独立的会计机构负责人和在有关机构设置的会计人员中指定的会计主管人员。

《会计法》第三十八条第二款对会计机构负责人的从业资格作了明确规定：担任单位会计机构负责人（会计主管人员）的，应当具备会计师以上专业技术职务资格或者从事会计工作三年以上经历。具体来说，会计机构负责人的任职资格和条件是：具备专业技术资格；会计机构负责人任职的其他条件，包括政治素质、工作经历、政策业务水平、组织能力、身体条件。

二、会计人员的配备

会计人员是具体承担一个单位会计工作的人员。我国《会计法》规定，会计人员应具备必要的专业知识；总会计师应由具有会计师以上专业技术任职资格的人员担任。

（一）会计人员的分类与配备

1. 会计人员的分类

按照职位和岗位划分，一般有会计部门负责人、主管会计、会计、出纳等；按照专业技术职务划分，一般有高级会计师、会计师、助理会计师、会计员等。

2. 会计人员的配备

会计人员的配备，应根据各单位规模的大小及业务的需要，应符合会计机构内岗位设置的要求，同时设置会计主管人员，大、中型企事业单位还可以设置总会计师，统筹整个单位的会计工作。

3. 会计人员的从业资格

会计工作专业性很强，对会计从业人员的能力有严格要求，这主要体现在对不同层次会计人员的从业资格的认定上。

（二）会计人员的职责与权限

1. 会计人员的法律责任

《会计法》规定了会计人员的职责和法律责任，尤其突出了单位负责人对会计工作的法律责任,这主要体现在以下几个方面。

(1) 单位负责人对本单位的会计工作和会计资料的真实性、完整性负责。

(2) 财政、审计、税务、人民银行、证券监管、保险监管等部门应当依照有关法律、行政法规规定的职责,对有关单位的会计资料实施监督检查。

(3) 国家实行统一的会计制度。会计凭证、会计账簿、财务会计报告和其他会计资料,必须符合国家统一的会计制度的规定。

(4) 有关法律、行政法规规定,须经注册会计师进行审计的单位,应当向受委托的会计师事务所如实提供会计凭证、会计账簿、财务会计报告和其他会计资料及有关情况。

(5) 会计人员调动工作或者离职,必须与接管人员办清交接手续。具体情况如下:一般会计人员办理交接手续,由会计机构负责人、会计主管人员监交;会计机构负责人、会计主管人员办理交接手续,由单位领导人监交,必要时可以由主管单位派人会同监交;交接双方及监交人均应签字以示负责。

2. 会计人员的权限

为了保障会计人员能切实履行《会计法》规定的职责,《会计法》同样赋予他们相应的、必要的权限。归纳起来,主要有以下几点。

(1) 审核原始凭证。会计人员按照国家统一的会计制度的规定对原始凭证进行审核时,针对三种情况进行处理:如发现不真实、不合法的原始凭证,有权不予受理,并向单位负责人报告;如发现弄虚作假、严重违法的原始凭证,有权不予受理,同时,应当予以扣留,并及时向单位领导人报告,请求查明原因,追究当事人的责任;如发现记载不准确、不完整的原始凭证,有权予以退回,并要求按照有关规定更正、补充。

(2) 处理账实不符。会计人员如发现会计账簿记录与实物、款项及有关资料不相符,按照会计制度的规定有权自行处理的,应当及时处理;无权处理的,应当立即向单位负责人报告,请求查明原因,作出处理。

(3) 处理违法收支。主要有以下三种处理方法:对违法的收支,有权不予办理,并予以制止和纠正;制止和纠正无效的,有权向单位领导提出书面意见,要求处理;对严重违法损害国家和社会公众利益的收支,有权向主管单位或者财政、审计、税务机关报告。

(4) 处理造假行为。主要有以下两种处理方法:会计人员对伪造变造、故意毁灭会计账簿或账外设账的行为,对指使、强令编造、篡改财务报告的行为,有权予以制止和纠正;制止和纠正无效的,有权向上级主管单位报告,请求作出处理。

三、会计法规体系

所谓会计法规体系,是指会计机构和会计人员从事会计核算、会计管理工作应当遵循的行为标准,包括各种与会计相关的法律、法规、准则、制度和职业道德等。我国现行的会计法规体系由会计法律、会计行政法规、会计部门规章制度三个层次组成。

(一) 会计法律

对会计法律的理解,有广义和狭义之分。广义的会计法律是指国家权力机关和行政机关制定的各种会计法规性文件的总称,包括会计法律、会计行政法规、会计规章等;狭义的会计法律,仅是指国家最高权力机关通过一定的立法程序颁发施行的《中华人民共和国会计法》,它是会计工作的基本法,是指导我国会计工作的最高准则。

(二)会计行政法规

会计行政法规是以国务院令颁布的各种会计规范,主要用来规范会计某一方面的工作和调整我国经济生活中某些方面的会计关系。会计行政法规的制定必须以《会计法》为指导,并对《会计法》某些条款进行具体说明和详细补充。会计行政法规主要包括:《总会计师条例》(于1990年12月31日发布),主要规定了单位总会计师的职责、权限、任免、奖惩等;《企业财务会计报告条例》(2000年6月21日发布,自2001年1月1日起施行),主要规定了企业财务会计报告的构成、编制和对外提供的要求、法律责任等,是对《会计法》中有关财务会计报告的规定的细化。

(三)会计部门规章

会计部门规章是国务院财政部门在其职权范围内依法制定、发布的会计方面的法律规范,包括各种会计规章和会计规范性文件。

(1)《企业会计准则——基本准则》(2006年2月15日发布,自2007年1月1日起施行,2014年7月23日进行修订)。它是规范企业会计确认、计量、报告的会计准则,是进行会计核算工作必须共同遵守的基本要求,体现了会计核算的基本规范。它包括会计目标、会计假设、会计基础、会计信息质量要求、会计要素、会计要素的确认和计量以及会计报告等内容,是对会计核算要求所做的原则性规定,具有覆盖面广、概括性强等特点。

(2)《企业会计准则——具体准则》(2006年发布了38项,自2007年1月1日起施行。2014年印发39号、40号、41号准则,2014年7月1日起执行。2017年印发42号准则,2017年5月28日起执行)。《企业会计准则——基本准则》的制定,进一步规范了企业相关业务事项的确认、计量和相关信息的披露。

(3)《小企业会计准则》(2011年10月18日发布,2013年1月1日起施行)。该《准则》分总则、资产、负债、所有者权益、收入、费用、利润及利润分配、外币业务、财务报表、附则10章90条,适用于在我国境内设立的经济规模较小的企业。

(4)《企业内部控制基本规范》(2008年5月22日发布,2009年7月1日施行)。鼓励非上市的大中型企业执行。旨在加强和规范企业内部控制,提高企业经营管理水平和风险防范能力,促进企业可持续发展,维护市场经济秩序和社会公众利益。

(5)《企业会计制度》(2001年1月1日施行)。为了规范企业的会计核算,真实、完整地提供会计信息,依据《会计法》及国家有关法律、法规制定。它适用于除不对外筹集资金、经营规模较小的企业,以及金融保险企业外,在中华人民共和国境内设立的企业。

(6)《会计基础工作规范》(1996年6月17日发布并实施)。其内容主要包括会计机构的设置和会计人员的配备、会计人员的职业道德、会计工作交接、会计核算的一般要求、会计凭证规则、会计账簿规则、财务报告规则、会计监督的内容和要求、建立和健全单位内部会计管理制度的内容和要求等。

(7) 其他会计规章和会计规范性文件。这主要包括:《会计档案管理办法》(1998年8月21日发布,自1999年1月1日起施行;2015年12月11日修订,自2016年1月1日起施行);《代理记账管理办法》(2005年1月22日发布,自2005年3月1日起施行)等。

四、会计档案管理

会计档案指会计凭证、会计账簿和财务报告等会计核算专业资料,是记录和反映企事业单位经济业务发生情况的重要史料和证据。

会计档案是国家档案的重要组成部分,也是各单位的重要档案,它是对一个单位经济活动的记录和反映,通过会计档案,可以了解每项经济业务的来龙去脉,可以检查一个单位是否遵守财经纪律,在会计资料中有无弄虚作假、违法乱纪等行为。各单位的会计部门对会计档案必须高度重视,严加保管。大中型企业应建立会计档案室,小型企业应有会计档案柜并指定专人负责。对会计档案应建立严密的保管制度,妥善管理,不得丢失、损坏、抽换或任意销毁。

(一) 会计档案的具体内容

按照《会计档案管理办法》的规定,企业单位的会计档案包括以下具体内容。

(1) 会计凭证类。原始凭证、记账凭证、汇总凭证、其他会计凭证。

(2) 会计账簿类。总账、明细账、日记账、固定资产卡片、辅助账簿、其他会计账簿。

(3) 财务报告类。月度、季度、年度财务报告,包括会计报表、附表、附注及文字说明,其他财务报告。

(4) 其他类。银行存款余额调节表、银行对账单、其他应当保存的会计核算专业资料、会计档案移交清册、会计档案保管清册、会计档案销毁清册。

(二) 会计档案的基本内容

为了加强会计档案管理,统一会计档案管理制度,更好地为发展社会主义市场经济服务,根据《会计法》和《中华人民共和国档案法》的规定,财政部、国家档案局制定了《会计档案管理办法》,统一规定了会计档案的立卷、归档、保管、查阅和销毁等具体内容。

各单位每年形成的会计档案,应当由会计机构按照归档要求,负责整理立卷,装订成册,编制会计档案保管清册。当年形成的会计档案,在会计年度终了后,可暂由会计机构保管一年,期满之后,应当由会计机构编制移交清册,移交本单位档案机构统一保管;未设立档案机构的,应当在会计机构内部指定专人保管。出纳人员不得兼管会计档案。

会计档案应分类保存,并建立相应的分类目录或卡片,随时进行登记。按照《会计档案管理办法》的规定,会计档案的保管期限分为永久、定期两类。

其中定期保管期限一般分为10年和30年,会计档案的保管期限,从会计年度终了后的第一天算起。企业单位的会计档案的具体保管期限,如表1-3所示。

表1-3 会计档案保管期限

序号	档案名称	保管期限	备注
一	会计凭证		
1	原始凭证	30年	
2	记账凭证	30年	
二	会计账簿		
3	总账	30年	
4	明细账	30年	
5	日记账	30年	
6	固定资产卡片		固定资产报废清理后保管5年
7	其他辅助性账簿	30年	
三	财务会计报告		
8	月度、季度、半年度财务报告	10年	
9	年度财务报告	永久	
四	其他会计资料		
10	银行存款余额调节表	10年	
11	银行对账单	10年	
12	纳税申报表	10年	
13	会计档案移交清册	30年	
14	会计档案保管清册	永久	
15	会计档案销毁清册	永久	
16	会计档案鉴定意见书	永久	

会计档案归档保管之后,单位应当严格按照有关制度利用会计档案,在进行会计档案查阅、复制、借出时履行登记手续,严禁篡改和损坏会计档案。

单位保存的会计档案一般不得对外借出。确因工作需要且根据国家有关规定必须借出的,应当严格按照规定办理相关手续。会计档案借用单位应当妥善保管和利用借入的会计档案,确保会计档案的安全完整,并在规定时间内归还。

单位应当由档案机构牵头,组织会计机构、审计机构、纪检监察等机构共同定期对已到保管期限的会计档案进行鉴定,并形成会计档案鉴定意见书。经鉴定,仍需继续保存的会计档案,应重新划定保管期限;对保管期满,确无保存价值的会计档案,可以进行销毁。

单位确定可以销毁的会计档案,应当按照以下程序进行销毁。

(1)单位档案机构会同会计机构编制会计档案销毁清册,列明销毁会计档案的名称、卷号、册数、起止年度和档案编号、应保管期限、已保管期限、销毁时间等内容。

(2)单位负责人、档案机构负责人、会计机构负责人、档案机构经办人、会计机构经办人在会计档案销毁清册上签署意见。

(3)单位档案机构负责组织会计档案销毁工作,并由单位档案机构和会计机构共同派员监销。监销人在会计档案销毁前,应当按照会计档案销毁清册所列内容进行清点核对;在会计档案销毁后,应当在会计档案销毁清册上签名或盖章。

（4）电子会计档案的销毁应当符合国家有关规定，并由单位档案机构、会计机构和信息系统管理机构共同派员监销。

关、停、并、转单位的会计档案，要根据会计档案登记簿编造移交清册，移交给主管部门或指定的接收单位保管。

会计档案保管人员调动工作，应按照规定办理正式的交接手续。

项目二 期初建账

学习目标

价值目标
1. 掌握借贷记账法基本原理,打好会计基本功,树立会计职业自信;
2. 熟悉会计科目设置、账户设置登记及会计分录书写要求,树立职业规范意识。

能力目标
1. 能分析经济业务,辨析经济业务所属的会计要素,指出对应的会计科目;
2. 能根据会计基本等式分析经济业务变化对会计要素及会计科目的影响;
3. 能根据经济业务所涉及的会计账户设置"T"字形账户,并进行登记;
4. 能领会并应用借贷记账法处理经济业务;
5. 会编制总分类账与明细分类账试算平衡表;
6. 能够正确设置和规范启用会计账簿;
7. 能够准确、规范登记各账户的期初余额。

知识目标
1. 掌握会计要素的含义及内容;
2. 了解设置会计科目的意义和原则,了解常用的会计科目,掌握会计科目的分类;
3. 掌握会计科目与账户的联系与区别;
4. 掌握账户的性质和用途;
5. 理解借贷记账法的特点,掌握借贷记账法的应用;
6. 了解账簿的意义、种类和基本内容。

任务一 建账前的准备

一、认识会计要素

(一)会计要素的含义

会计要素是对会计对象内容(资金运动)的基本分类,是会计对象的具体化,是用于反映会计主体财务状况和经营成果的基本单位。

（二）会计要素的分类

我国《企业会计准则——基本准则》规定，企业会计要素有六项，即资产、负债、所有者权益、收入、费用和利润。其中前三项是反映企业在某一特定时日的财务状况的静态要素，构成资产负债表的基本框架；后三项是反映企业在一定时期内的财务成果的动态要素，构成利润表的基本框架，其分类如图2-1所示。

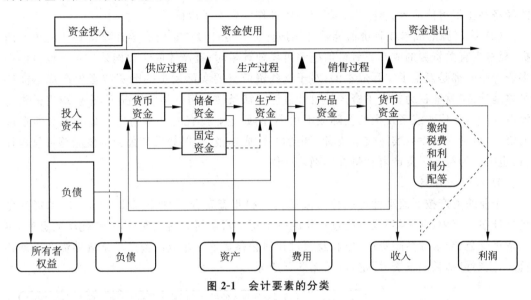

图2-1　会计要素的分类

（三）会计要素的确认

会计确认是指会计数据进入会计系统时确定如何进行记录的过程，即将某一会计事项作为资产、负债、所有者权益、收入、费用或利润等会计要素正式加以记录和列入报表的过程。会计确认是要明确某一经济业务涉及哪个会计要素。某一会计事项一旦被确认，就要同时以文字和数据加以记录，其金额包括在报表总计中。有关会计要素及其确认如下所述。

1. 资产

资产是由企业过去的交易或者事项形成的、由企业拥有或控制的、预期会给企业带来经济利益的资源。

1）资产的特征

（1）资产是由企业过去的交易或者事项形成的，包括购买、生产、建造行为和其他交易或事项，如企业赊购的材料、生产完工验收入库的产品等。预期未来发生的交易或事项不能确认为资产，如签订合同订购的设备。

（2）资产是由企业拥有或控制的资源。拥有是指企业享有某项资源的所有权（如企业购置的设备）；控制是指虽然未享有某项资源的所有权，但该资源能为企业所控制（如借入款项、融资租入设备）。

（3）资产预期会给企业带来经济利益。这是资产的最本质特征，是指直接或间接导致现金或者现金等价物流入企业的潜力。

2）资产的确认条件

将一项资源确认为资产，需要符合资产的定义，还应同时满足以下两个条件。

（1）与该资源有关的经济利益很可能流入企业。根据资产的定义，能够给企业带来经济利益是资产的一个本质特征。但由于经济环境瞬息万变，与资源有关的经济利益能否流入企业或者能够流入多少，实际上带有不确定性。因此，资产的确认应当与经济利益流入企业不确定性程度的判断结合起来。如果根据编制财务报表时所取得的证据，与该资源有关的经济利益很可能流入企业，那么就应当将其作为资产予以确认。

（2）该资源的成本或者价值能够可靠地计量。可计量性是所有会计要素确认的重要前提，只有当有关资源的成本或者价值能够可靠地计量时，资产才能予以确认。企业取得的许多资产一般都是发生了实际成本的，对于这些资产只要实际发生的购买或者生产成本能够可靠地计量，就应视为符合了资产的可计量性确认条件。而在某些情况下，企业取得的资产没有发生实际成本或者发生的实际成本很小，例如企业持有的某些衍生的金融工具所形成的资产，尽管它们没有实际成本或者发生的实际成本很小，但如果其公允价值能够可靠地计量，也被认为符合了资产可计量性的确认条件。

3）资产的分类

企业的资产按照流动性可以分为流动资产和非流动资产，如图2-2所示。流动资产是指预计在一年内（含一年）或者超过一年的一个正常营业周期内变现、出售或耗用的资产，包括货币资金、交易性金融资产、应收及预付款项和存货等。非流动资产是指流动资产以外的资产，主要包括长期投资、固定资产、无形资产等。

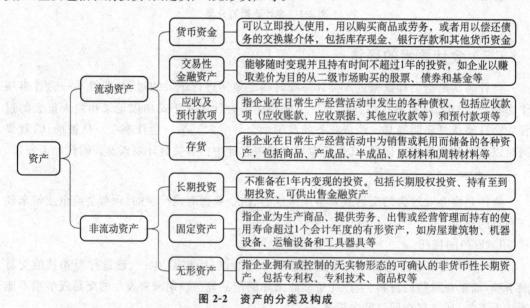

图2-2 资产的分类及构成

一个正常营业周期指企业从购买用于加工的资产起至实现现金及现金等价物的期间。正常营业周期通常短于一年。但在一些特殊的行业，如船舶制造业、建筑业，一个正常营业周期可能会长于一年，在这种情况下，与生产循环相关的产成品、应收账款、原材料尽管是超过一年才变现、出售或耗用的，仍应作为流动资产。正常营业周期不能确定的，以一年作为一个正常营业周期。

2. 负债

负债是指企业过去的交易或者事项形成的、预期会导致经济利益流出企业的现时义务。

1) 负债的特征

（1）负债是由企业过去的交易或事项形成的。未来可能发生的交易或者事项不能确认为负债。

（2）负债是企业承担的现时义务。现时义务是指企业在现行条件下已承担的义务，如企业申请到的银行贷款、赊购商品形成的应付账款等。

（3）负债预期会导致经济利益流出企业。这是负债的本质特征，是将来以牺牲资产为代价的一种受法律保护的责任。在履行现时义务清偿负债时，需以提供劳务、转移资产等形式进行偿还。

2) 负债的确认条件

将一项现时义务确认为负债，需要符合负债的定义，并同时满足以下两个条件。

（1）与该义务有关的经济利益很可能流出企业。根据负债的定义，预期会导致经济利益流出企业是负债的一个本质特征。鉴于履行义务经济利益流出企业带有不确定性，尤其是与推定义务相关的经济利益通常需要依赖于大量的估计，因此，负债的确认应当与经济利益流出不确定性程度的判断结合起来。如果根据编制财务报表时所取得的证据判断，与现时义务有关的经济利益很可能流出，那么就应当将其作为负债予以确认。

（2）未来流出的经济利益的金额能够可靠地计量。负债的确认也需要符合可计量性的要求。对于与法定义务有关的经济利益流出金额，通常可以根据合同或者法律规定的金额予以确定。考虑到经济利益的流出一般发生在未来期间，有关金额的计量通常需要考虑货币时间价值等因素的影响。对于与推定义务有关的经济利益流出金额，通常需要较大程度的估计。为此，企业应根据履行相关义务所需支出的最佳估计数进行估计，并综合考虑有关货币时间价值、风险等因素的影响。

3) 负债的分类

按企业负债的流动性，一般可将其分为流动负债和非流动负债，如图 2-3 所示。

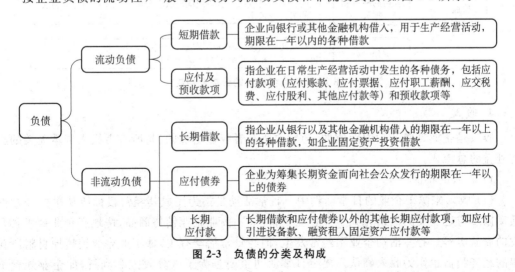

图 2-3 负债的分类及构成

流动负债是指企业在一年内（含一年）或者长于一年的一个营业周期内偿还的债务。包括短期借款、应付及预收账款等。

非流动负债是指偿还期超过一年或者超过一年的一个营业周期以上的债务。包括长期借款、应付债券和长期应付款等。

3. 所有者权益

所有者权益是指企业资产扣除负债后由所有者享有的剩余权益。公司的所有者权益又称为股东权益。所有者权益是所有者对企业资产的剩余索取权。

1) 所有者权益的特征

(1) 所有者权益可供企业长期使用。除非发生减资、清算或分派现金股利,企业不需要偿还所有者权益。

(2) 所有者权益的偿还具有滞后性。企业清算时,只有在清偿完所有的负债后,才会将所有者权益返还给所有者。

(3) 所有者权益具有剩余索取权。企业所有者凭借所有者权益能够参与企业利润的分配。

2) 所有者权益的确认条件

所有者权益的确认,主要取决于资产、负债、收入、费用等其他会计要素的确认和计量。所有者权益在数量上等于企业资产总额减去债权人权益后的净额,也即企业的净资产,反映所有者在企业资产中享有的经济利益。

3) 所有者权益的分类

所有者权益的来源包括所有者投入的资本、直接计入所有者权益的利得和损失、留存收益等,如图 2-4 所示。具体表现为实收资本(或股本)、资本公积(含资本溢价或股本溢价、其他资本公积)、盈余公积和未分配利润。

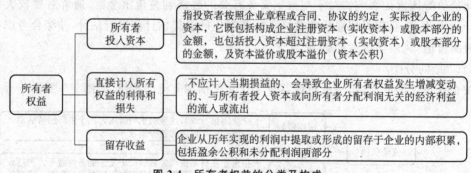

图 2-4 所有者权益的分类及构成

4. 收入

收入是企业日常活动中形成的、会导致所有者权益增加的、与所有者投入资本无关的经济利益的总流入。

1) 收入的特征

(1) 收入来源于企业的日常活动中。日常活动是指为完成其经营目标所从事的经常性活动以及与之相关的活动。如工业企业销售产品、商业企业销售商品、房地产企业销售其开发的商品房等。有些活动企业不经常发生,但与日常活动有关,如工业企业销售原材料所获得的经济利益也作为收入确认。界定日常活动主要是为了区分收入和利得,如企业处置不需用的固定资产属于非日常活动,则该项业务形成的经济利益流入是利得而不是收入。

(2) 收入会导致所有者权益的增加。收入可能表现为企业资产的增加,也可能表现为企业负债的减少,或者二者兼而有之,而所有者权益的数量是由资产减去负债的余额确定的,因此,收入最终会导致所有者权益的增加。不能导致所有者权益增加的经济利益的流入不能确认为收入,如企业向银行借入款项,尽管也会导致经济利益的流入,但是该流入并不导致所有者权益增加,故不能确认为收入。

(3) 收入是与所有者投入资本无关的经济利益的总流入。导致所有者权益增加的经济利益流入并非都是收入。如企业接受投资者投入的资本,尽管所有者权益增加,但应直接确认为所有者权益而非收入。

(4) 收入只包括本企业经济利益的流入,不包括为第三方或客户代收的款项,如不包括企业为税务部门代收的增值税等。

2) 收入的确认条件

收入的确认除了应当符合定义外,还应符合以下条件:已将商品所有权上的主要风险和报酬全部转移给购买方;企业既没有保留通常与所有权相联系的继续管理权,也没有对已售出商品实施控制;收入的金额能够可靠地计量;相关的经济利益很可能流入企业;相关已发生或将发生成本能够可靠地计量。

3) 收入的分类

(1) 收入按业务的性质,可分为销售商品收入、提供劳务收入和让渡资产使用权收入;销售商品收入主要是指企业通过销售商品实现的收入,如工业企业制造并销售产品、商业企业销售商品等实现的收入。提供劳务收入是指纳税人提供劳务取得的收入,即企业从事建筑安装、修理修配、交通运输、仓储租赁、金融保险、邮电通信、咨询经纪、文化体育、科学研究、技术服务、教育培训、餐饮住宿、中介代理、卫生保健、社区服务、旅游、娱乐、加工及其他劳务服务活动取得的收入。让渡资产使用权收入是指企业将资产让渡给他人使用所取得的收入,主要包括利息收入、使用费收入,另外还包括出租资产收取的租金、进行债权投资取得的利息、进行股权投资取得的现金股利收入等。

(2) 收入按业务主次,可分为主营业务收入和其他业务收入。主营业务收入是指企业为完成经营目标而从事主要经营活动产生的收入,如工商企业的销售商品、银行的贷款和办理结算等取得的收入。其他业务收入是指除主营业务以外的其他日常活动所产生的收入,如工业企业销售材料、提供非工业性劳务等。

收入分类的内容如图 2-5 所示。

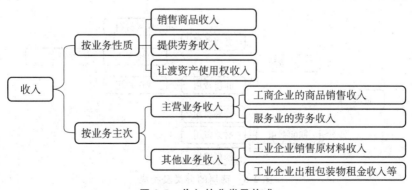

图 2-5 收入的分类及构成

5. 费用

费用是指企业日常活动中发生的、会导致所有者权益减少的、与向所有者分配利润无关的经济利益的总流出。

1) 费用特征

（1）费用是企业在日常活动中发生的。费用是企业日常经营活动中发生的，而不是偶然发生的交易或事项，如制造企业生产过程中消耗的材料、支付的工资。偶然发生的交易或事项，可能会引起经济利益流出企业，但不属于费用，而属于损失，如企业遭遇自然灾害损失、对外捐赠资产等。

（2）费用会导致所有者权益的减少。费用可能表现为企业资产的减少，也可能表现为企业负债的增加，或者二者兼而有之，它最终会导致所有者权益的减少。不能导致所有者权益减少的经济利益流出不能确认为费用。例如企业用银行存款购买原材料，尽管也会导致经济利益流出企业，但是该流出并不能导致所有者权益减少，而是导致企业另一项资产增加，因此不能确认为费用。

（3）费用会导致与向所有者分配利润无关的经济利益的流出。向所有者分配利润会导致经济利益流出企业，但不属于企业的日常活动，不能确认为费用，而是应该直接抵减所有者权益。

2) 费用的确认条件

费用的确认应当符合以下条件：一是与费用相关的经济利益应当很可能流出企业；二是经济利益流出企业的结果会导致资产的减少或者负债的增加；三是经济利益的流出额能够可靠计量。

3) 费用的分类

企业一定时期生产经营过程中发生的费用，按其同产品生产的关系可相应分为生产费用和期间费用两大类。

生产费用归属于特定对象（产品或劳务），计入产品（或劳务）成本。计入产品成本的生产费用按其经济用途可进一步划分为若干个成本项目，包括直接材料、直接人工和制造费用等。

期间费用不能直接归属于某一特定对象的费用，但可以确定其归属期间，因此，全部列入当期损益。期间费用包括管理费用、销售费用和财务费用。

费用的分类及构成如图2-6所示。

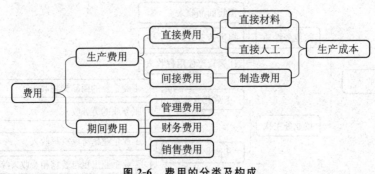

图2-6 费用的分类及构成

6. 利润

利润是企业在一定会计期间的经营成果。通常情况下,如果企业实现了利润,表明企业的所有者权益增加,业绩提升;反之,如果企业发生了亏损(即利润为负),表明企业的所有者权益减少,业绩下降。利润是评价企业管理层业绩的一项重要指标,也是投资者、债权人等财务报告使用者进行决策的重要参考依据。

1)利润的确认条件

利润反映收入减去费用、直接计入当期利润的利得减去损失后的净额。利润的确认主要依赖于收入和费用,以及直接计入当期利润的利得和损失的确认,其金额的确认也主要取决于收入、费用、利得、损失金额的计量。

2)利润的分类

利润包括收入减去费用后的净额、直接计入当期损益的利得和损失等。其分类如图 2-7 所示。

图 2-7 利润的分类及构成

收入减去费用后的净额,是指企业在其日常活动的一定会计期间实现的全部收入减去该期间发生的全部费用后的差额,即营业利润,反映企业进行日常活动创造的经营业绩。

直接计入当期利润的利得和损失,是指应当计入当期损益、会导致所有者权益发生增减变动的、与所有者投入资本或者向所有者分配利润无关的利得或者损失,反映企业非日常活动的业绩。

(四)会计要素的计量

会计计量是为了将符合确认条件的会计要素登记入账并列报于财务报表而确定其金额的过程。企业应当按照规定的会计计量属性进行计量,确定相关金额。会计计量反映的是会计要素金额的确定基础,主要包括历史成本、重置成本、可变现净值、现值和公允价值。

1. 历史成本

历史成本又称实际成本,指的是为取得或制造某项财产物资实际支付的现金或现金等价物。资产按照购置时支付的现金或者现金等价物的金额,或者按照购置资产时所付出的代价的公允价值计算。负债按照因承担现时义务而收到的款项或者资产的金额,或者承担现时义务的合同金额,或者按照日常活动中为偿还负债预期需要支付的现金或者现金等价物的金额计算。例如,某企业购置固定资产,价款 10 万元,以银行存款支付,不考虑其他因素,该固定资产按历史成本计价,金额为 10 万元。

2. 重置成本

重置成本又称现行成本,是指按照当前市场条件,重新取得同样的一项资产所需要支付的现金或者现金等价物金额。资产按照现在购买相同或者相似的资产所需支付的现金或者现金等价物的金额计算。负债按照偿付该项负债所需支付的现金或者现金等价物的金额计算。例如,在企业资产清查中,盘盈一台机器设备,其同类设备市场价为6万元,该设备按重置成本计价,金额为6万元。

3. 可变现净值

可变现净值指的是在正常的经营活动中,以预计售价减去进一步加工成本和预计销售费用以及相关税费后的净值。资产按照其正常对外销售所能收到现金或者现金等价物的金额扣减该资产至完工时估计将要发生的成本、估计的销售费用以及相关税费后的金额计算。例如,某公司期末库存商品的账面价值为90万元,同期市场售价为85万元,估计销售该种库存商品需要发生销售费用等相关税费为10万元,该种库存商品按照可变现净值计价为75万元(85-10)。

4. 现值

现值指的是对未来现金流量以恰当的折现率进行折价后的价值,是考虑货币时间价值的一种计量属性。资产按照预计从其持续使用和最终处置中所产生的未来净现金流入量的折现金额计算。负债按照预计期限内需要偿还的未来净现金流出量的折现金额计算。例如,某公司一项固定资产原值为8万元,累计折旧为2万元,预计未来现金流量的现值为4.5万元,该固定资产按现值计价金额为4.5万元。

5. 公允价值

公允价值是指市场参与者在计量日发生的有序交易中,出售一项资产所能收到或者转移一项负债所需要支付的价格。也即资产和负债按照在公平交易中,熟悉情况的交易双方自愿进行资产交换或者债务清偿的金额计算。一般交易性金融资产、交易性金融负债、可供出售金融资产会采用公允价值计量。例如,2019年6月,某公司从二级市场购入A公司股票8万股,2019年12月31日该股票的收盘价为每股2元,该项资产2019年12月31日按照公允价值计价金额为16万元。

在各种会计要素计量属性中,历史成本通常反映的是资产或者负债过去的价值,而重置成本、可变现净值、现值以及公允价值通常反映的是资产或者负债的现时成本或者现时价值,是与历史成本相对应的计量属性。但这种关系并不是绝对的,例如,资产或者负债的历史成本有时就是根据交易时有关资产或者负债的公允价值确定的,公允价值相对于历史成本而言,具有很强的时间概念,也就是说,当前环境下某项资产或负债的历史成本可能是过去环境下该项资产或负债的公允价值,而当前环境下某项资产或负债的公允价值也许就是未来环境下该项资产或负债的历史成本。

二、认知经济业务的变化规律

(一)经济业务的内涵

经济业务又称会计事项,是指在企业的生产经营活动中发生的,并在经济活动中引起会计要素增减变化的交易或事项。"交易"与"事项"统称为"经济业务事项"。会计人员需要处理的不是企业发生的所有事项,而仅仅是交易事项。

会计中的交易是指发生在两个不同会计主体之间的价值转移,如一家公司购买另一家公司的产品、企业将自产产品用作奖品奖励给职工等。

会计中的事项主要指发生在一个会计主体内部各部门之间的资源转移,如企业的生产车间到仓库领用原材料、自然灾害导致财产受损等。

事项包括交易,交易只是一种外部事项。

(二)经济业务的类型

企业在生产经营过程中,不断发生各种经济业务。这些经济业务的发生会对有关的会计要素产生影响,一个企业的经济业务可归纳为四种类型:引起资产与权益同时增加的业务;引起资产与权益同时减少的业务;引起资产内部项目有增有减,总额不变的业务;引起权益内部项目有增有减,总额不变的业务。

三、认知会计等式

(一)会计等式

会计等式又称会计恒等式、会计方程式或会计平衡公式,它是反映会计要素之间内在平衡关系的计算公式。会计等式能够揭示会计主体的产权关系、基本财务状况和经营成果。

1. 静态会计等式

企业要从事生产经营活动,必须拥有一定数量的货币资金、机器设备、厂房、技术和材料等经济资源,即资产。而资产的来源有投资者投入的,也有向债权人借入的,二者对企业的资产享有要求权,这种要求权在会计上称为权益。资产与权益是同一资金的两个方面,一个是指资产表现的形态,另一个是指这些资产所拥有的权利。两者同时并存,对立统一。有一定的资产,必然有对这部分资产享有的权益;有一定的权益,必然表现为一定的资产,如图 2-8 所示。所以有等式:资产=权益。

图 2-8　静态会计等式的基本原理

来源于债权人的权益在会计上称为负债,来源于投资者的权益在会计上称为所有者权益,所以会计等式可以扩展为

$$资产=负债+所有者权益$$

等式左边的资产表示企业拥有的全部资源,等式右边的负债是债权人对企业资产的要求权,所有者权益是所有者对企业净资产的要求权。这一等式,一方面表明了资产、负债和所有者权益之间的关系,反映某一会计主体在某一特定时点所拥有的各种资产、债权人和投资人对企业资产的要求权的基本情况,另一方面体现了企业拥有的全部资产均来自债权人和投资者。由于该等式反映了静态会计要素之间的数量关系,因此被称为静态会计等式,它是编制资产负债表的基础。

2. 动态会计等式

企业的生产经营活动以盈利为目的,在其生产经营过程中,在开展业务活动、取得收入的同时,必然要耗用一定量的资产,当这些资产的效能被使用后,其价值就不复存在或转移到新物品中去了,于是就发生了费用。会计期末,将一定会计期间内取得的收入与发生的费用配比,就可以确定该期间企业的经营成果即利润。因此,收入、费用和利润之间的关系可用等式表示出来,即

$$收入-费用=利润$$

收入、费用和利润是构成利润表的三个基本要素,因此,收入、费用和利润之间的上述关系也是企业编制利润表的依据,是用以反映企业一定时期收入、费用和利润之间恒等关系的会计等式。

这一等式也称动态会计等式,反映的是企业资金运动的绝对运动形式,即资金运动的三个动态要素之间的内在联系和企业在某时期的经营成果,反映了企业利润的实现过程。

3. 会计等式之间的勾稽关系

企业在一定时期内取得的经营成果能够对资产和所有者权益产生影响。收入可导致企业资产增加或负债减少,最终会导致所有者权益增加。费用可导致企业资产减少或负债增加,最终会导致所有者权益减少。所以,一定时期的经营成果必然影响一定时点的财务状况。

由于企业是所有者投资建立起来的,企业实现的利润也只能属于所有者,利润的实现表明所有者在企业中的权益数额增加;反之,企业经营发生亏损,只能由所有者承担,表明所有者权益数额的减少。这时就可以把一定会计期间的六个会计要素联系起来,如图 2-9 所示,得出如下公式,称为扩展的会计等式

$$资产=负债+所有者权益+利润$$

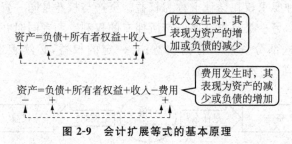

图 2-9 会计扩展等式的基本原理

这一会计等式表明企业财务状况与经营成果之间的联系。财务状况表现为企业某一特定日期资产的来源与占用情况,反映一定日期的存量;而经营成果则表现为企业一定会计期间净资产的增加或减少情况,反映一定会计期间资产的增量或减量。因此,企业的经营成果最终影响到企业的财务状况,企业实现利润,则企业资产增加或负债减少;企业发生亏损,则企业资产减少或负债增加。

> **温馨提示**
>
> 有关法律明确指出,债权人权益优先于所有者权益,是指在偿还时负债优先于所有者权益,即先偿还债权人的债务,后偿还所有人的投资款。因此,在会计恒等式中负债在前,所有者权益在后,二者位置不得颠倒。

(二)经济业务对会计等式的影响

企业在生产经营过程中,每天都会发生各种各样、错综复杂的经济业务,从而引起各会计要素的增减变动,但不管如何发生变动,都不会影响资产与权益的恒等关系。

【工作任务——分析说明经济业务对会计等式的影响】

假设苏州荣华食品有限公司2019年11月30日资产负债表简表,如表2-1所示,它是基本会计等式在这一时点上的财务状况。

表2-1 资产负债表(简表)

编制单位:苏州荣华食品有限公司　　　2019年11月30日　　　　　　　　　　　　　单位:元

资产	金额	负债及所有者权益	金额
库存现金	2 000.00	短期借款	30 000.00
银行存款	450 000.00	应付账款	100 000.00
应收账款	100 000.00	应付票据	20 000.00
原材料	50 000.00	应付利润	20 000.00
应收股利	48 000.00	实收资本	450 000.00
固定资产	200 000.00	资本公积	30 000.00
		未分配利润	200 000.00
资产合计	850 000.00	负债及所有者权益合计	850 000.00

该资产负债表数据说明,苏州荣华食品有限公司截至2019年11月,拥有六种资产,即库存现金0.2万元,银行存款45万元,应收账款10万元,原材料5万元,应收股利4.8万元,固定资产20万元,资产总额85万元。这些资产的来源(即权益)表现为六个方面:第一,向银行借入的短期借款3万元;第二,欠供应商货款12万元;第三,欠投资者2万元;第四,实际收到股东投入的资本45万元;第五,资本积累3万元;第六,留存收益20万元,负债及所有者权益总额85万元。则资产总额等于权益总额为85万元。

经济业务的发生引起"资产=权益"等式两边会计要素变动的方式,通过前述可知有以下四种类型。

【例2-1】(资产与权益同时等额增加)本例沿用表2-1中的数据。2019年12月1日,接受苏州优美食品有限公司投资现金150 000元,当即存入开户银行。

这笔经济业务使资产(银行存款)增加150 000元,同时使权益(实收资本)也增加150 000元。由于资产和权益等额增加,增加后的资产与权益总额各为1 000 000元,因此并没有改变等式的平衡关系,如表2-2所示。

表2-2 资产负债表(简表)

资产	金额	负债及所有者权益	金额
库存现金	2 000.00	短期借款	30 000.00
银行存款	450 000.00+150 000.00	应付账款	100 000.00
应收账款	100 000.00	应付票据	20 000.00
原材料	50 000.00	应付利润	20 000.00
应收股利	48 000.00	实收资本	450 000.00+150 000.00

续表

资产	金额	负债及所有者权益	金额
固定资产	200 000.00	资本公积	30 000.00
		未分配利润	200 000.00
资产合计	1 000 000.00	负债及所有者权益合计	1 000 000.00

【例 2-2】（资产与权益同时等额减少）2019 年 12 月 5 日，苏州荣华食品有限公司用银行存款 20 000 元，偿还到期的银行短期借款。

这笔经济业务使公司资产（银行存款）减少了 20 000 元，同时使权益（短期借款）也减少了 20 000 元。由于资产和权益同时等额减少，减少后的资产与权益总额各为 980 000 元，因此并没有改变等式的平衡关系，如表 2-3 所示。

表 2-3　资产负债表（简表）　　　　　　　　　　　　单位：元

资产	金额	负债及所有者权益	金额
库存现金	2 000.00	短期借款	30 000－20 000.00
银行存款	450 000.00＋150 000.00－20 000.00	应付账款	100 000.00
应收账款	100 000.00	应付票据	20 000.00
原材料	50 000.00	应付利润	20 000.00
应收股利	48 000.00	实收资本	450 000.00＋150 000.00
固定资产	200 000.00	资本公积	30 000.00
		未分配利润	200 000.00
资产合计	980 000.00	负债及所有者权益合计	980 000.00

【例 2-3】（资产方等额有增有减，权益不变）2019 年 12 月 17 日，苏州荣华食品有限公司以银行存款 30 000 元购入固定资产。

这笔经济业务使公司资产（银行存款）减少了 30 000 元，同时使固定资产增加了 30 000 元。由于资产内部等额有增有减，增减后的资产与权益总额仍各为 980 000 元，因此并没有改变等式的平衡关系，如表 2-4 所示。

表 2-4　资产负债表（简表）　　　　　　　　　　　　单位：元

资产	金额	负债及所有者权益	金额
库存现金	2 000.00	短期借款	30 000.00－20 000.00
银行存款	450 000.00＋150 000.00 －20 000.00－30 000.00	应付账款	100 000.00
应收账款	100 000.00	应付票据	20 000.00
原材料	50 000.00	应付利润	20 000.00
应收股利	48 000.00	实收资本	450 000.00＋150 000.00
固定资产	200 000.00＋30 000.00	资本公积	30 000.00
		未分配利润	200 000.00
资产合计	980 000.00	负债及所有者权益合计	980 000.00

【例 2-4】（权益方等额有增有减，资产不变）2019 年 12 月 18 日，苏州荣华食品有限公

司开出商业承兑汇票一张,金额为20 000元,以抵付前欠应付账款。

这笔经济业务是公司权益(应付票据)增加了20 000元,同时使公司权益(应付账款)减少了20 000元,由于权益内部等额有增有减,增减后的资产与权益总额仍各为980 000元,因此并没有改变等式的平衡关系,如表2-5所示。

表2-5 资产负债表(简表) 单位:元

资产	金额	负债及所有者权益	金额
库存现金	2 000.00	短期借款	30 000.00－20 000.00
银行存款	450 000.00＋150 000.00 －20 000.00－30 000.00	应付账款	100 000.00－20 000.00
应收账款	100 000.00	应付票据	20 000.00＋20 000.00
原材料	50 000.00	应付利润	20 000.00
应收股利	48 000.00	实收资本	450 000.00＋150 000.00
固定资产	200 000.00＋30 000.00	资本公积	30 000.00
		未分配利润	200 000.00
资产合计	980 000.00	负债及所有者权益合计	980 000.00

从上述四项经济业务可以看出,无论发生哪一项经济业务,均不会破坏资产总额与负债及所有者权益总额的平衡关系。如果不相等,说明记账存在错误。

企业经济业务按其对"资产＝负债＋所有者权益"的影响不同,可以分为以下九种基本类型,如表2-6所示。

表2-6 各种类型经济业务对基本会计等式的影响

序号	经济业务类型	资产	负债	所有者权益
①	资产与负债同增	增加	增加	
②	资产与负债同减	减少	减少	
③	资产与所有者权益同增	增加		增加
④	资产与所有者权益同减	减少		减少
⑤	资产内部的增减	增加、减少		
⑥	负债内部的增减		增加、减少	
⑦	所有者权益内部的增减			增加、减少
⑧	负债增加,所有者权益减少		增加	减少
⑨	负债减少,所有者权益增加		减少	增加

上述九种基本经济业务的发生均不会影响基本会计等式的平衡关系,具体分为三种情形:经济业务类型①③使基本会计等式左右两边的金额等额增加;经济业务类型②④使基本会计等式左右两边的金额等额减少;经济业务类型⑤⑥⑦⑧⑨使基本会计等式左右两边的金额保持不变;但无论经济业务的发生使资产、负债和所有者权益发生怎样的增减变化,都不会破坏会计等式的平衡关系。以下继续通过苏州荣华食品有限公司2019年12月发生的部分经济业务说明经济业务对会计等式的影响。

【例2-5】2019年12月20日,苏州荣华食品有限公司从苏州优美食品有限公司购入中筋面粉一批,货款计150 000元(此处不涉及增值税,下同),货款尚未支付,材料验收入库。

这笔经济业务使公司资产(原材料)增加了150 000元,同时使公司权益(应付账款)也增加150 000元,由于资产和权益同时等额增加,增加后的资产与权益总额各为1 130 000元,因此并没有改变等式的平衡关系,如表2-7所示。

表2-7 资产负债表(简表)　　　　　　　　　　　　　　　　　　单位:元

资产	金额	负债及所有者权益	金额
库存现金	2 000.00	短期借款	30 000.00－20 000.00
银行存款	450 000.00＋150 000.00 －20 000.00－30 000.00	应付账款	100 000.00－20 000.00 ＋150 000.00
应收账款	100 000.00	应付票据	20 000.00＋20 000.00
原材料	50 000.00＋150 000.00	应付利润	20 000.00
应收股利	48 000.00	实收资本	450 000.00＋150 000.00
固定资产	200 000.00＋30 000.00	资本公积	30 000.00
		未分配利润	200 000.00
资产合计	1 130 000.00	负债及所有者权益合计	1 130 000.00

【例2-6】2019年12月21日,苏州荣华食品有限公司以银行存款退回苏州优美食品有限公司原投资款40 000元。

这项经济业务的发生使资产(银行存款)减少40 000元,同时又使所有者权益(实收资本)减少了40 000元。由于资产和权益同时等额减少,减少后的资产与权益总额各为1 090 000元,因此并没有改变等式的平衡关系,如表2-8所示。

表2-8 资产负债表(简表)　　　　　　　　　　　　　　　　　　单位:元

资产	金额	负债及所有者权益	金额
库存现金	2 000.00	短期借款	30 000.00－20 000.00
银行存款	450 000.00＋150 000.00－20 000.00 －30 000.00－40 000.00	应付账款	100 000.00－20 000.00 ＋150 000.00
应收账款	100 000.00	应付票据	20 000.00＋20 000.00
原材料	50 000.00＋150 000.00	应付利润	20 000.00
应收股利	48 000.00	实收资本	450 000.00＋150 000.00 －40 000.00
固定资产	200 000.00＋30 000.00	资本公积	30 000.00
		未分配利润	200 000.00
资产合计	1 090 000.00	负债及所有者权益合计	1 090 000.00

【例2-7】2019年12月31日,苏州荣华食品有限公司决定向投资者分配利润100 000元,款项尚未支付。

这项经济业务的发生使负债(应付利润)增加100 000元,同时又使所有者权益(利润)减少100 000元,利润的减少就是所有者权益中留存收益项目的减少,由于权益内部等额有增有减,增减后的资产与权益总额仍各为1 090 000元,因此并没有改变等式的平衡关系,如表2-9所示。

表 2-9　资产负债表(简表)　　　　　　　　　　　　　　　　　　　单位:元

资产	金额	负债及所有者权益	金额
库存现金	2 000.00	短期借款	30 000.00－20 000.00
银行存款	450 000.00＋150 000.00 －20 000.00－30 000.00－40 000.00	应付账款	100 000.00－20 000.00 ＋150 000.00
应收账款	100 000.00	应付票据	20 000.00＋20 000.00
原材料	50 000.00＋150 000.00	应付利润	20 000.00＋100 000.00
应收股利	48 000.00	实收资本	450 000.00＋150 000.00 －40 000.00
固定资产	200 000.00＋30 000.00	资本公积	30 000.00
		未分配利润	200 000.00－100 000.00
资产合计	1 090 000.00	负债及所有者权益合计	1 090 000.00

【例 2-8】 2019 年 12 月 31 日,苏州荣华食品有限公司将所欠 A 公司货款 50 000 元转作 A 公司对本企业的投资。

这项经济业务的发生使负债(应付账款)减少 50 000 元,同时又使所有者权益(实收资本)增加 50 000 元。由于权益内部等额有增有减,增减后的资产与权益总额仍各为 1 090 000 元,因此并没有改变等式的平衡关系,如表 2-10 所示。

表 2-10　资产负债表(简表)　　　　　　　　　　　　　　　　　　　单位:元

资产	金额	负债及所有者权益	金额
库存现金	2 000.00	短期借款	30 000.00－20 000.00
银行存款	450 000.00＋150 000.00 －20 000.00－30 000.00－40 000.00	应付账款	100 000.00－20 000.00 ＋150 000.00－50 000.00
应收账款	100 000.00	应付票据	20 000.00＋20 000.00
原材料	50 000.00＋150 000.00	应付利润	20 000.00＋100 000.00
应收股利	48 000.00	实收资本	450 000.00＋150 000.00 －40 000.00＋50 000.00
固定资产	200 000.00＋30 000.00	资本公积	30 000.00
		未分配利润	200 000.00－100 000.00
资产合计	1 090 000.00	负债及所有者权益合计	1 090 000.00

【例 2-9】 2019 年 12 月 31 日,苏州荣华食品有限公司经批准,将资本公积 30 000 元转增实收资本,有关手续已经办妥。

这项经济业务的发生使所有者权益(实收资本)增加 30 000 元,同时又使所有者权益(资本公积)减少 30 000 元。由于权益内部等额有增有减,增减后的资产与权益总额仍各为 1 090 000 元,因此并没有改变等式的平衡关系,如表 2-11 所示。

表 2-11　资产负债表(简表)　　　　　　　　　　　　　　　　　　　单位:元

资产	金额	负债及所有者权益	金额
库存现金	2 000.00	短期借款	30 000.00－20 000.00
银行存款	450 000.00＋150 000.00 －20 000.00－30 000.00 －40 000.00	应付账款	100 000.00－20 000.00 ＋150 000.00－100 000.00

续表

资产	金额	负债及所有者权益	金额
应收账款	100 000.00	应付票据	20 000.00＋20 000.00
原材料	50 000.00＋150 000.00	应付利润	20 000.00＋100 000.00
应收股利	48 000.00	实收资本	450 000.00＋15 000.00 －40 000.00＋100 000.00 ＋30 000.00
固定资产	200 000.00＋30 000.00	资本公积	30 000.00－30 000.00
		未分配利润	200 000.00－100 000.00
资产合计	1 090 000.00	负债及所有者权益合计	1 090 000.00

例 2-1～例 2-9 发生的经济业务，无论怎样纷繁复杂，能引起资产和权益发生增减变动的，归纳起来不外乎上述三种情形、九种类型，而这些经济业务无论怎样变化都不会破坏上述会计等式的平衡关系。企业在任何时点拥有的资产总额总是等于负债及所有者权益总额。

【实操训练——能辨别三大静态要素并理解它们之间的关系】

实操目的：能正确辨别资产、负债、所有者权益的分类，如表 2-12 所示。

表 2-12　各经济业务及其分类　　　　　　　　　　　　　　　单位：元

序号	内容	金额	资产	负债	所有者权益
1	厂部行政用房屋	400 000.00			
2	生产用厂房	1 600 000.00			
3	仓库	1 400 000.00			
4	车间的机器	3 500 000.00			
5	轿车	250 000.00			
6	仓库中的原材料	2 600 000.00			
7	机器用润滑油	10 000.00			
8	尚未完工的产品	1 500 000.00			
9	已完工的产成品	1 100 000.00			
10	保险柜里的现金	20 000.00			
11	银行账户的存款	280 000.00			
12	尚未收回的货款	40 000.00			
13	投资者投入的资本	9 930 000.00			
14	欠银行的半年期贷款	300 000.00			
15	购货时所欠的货款	700 000.00			
16	上月应交未交的税费	70 000.00			
17	3 年期借款	800 000.00			
18	未分配利润	900 000.00			
	合计				

要求：

1. 辨别表中各内容归属的类别，并将其金额填入三要素中的正确一栏；
2. 分别加计资产、负债、所有者权益的总额，填入合计栏中，并说明结果之间的关系。

四、认识会计科目

(一)会计科目的含义

如果把会计对象比作一块蛋糕,那么会计要素实际上是将这块蛋糕切成了六块。但是,经过这样的切割之后,问题并没有解决,具体的会计核算仍然无法实施。例如,当用 200 000 元银行存款购买一台设备时,只能反映一项资产的增加和另一项资产的减少,其结果等于没有反映,因此,需要对会计要素作进一步分类。会计对象、会计要素、会计科目的关系如图 2-10 所示。所谓会计科目,就是对会计要素具体内容进行分类核算所规定的项目,是对会计要素进一步分类的项目名称,会计科目一般简称科目。

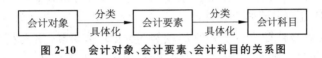

图 2-10　会计对象、会计要素、会计科目的关系图

(二)设置会计科目的作用

1. 会计科目是复式记账的基础

复式记账就是对每项交易或事项所引起的资金运动,都以相等的金额在两个或两个以上相互联系的账户中进行登记的一种记账方法。若没有会计科目,就不能全面、正确地反映资金增减变动的来龙去脉。

2. 会计科目是编制记账凭证的基础

记账凭证是会计人员根据审核无误的原始凭证,对经济业务的内容加以归类,并据以确定会计分录所填制的会计凭证,它是登记账簿的直接依据。若没有会计科目,会计分录及记账凭证也就无从谈起。

3. 会计科目是编制会计报表的基础

会计报表是企业对外提供的反映企业某一特定日期的财务状况和某一会计期间经营成果、现金流量等会计信息的文件,由于会计报表中的项目与会计科目是直接或间接相关的,而且是根据会计科目期末余额或当期的发生额填列的,附注中的许多信息也来自会计科目的金额。因此,会计科目为编制会计报表提供了依据。

(三)设置会计科目的原则

各单位由于经济业务活动的具体内容、规模大小与业务繁简程度等情况不尽相同,在具体设置会计科目时,应考虑其自身特点和具体情况。一般而言,设置会计科目时应遵循以下原则。

1. 合法性原则

企业设置的会计科目应当符合国家统一的会计制度的规定。我国现行的企业会计准则对企业设置的会计科目做出了规定,以保证不同企业对外提供的会计信息的可比性。企业应当参照企业会计准则中统一规定的会计科目,根据自身的实际情况设置会计科目,但其设置的会计科目不得违反现行会计制度的规定。

2. 相关性原则

企业设置的会计科目应当为提供有关各方所需要的会计信息服务,满足对外报告与对内管理的要求。根据企业会计准则的规定,企业财务报告提供的信息必须满足内、外各方面的需要,而设置会计科目必须服务于会计信息的有效提供,必须与财务报告的编制相协调、相关联。

3. 实用性原则

会计科目的设置,应当在符合合法性原则的前提下适应企业自身的特点,满足企业的实际需要。对于国家统一规定的会计科目,企业可以根据自身的生产经营特点,在不影响统一会计核算要求以及对外提供统一的财务报表的前提下,自行增设、减少或合并某些会计科目,设置符合企业特点和需要的会计科目。

会计科目作为对会计要素分类核算的项目,要求简单明确,字义相符,通俗易懂。同时,企业对每个会计科目所反映的经济内容也必须做到界限明确,既要避免不同会计科目所反映的内容重叠的现象,也要防止全部会计科目未能涵盖企业某些经济内容的现象。

(四)会计科目的分类

一个企业所设置的会计科目是一个相互联系、相互补充、完整的体系,包括科目的内容和科目的级次。科目的内容是指设置会计科目时所规定的会计科目核算的经济内容,它反映各个科目之间的横向联系;科目的级次是指设置会计科目时所规定的提供指标的详细程度,它反映某一科目内部的纵向联系。为了便于掌握和运用会计科目,有必要按其经济内容和级次进行适当分类。

1. 会计科目按经济内容的分类

会计科目按经济内容分类,也称按科目性质分类,即按科目反映的会计要素具体内容分类。由于企业有六个会计要素,因而会计科目应当分为资产、负债、所有者权益、收入、费用和利润六类。但是,由于利润最终要转化为所有者权益,故可将利润类科目并入所有者权益类科目;由于收入和费用最终要体现在当期损益的计算中,因而也可将收入类科目和费用类科目归并为损益类科目;同时,为了清晰地反映制造类企业生产费用的发生和成本计算情况,有必要从资产类科目中单列出成本类科目。因此,会计科目按经济内容可分为五类,即资产类、负债类、所有者权益类、成本类、损益类。

2. 按提供信息的详细程度及其统驭关系分类

为了既能对会计信息使用者提供总括的会计核算指标,又能提供详细的会计核算指标,会计科目应分层次设置。同一会计科目纵向的层次关系即为会计科目的级次。会计科目按其提供信息的详细程度及其统驭关系,可以分为总分类科目和明细分类科目。

1)总分类科目

总分类科目,又称总账科目或一级科目,是对会计要素的具体内容进行总括分类,提供总括信息的会计科目,是进行总分类核算的依据,所提供的是总括的信息。如"库存现金"

"银行存款""库存商品""固定资产""短期借款""实收资本"等。

2）明细分类科目

明细分类科目又叫明细科目，是为了提供详细、具体的核算指标而对某一个总分类科目核算的内容作进一步的分类所设置的科目。明细分类科目的设置有利于满足企业对内提供会计信息、加强内部经营管理的需要。例如，在"应付账款"总分类科目下按供应单位名称设置明细分类科目，可以具体反映应付哪个单位的款项。再如，在"实收资本"总分类科目下按投资者设置明细分类科目，可以具体反映各个投资者的投资情况。

此外，当某个总分类科目下所设的明细分类科目太多时，为了便于归类和汇总，企业还可增设二级科目，从而使会计科目的级次变为三级，即一级科目、二级科目、明细科目。

表 2-13 以"生产成本"科目为例，说明了企业总分类科目与明细分类科目之间的关系。

表 2-13　会计科目按提供指标详细程度分类示意表

总分类科目（一级科目）	明细分类科目	
	二级科目（子目）	明细科目（细目）
生产成本	鸳鸯饼干	直接材料
		直接人工
		制造费用
	苏打饼干	直接材料
		直接人工
		制造费用

3）总分类科目和明细分类科目的关系

总分类科目与明细分类科目之间是总括与详细、统驭与从属的关系，总分类科目对明细分类科目有统驭、控制作用，明细分类科目对总分类科目有补充和说明作用。

总分类科目是企业基本的会计科目，在不同的企业，总分类科目的设立具有更多的共性，而明细分类科目的设立却更多取决于企业内部经营管理的特殊要求，不同企业以及同一企业在不同会计期间，其明细科目的设立均存在一定差异。

> **温馨提示**
>
> 按照我国企业会计准则的规定，总分类科目一般由国家财政主管部门统一规定，明细分类科目除企业会计准则规定设置的以外，由各企业根据经营管理需要比照企业会计准则的规定自行设置。在会计实务中，除"库存现金""累计折旧""累计摊销"等少数总分类科目不必设置明细分类科目以外，大多数总分类科目都需要设置明细分类科目。

（五）会计科目的设置

在实务中，为了便于查阅和使用，企业所设置的会计科目一般应编成会计科目表，其中应列明科目的类别、名称和编号，《企业会计准则——应用指南》规范的企业常用会计科目如表 2-14 所示。

表 2-14 企业常用会计科目表

序号	编号	科目名称	序号	编号	科目名称
		一、资产类	37	2221	应交税费
1	1001	库存现金	38	2231	应付利息
2	1002	银行存款	39	2232	应付股利
3	1012	其他货币资金	40	2241	其他应付款
4	1101	交易性金融资产	41	2501	长期借款
5	1121	应收票据	42	2502	应付债券
6	1122	应收账款	43	2701	长期应付款
7	1123	预付账款			三、共同类（略）
8	1131	应收股利			四、所有者权益类
9	1132	应收利息	44	4001	实收资本
10	1221	其他应收款	45	4002	资本公积
11	1231	坏账准备	46	4101	盈余公积
12	1401	材料采购	47	4103	本年利润
13	1402	在途物资	48	4104	利润分配
14	1403	原材料			五、成本类
15	1404	材料成本差异	49	5001	生产成本
16	1405	库存商品	50	5101	制造费用
17	1411	周转材料	51	5201	劳务成本
18	1471	存货跌价准备	52	5301	研发支出
19	1511	长期股权投资			六、损益类
20	1512	长期股权投资减值准备	53	6001	主营业务收入
21	1601	固定资产	54	6051	其他业务收入
22	1602	累计折旧	55	6101	公允价值变动损益
23	1603	固定资产减值准备	56	6111	投资收益
24	1604	在建工程	57	6115	资产处置损益
25	1605	工程物资	58	6301	营业外收入
26	1606	固定资产清理	59	6401	主营业务成本
27	1701	无形资产	60	6402	其他业务成本
28	1702	累计摊销	61	6403	税金及附加
29	1703	无形资产减值准备	62	6601	销售费用
30	1801	长期待摊费用	63	6602	管理费用
31	1901	待处理财产损溢	64	6603	财务费用
		二、负债类	65	6701	资产减值损失
32	2001	短期借款	66	6702	信用减值损失
33	2201	应付票据	67	6711	营业外支出
34	2202	应付账款	68	6801	所得税费用
35	2203	预收账款	69	6901	以前年度损益调整
36	2211	应付职工薪酬			

五、认识会计账户

（一）账户的概念

设置会计科目只是对会计要素具体内容进行科学分类，为分类核算提供了依据，要对各项交易或者事项及其引起的会计要素具体内容增减变化的情况予以记录，还必须借助于会计账户这一工具。

会计账户简称账户，是对会计要素具体内容进行分类核算所采用的工具，它是根据会计科目设置的、具有一定结构或格式的记账载体。由于账户是具有特定结构或格式的、可以记录交易或者事项的载体，通过设置和运用账户，便可以对企业日常经营活动中发生的各项交易或者事项分类地、连续地、完整地进行记录，便于提供会计要素具体内容增减变化及其结果的分类数据。同时，根据总分类科目、明细分类科目相应地设置总分类账户、明细分类账户，分别组织总分类核算和明细分类核算，既可以提供总括核算资料，又可以提供具体、详细的核算资料，便于满足企业外部和内部财务会计报告使用者对不同会计信息的需要。

（二）账户与会计科目的关系

1. 联系

（1）账户是根据会计科目设置的，并按照会计科目命名，即会计科目与账户的名称完全一致，二者都是对会计对象具体内容的科学分类，口径一致，性质相同，会计科目是账户的名称，也是设置账户的依据，账户是会计科目的具体运用。

（2）没有会计科目，账户便失去了设置的依据；没有账户，会计科目便无法发挥作用。

2. 区别

（1）会计科目仅仅是账户的名称，不存在结构；而账户则具有一定的格式和结构，能记录和反映经济业务的内容，这是会计科目做不到的。

（2）会计科目仅说明反映的经济内容是什么，而账户不仅说明反映的经济内容是什么，而且系统记录和反映其增减变化及结余情况。

（3）会计科目主要是在开设账户、填制凭证时运用；而账户主要是在编制会计报表时运用。

在实际工作中，对会计科目和账户不会严格区分，而是相互通用。

（三）账户的分类

企业根据不同会计科目而开设的各个账户之间不是彼此孤立，而是相互联系的，共同构成一个完整的账户体系。研究账户体系，对账户进行科学适当的分类，从而在了解各个账户特性的基础上概括它们的共性，探讨账户之间的内在联系和各类账户在提供核算指标方面的规律性，有利于更好地掌握和运用账户。

认识账户的角度是多方面的，对账户进行分类可以采用多种标准。由于账户是根据会计科目设置的，会计科目可按经济内容和提供指标的详细程度分类，相应地，账户也可按经济内容和提供指标的详细程度分类。同时,账户具有特定的用途和结构,因而账户还可按用途结构分类。这里主要说明账户按经济内容的分类和按提供指标详细程度的分类。

1. 账户按经济内容的分类

账户按经济内容的分类见表 2-15。通过这种分类,可以明确各类账户反映的会计要素的具体内容,以便于在设置和运用账户的过程中区分其性质,更好地掌握和运用账户。

表 2-15 账户按经济内容的分类

类别		账户
资产类账户	流动资产类账户	库存现金、银行存款、交易性金融资产、应收票据、应收账款、预付账款、其他应收款、材料采购、原材料、库存商品
	非流动资产类账户	持有至到期投资、长期股权投资、固定资产、累计折旧、无形资产
	资产混合账户	待处理财产损溢
负债类账户	流动负债类账户	短期借款、应付票据、应付账款、预收账款、应付职工薪酬、应交税费、应付利息、应付股利、其他应付款
	非流动资产类账户	长期借款、应付债券、长期应付款
所有者权益类账户	原始投资类账户	实收资本(股本)
	留存收益类账户	盈余公积、本年利润、利润分配
	资本公积类账户	资本公积
成本类账户		生产成本、制造费用、研发支出
损益类账户	收入、利得账户	主营业务收入、其他业务收入、投资收益、营业外收入
	费用、损失账户	主营业务成本、其他业务成本、税金及附加、销售费用、管理费用、财务费用、营业外支出、所得税费用

2. 账户按提供指标详细程度的分类

如前所述,会计科目按其提供指标的详细程度分为总分类科目和明细分类科目两个级次。与此相适应,根据会计科目设置的账户也可按提供指标的详细程度分为总分类账户和明细分类账户两个级次。

总分类账户又叫总账账户、一级账户,它是为了提供会计要素具体内容增减变动及其结存情况的总括核算指标而根据总分类科目设置的账户。由于要提供总括核算指标,因而总账账户的记录通常只采用货币计量尺度。表 2-15 所列账户都是总账账户。

明细分类账户又叫明细账户,它是为了提供会计要素具体内容增减变动及其结存情况的详细、具体核算指标而在某个总分类账户下根据明细分类科目设置的账户,所提供的核算指标主要用于满足企业内部经营管理的需要。明细账户的记录除了使用货币计量尺度外,必要时还需采用实物计量尺度或劳动计量尺度,以提供实物量指标或劳动量指标。

在会计核算中,并非所有的总账账户都要设置明细账户,明细账户的设置与否主要取决于内部管理的需要。若某个总账账户需要设置明细账户,二者必然存在密切的关系,表现在:首先,二者反映的经济内容相同、性质相同,都反映同一会计要素,只是反映的详细程度不同;其次,二者存在着从属关系,即总账账户是所属明细账户的统驭账户,对明细账户具有统驭、控制的作用,而明细账户是其总账账户的从属账户,对总账账户起着补充、辅助的作用;最后,总账账户记录的金额应等于其所属明细账户记录的金额之和。

将账户按其提供指标的详细程度分类,可以明确账户的级次,以便于在设置和运用账户的过程中提供不同详细程度的核算指标,满足各有关方面对不同会计信息的需要。

账户还可按其结构和用途进行分类,分为三大类,基本账户、调整账户和业务账户。其中,调整账户是用来调整被调整账户的余额,以求得被调整账户实际余额而设置的账户。调整账户按其调整方式不同,可分为备抵账户、附加账户和备抵附加账户三类。备抵账户包括资产备抵账户和权益备抵账户。资产备抵账户是用来抵减一个具体的资产账户(即被调整账户)余额,以求得该资产账户实际余额的账户;权益备抵账户是用来抵减一个具体的权益账户(即被调整账户)余额,以获得该权益账户实际余额的账户。备抵账户的结构特点是其余额与被调整账户的余额所在方向相反。附加账户也称增加账户,是用来增加被调整账户的余额,以求得被调整账户实际余额的账户。附加调整账户的结构特点是,附加调整账户与被调整账户的余额在同一方向,或同是在借方,或同是在贷方。在实际会计核算工作中,附加账户的运用较少。备抵附加账户是指既用来抵减,又用来附加被调整账户的余额,以求得被调整账户实际余额的账户。备抵附加账户的结构特点是它兼具备抵账户与附加账户的双重功能,属于双重性质的账户。但是,备抵附加账户不能对被调整账户同时起两种作用,只能起附加作用或者是递减作用,比如"材料成本差异"账户就是"原材料"账户的备抵附加账户。

(四)账户的功能与结构

1. 账户的功能

账户的功能在于连续、系统、完整地提供企业经济活动中各会计要素增减变动及其结果的具体信息。就某一特定的账户而言,其提供的会计信息可以分为两类:一类是该账户在某一会计期间的增加或减少情况,分别称为账户的"本期增加发生额"和"本期减少发生额",二者统称为账户的"本期发生额";另一类是该账户在会计期末的增减变动结果,称为账户的"余额",具体表现为期初余额和期末余额,账户上期的期末余额转入本期,即为本期的期初余额;账户本期的期末余额转入下期,即为下期的期初余额。

账户的期初余额、期末余额、本期增加发生额和本期减少发生额统称为账户的四个金额要素。对于同一账户而言,它们之间的基本关系为

期末余额=期初余额+本期增加发生额-本期减少发生额

2. 账户的结构

账户的结构,指用来记录经济业务的账户的具体格式。由于经济业务所引起的资产、负债、所有者权益、收入、费用和利润的变动在数量上表现为增加或减少两种情况,因此账户在结构上分为两个基本部分,一方记增加,另一方记减少,通常是"左方"和"右方"。分别用来反映会计要素增加和减少的数额,以及增减变动后的结果。账户的基本结构如表 2-16 所示,具体而言,账户通常由以下内容组成。

(1)账户名称,即会计科目。

(2) 日期，即所依据记账凭证中注明的日期。

(3) 凭证字号，即所依据记账凭证的编号。

(4) 摘要，即经济业务的简要说明。

(5) 金额，即增加额、减少额和余额。

表 2-16　账户基本结构

账户名称：

年		凭证号数	摘要	借方	贷方	借（贷）	余额
月	日						

从账户的基本结构来看，任何一个账户都应包括账户名称及记录增加额和减少额的左右两方，因此，在会计教学、研究中，为了简便起见，人们往往将账户基本结构中的日期、凭证字号、摘要部分和金额部分中的余额栏略去，将账户简化为"T"字形，即将账户分为左、右两方，用以记录会计要素增减结存情况，如图 2-11 所示。

图 2-11　"T"字形账户基本结构

在"T"字形账户中，账户左、右两方的具体名称以及用哪一方记录增加数、用哪一方记录减少数，是由采用的记账方法以及账户的性质决定的。但不论怎样，如果用一方登记增加数，则应当用另一方登记减少数；同时，由于账户的余额是增加金额与减少金额相抵后的差额，因而余额一般在登记增加金额的那一方。

> **温馨提示**
>
> 账户余额不是只有到期末才能计算出来，每天的每一时点都可以计算账户的余额，只是这样太复杂、过于麻烦，也没有必要。因此，在会计实务中，一般在期末（日末、月末、季末、半年末、年末）才计算账户余额。

六、领会借贷记账法

（一）借贷记账法的基本内容

借贷记账法是以"借""贷"作为记账符号，以"有借必有贷，借贷必相等"作为记账规则的一种复式记账方法，它是我国法定的会计记账方法。以下从记账符号、账户结构、记账规则、试算平衡四个方面介绍借贷记账法的基本内容。

1. 记账符号

借贷记账法以"借""贷"作为记账符号，用以标明记账的方向。

在借贷记账法产生初期,借贷资本家对于收进的存款记在贷主的名下,表示债务;对于付出的放款记在借主的名下,表示债权。这时,"借""贷"两字是用来表示借贷资本家债权和债务增减变动的。随着商品货币经济的发展,经济活动的范围日益扩大、内容日益复杂,记账对象已不再局限于货币资金的借贷业务,而逐渐扩展到财产物资、经营损益等。为了求得账簿记录的统一,"借""贷"二字被保留了下来,但却逐渐失去了原来的字面含义。到今天,"借""贷"二字已转化为纯粹的记账符号。

2. 账户结构

在借贷记账法下,账户的金额部分分为左右两方,所有账户的左方均为借方,右方均为贷方。账户的借方和贷方哪一方登记增加金额,哪方登记减少金额,是由账户反映的经济内容决定的。

1)资产类账户的结构

对资产类账户,借贷记账法规定,借方登记资产的增加,贷方登记资产减少,期末余额一般在借方,表示期末资产的结存数额。如果用"T"字账,则资产类账户的结构如图 2-12 所示。

借方	账户名称	贷方
期初余额　××× 本期增加额　××× 　　　　　××		本期减少额　××× 　　　　　×××
本期借方发生额　×××		本期贷方发生额　×××
期末余额　×××或平		

图 2-12　资产类账户的结构示意图

对于资产类账户,其借方期末余额等于借方期初余额加上借方本期发额再减去贷方本期发生额,用公式表示为

期末借方余额＝期初借方余额＋借方本期发生额－贷方本期发生额

2)权益类账户的结构

权益类账户是用来记录负债、所有者权益的账户,由于所记录的经济内容(即权益)与资产、成本类账户所记录的经济内容(即资产)是同一事物的两个不同方面,二者为对立统一的关系,因而其结构与资产、成本类账户的结构是截然相反的。具体来说,负债、所有者权益类账户的结构为:贷方登记负债、所有者权益的增加额,借方登记负债、所有者权益的减少额,期末余额一般在贷方,表示期末负债、所有者权益的结存数额。如果用"T"字形账户,则负债、所有者权益类账户的结构如图 2-13 所示。

借方	账户名称	贷方
本期减少额　××× 　　　　　×××		期初余额　××× 本期增加额　××× 　　　　　×××
本期借方发生额　×××		本期贷方发生额　×××
		期末余额　×××或平

图 2-13　权益类账户的结构示意图

对于负债、所有者权益类账户,其贷方期末余额等于贷方期初余额加上贷方本期发生额再减去借方本期发生额,用公式表示为

期末贷方余额＝期初贷方余额＋贷方本期发生额－借方本期发生额

3）成本类账户的结构

成本是对象化的费用,成本类账户是对可归属于产品生产成本、劳务成本等的具体内容进行分类核算的账户,按成本的内容和性质的不同可分为反映制造成本的账户和反映劳务成本的账户。成本类账户主要有"生产成本""制造费用""劳务成本""研发支出""工程施工"等科目。成本类账户从资金流向上可以看作资金占用,因此,成本类账户的结构与资产类账户相似,借方反映成本的增加,即发生的成本,贷方反映成本的减少,即结转出去的成本。成本账户中的生产成本和劳务成本、工程施工等账户,一般情况下期末结转后可有借方余额,比如"生产成本"若有期末余额,则表示正处于生产过程、尚未完工的在产品,而制造费用期末结转后一般无余额。如果用"T"字形账户,则成本类账户的结构如图2-14所示。

借方	账户名称	贷方
期初余额　×××		
本期增加额　×××　 　　　　　×××	本期减少额　×××　 　　　　　×××	
本期借方发生额　×××	本期贷方发生额　×××	
期末余额　×××或平		

图2-14　成本类账户的结构示意图

对于成本类账户,其借方期末余额等于借方期初余额加上借方本期发额再减去贷方本期发生额,用公式表示为

期末借方余额＝期初借方余额＋借方本期发生额－贷方本期发生额

4）损益类账户的结构

损益作为企业最终的财务成果,是企业取得的收入和发生的与其配比的费用相抵后的差额。因此,损益类账户又可分为费用类账户和收入类账户。

（1）费用类账户的结构。由于费用的增加表现为资产的减少或负债的增加,或二者兼而有之,并最终会导致所有者权益的减少,因此,费用类账户的结构与资产类账户的结构相近,与负债、所有者权益类账户的结构相反。具体说来,费用类账户的结构为:借方登记费用的增加额,贷方登记费用的减少额和转销额,由于期末应将费用类账户借方与贷方的差额（即借差）从贷方全部转出,故一般无期末余额。如果用"T"字形账户,则费用类账户的结构如图2-15所示。

借方	账户名称	贷方
本期增加额　×××　 　　　　　×××	本期减少(或转销)额　×××　 　　　　　　　×××	
本期借方发生额　×××	本期贷方发生额　×××	

图2-15　费用类账户的结构示意图

（2）收入类账户的结构。由于收入的增加表现为资产的增加或负债的减少,或二者兼而有之,并最终会导致所有者权益的增加,因此,收入类账户的结构与负债、所有者权益类账

户的结构相近,与资产类账户的结构相反。具体来说,收入类账户的结构为:贷方登记收入的增加额,借方登记收入的减少额和转销额,由于期末应将收入类账户贷方与借方的差额(即贷差)从借方全部转出,故一般无期末余额。如果用"T"字形账户,则收入类账户的结构如图 2-16 所示。

借方	账户名称	贷方
本期减少(或转销)额 ××× ×××		本期增加额 ××× ×××
本期借方发生额 ×××		本期贷方发生额 ×××

图 2-16 收入类账户的结构示意图

5)利润类账户的结构

利润类账户的结构一般与权益类账户的结构基本相同。所以,利润类账户借方记减少(或转销),贷方记增加,增减相抵后的余额可能在贷方(收入费用),也可能在借方(收入费用)。如果用"T"字形账户,则利润类账户的结构如图 2-17 所示。

借方	账户名称	贷方
或:期初余额(亏损) ××× 本期减少额 ××× ×××		期初余额(利润) ××× 本期增加额 ××× ×××
本期借方发生额(费用) ×××		本期贷方发生额(收入) ×××
或:期末余额(亏损) ×××		期末余额(利润) ×××

图 2-17 利润类账户的结构示意图

综上所述,账户的借方和贷方哪方用于记录增加额,哪方用于记录减少额,是由账户的性质或账户反映的经济内容决定的,如表 2-17 所示。也正因为"借""贷"二字表示的经济含义由账户的性质决定,具有不确定性,因而只能认为"借""贷"二字是借贷记账法下用以标明记账方向的纯粹的记账符号。

表 2-17 各类账户结构示意表

项目	会计账户类别					
	资产类	成本类	费用类	权益类	收入类	利润类
借方	增加	增加	增加	减少	减少或转销	减少
贷方	减少	减少或转销	减少或转销	增加	增加	增加
余额方向	借方	借方或无余额	期末结转后无余额	贷方	期末结转后无余额	一般在贷方
再归类	资产类(资金运用)			权益类(资金来源)		

3. 记账规则

1)基本要求

借贷记账法的记账规则可以概括为:有借必有贷,借贷必相等。

第一,在运用借贷记账法记账时,对每项经济业务,既要记录一个(或几个)账户的借方,又要记录另一个(或几个)账户的贷方,即"有借必有贷"。

第二,所记录的账户可以是同类账户,也可以是不同类账户,但必须是两个记账方向,既不能都记入借方,也不能都记入贷方。

第三,记入借方的金额必须等于记入贷方的金额,即"借贷必相等"。

2) 借贷记账法主要原理

任何经济业务的发生,都会使资产、负债、所有者权益等会计要素产生相应变动。但无论发生任何经济业务,它们对资产和负债或者所有者权益的影响不外乎是以下的几种类型。

(1) 资产和负债或者所有者权益同时增加,资金总额增加。对这类经济业务,一方面要将发生的金额登记到资产类账户的借方,另一方面要同时以相等金额登记到负债或所有者权益的贷方。

(2) 资产和负债或者所有者权益同时减少,资金总额减少。对这类经济业务,一方面要将发生的金额登记到资产类账户的贷方,另一方面要同时以相等金额登记到负债或所有者权益的借方。

(3) 发生经营收入,一般会导致资产和收入同时增加,资金总额增加。对这类经济业务,一方面要将发生的金额登记到资产类账户的借方,另一方面要同时以相等金额登记到收入账户的贷方。

(4) 发生经营费用,一般会导致资产减少与费用增加,资金总额不变。对这类经济业务,一方面要将发生的金额登记到资产类账户的贷方,另一方面要同时以相等金额登记到费用账户的借方。

(5) 资产内部项目互相转化,即两个项目一增一减,资金总额不变。对这类经济业务,一方面要将发生的金额登记到某一资产账户的借方,另一方面要同时以相等金额登记到另一资产账户的贷方。

(6) 负债或所有者权益一增一减,资金总额不变。对这类经济业务,一方面要将发生的金额登记到某一负债或所有者权益账户的贷方,另一方面要同时以相等金额登记到另一负债或所有者权益账户的借方。

借贷记账法以"有借必有贷、借贷必相等"作为记账规则。根据这一记账规则,如果一项交易或者事项只涉及两个账户,则其中一个账户应记入借方,另一个账户应记入贷方(即一借一贷),并且借方账户与贷方账户的金额必须相等;如果一项交易或者事项涉及两个以上账户,则其中一个账户应记入借方,其余多个账户均应记入贷方(即一借多贷),或其中多个账户应记入借方,另一个账户应记入贷方(即多借一贷),或其中多个账户应记入借方,另有多个账户应记入贷方(即多借多贷),并且借方账户与贷方账户的金额必须相等(即借贷必相等)。

【工作任务——分析说明借贷记账法记账规则的运用】

本任务仍以苏州荣华食品有限公司 2019 年 12 月发生的例 2-1~例 2-9 及新增例 2-10~例 2-18 的交易或事项为例,据以分析说明借贷记账法记账规则的运用。

承前例 2-1,2019 年 12 月 1 日,接受苏州优美食品有限公司投资现金 150 000 元,当即存入开户银行。

分析:这项业务使企业资产与所有者权益同时增加,涉及"银行存款"和"实收资本"两个账户,"银行存款"账户增加 150 000 元,"实收资本"账户增加 150 000 元。因"银行存款"属于资产类账户,其增加应记入借方,"实收资本"属于所有者权益类账户,其增加应记入贷方,借、贷方的金额均为 150 000 元。

承前例 2-2,2019 年 12 月 5 日,苏州荣华食品有限公司用银行存款 20 000 元,偿还到期的银行短期借款。

分析:这项业务使企业资产与负债同时减少,涉及"银行存款"和"短期借款"两个账户,"银行存款"账户减少 20 000 元,"短期借款"账户减少 20 000 元。因"银行存款"属于资产类账户,其减少应记入贷方,"短期借款"属于负债类账户,其减少应记入借方,借、贷方的金额均为 20 000 元。

承前例 2-3,2019 年 12 月 17 日,苏州荣华食品有限公司以银行存款 30 000 购入固定资产。

分析:这项业务使企业资产内部一增一减,涉及"固定资产"和"银行存款"两个账户,"固定资产"账户增加 30 000 元,"银行存款"账户减少 30 000 元。因二者均属于资产类账户,故"固定资产"账户增加应记入借方,"银行存款"账户减少应记入贷方,借、贷方金额均为 30 000 元。

承前例 2-4,2019 年 12 月 18 日,苏州荣华食品有限公司开出商业承兑汇票一张,金额为 20 000 元,以抵付前欠应付账款。

分析:这项业务使企业负债内部一增一减,涉及"应付票据"和"应付账款"两个账户,"应付票据"账户增加 20 000 元,"应付账款"账户减少 20 000 元。因二者均属于负债类账户,"应付票据"账户增加记入贷方,"应付账款"账户减少记入借方,借、贷方金额均为 20 000 元。

承前例 2-5,2019 年 12 月 20 日,苏州荣华食品有限公司从苏州优美食品有限公司购入面粉一批,货款计 150 000 元(此处不涉及增值税,下同),货款尚未支付,材料验收入库。

分析:这项业务使企业资产和负债同时增加,涉及"原材料"和"应付账款"两个账户,"原材料"账户增加 150 000 元,"应付账款"账户增加 150 000 元。因"原材料"账户属于资产类账户,其增加记入借方,"应付账款"账户属于负债类账户,其增加记入贷方,借、贷方金额均为 150 000 元。

承前例 2-6,2019 年 12 月 21 日,苏州荣华食品有限公司以银行存款退回苏州优美食品有限公司原投资款 40 000 元。

分析:这项业务使企业资产和所有者权益同时减少,涉及"银行存款"和"实收资本"两个账户,"银行存款"账户减少 40 000 元,"实收资本"账户减少 40 000 元。因"银行存款"账户属于资产类账户,其减少记入贷方,"实收资本"账户属于所有者权益类账户,其减少记入借方,借、贷方金额均为 40 000 元。

承前例 2-7,2019 年 12 月 31 日,苏州荣华食品有限公司决定向投资者分配利润 100 000 元,款项尚未支付。

分析:这项业务使企业权益内部一增一减,即负债增加,所有者权益减少,涉及"应付利润"和"利润分配"两个账户,"应付利润"账户增加 100 000 元,"利润分配"账户减少 100 000 元。因"应付利润"账户属于负债类账户,其增加记入贷方,"利润分配"账户属于所有者权益类账户,其减少记入借方,借、贷方金额均为 100 000 元。

承前例 2-8,2019 年 12 月 31 日,苏州荣华食品有限公司将所欠 A 公司货款 50 000 元转作 A 公司对本企业的投资。

分析:这项业务使企业权益内部一增一减,即所有者权益增加,负债减少,涉及"应付账款"和"实收资本"两个账户,"应付账款"账户减少 50 000 元,"实收资本"账户增加 50 000 元。因"应付账款"账户属于负债类账户,其减少记入借方,"实收资本"账户属于所有者权益类账户,其增加记入贷方,借、贷方金额均为 50 000 元。

承前例 2-9,2019 年 12 月 31 日,苏州荣华食品有限公司经批准,将资本公积 30 000 元转作实收资本,有关手续已经办妥。

分析:这项业务使企业所有者权益内部一增一减,涉及"资本公积"和"实收资本"两个账户,"资本公积"账户减少 30 000 元,"实收资本"账户增加 30 000 元。因"资本公积"账户属于所有者权益类账户,其减少记入借方,"实收资本"账户属于所有者权益类账户,其增加记入贷方,借、贷方金额均为 30 000 元。

【例 2-10】12 月 2 日,从银行提取现金 5 000 元。

分析:这项业务使企业资产内部一增一减,涉及"库存现金"和"银行存款"两个账户,"库存现金"账户增加 5 000 元,"银行存款"账户减少 5 000 元。因二者均属于资产类账户,故"库存现金"账户增加应记入借方,"银行存款"账户减少应记入贷方,借、贷方金额均为 5 000 元。

【例 2-11】12 月 5 日,公司从银行借入短期借款 50 000 元,款项已存入公司账户。

分析:这项业务使企业资产和负债同时增加,涉及"银行存款"和"短期借款"两个账户,"银行存款"账户增加 50 000 元,"短期借款"账户增加 50 000 元。因"银行存款"账户属于资产类账户,其增加记入借方,"短期借款"账户属于负债类账户,其增加记入贷方,借、贷方金额均为 50 000 元。

【例 2-12】12 月 10 日,向银行借入短期借款 100 000 元,直接用以偿还应付北京华丰食品有限公司的货款。

分析:这项业务使企业负债内部一增一减,涉及"短期借款"和"应付账款"两个账户,"短期借款"账户增加 100 000 元,"应付账款"账户减少 100 000 元。因二者均属于负债类账户,"短期借款"账户增加记入贷方,"应付账款"账户减少记入借方,借、贷方金额均为 100 000 元。

【例 2-13】12 月 15 日,接受国家捐赠新设备一台,价值 30 000 元。

分析:这项业务使企业资产类账户和收入类账户同时增加,涉及"固定资产"和"营业外收入"两个账户,"固定资产"账户增加 30 000 元,"营业外收入"增加 30 000 元。因"固定资产"属于资产类账户,其增加应记入借方,"营业外收入"属于收入类账户,其增加应记入贷方,借、贷方的金额均为 30 000 元。

【例 2-14】12 月 18 日,购入高筋面粉 10 000 公斤,价值 50 000 元,以银行存款支付 30 000 元,其余款项 20 000 元尚未支付。

分析:这项业务使企业资产内部有增有减,同时负债增加,涉及"原材料""银行存款""应付账款"三个账户,"原材料"账户增加 50 000 元,"银行存款"账户减少 30 000 元,"应付账款"账户增加 20 000 元。因"原材料"和"银行存款"属于资产类账户,"应付账款"属于负债类账户,故"原材料"账户的增加应记入借方,"银行存款"账户的减少应记入贷方,"应付账款"账户的增加应记入贷方,借、贷方的金额均为 50 000 元。

【例 2-15】12 月 20 日,生产车间生产苏打饼干领用原材料 200 000 元。

分析:这项业务使企业成本和资产有增有减,涉及"生产成本"和"原材料"两个账户,"生产成本"账户增加 200 000 元,"原材料"账户减少 200 000 元。因"生产成本"属于成本类账户,其增加应记入借方,"原材料"属于资产类账户,其减少应记入贷方,借、贷方的金额均为 200 000 元。

【例 2-16】 12 月 25 日,接受精益公司投入一台设备和一批原材料,设备的价值为 80 000 元,原材料的价值为 20 000 元。

分析:这项业务使企业资产和所有者权益同时增加,涉及"固定资产""原材料""实收资本"三个账户,"固定资产"账户增加 80 000 元,"原材料"账户增加 20 000 元,"实收资本"账户增加 100 000 元。因"固定资产"和"原材料"账户皆属于资产类账户,其增加应记入借方,"实收资本"属于所有者权益账户,其增加应记入贷方,借、贷方的金额均为 100 000 元。

【例 2-17】 12 月 26 日,公司销售牛油面包一批,货款 80 000 元尚未收到(不考虑相关税费)。

分析:这项业务使企业资产和收入同时增加,涉及"应收账款"和"主营业务收入"两个账户,"应收账款"账户增加 80 000 元,"主营业务收入"账户增加 80 000 元。因"应收账款"属于资产类账户,其增加应记入借方,"主营业务收入"属于收入类账户,其增加应记入贷方,借、贷方的金额均为 80 000 元。

【例 2-18】 12 月 31 日,公司将本月实现的主营业务收入 80 000 元和营业外收入 30 000 元,结转至本年利润账户。

分析:这项业务使企业所有者权益增加、收入减少,涉及"营业外收入""主营业务收入"和"本年利润"三个账户,"本年利润"账户增加 110 000 元,"主营业务收入"账户减少 80 000 元,"营业外收入"账户减少 30 000 元。因"本年利润"属于所有者权益类账户,其增加应记入贷方,"主营业务收入"和"营业外收入"属于收入类账户,其减少应记入借方,借、贷方的金额均为 110 000 元。

4. 试算平衡

1) 试算平衡含义

试算平衡,是指根据会计等式的平衡原理和记账规则,通过汇总计算和比较,初步检查一定时期内发生的交易或者事项在账户中的登记是否正确的一种方法。

2) 试算平衡的分类

借贷记账法的试算平衡,包括发生额试算平衡和余额试算平衡,总的来说,是借贷双方的自动平衡。

(1) 发生额试算平衡。发生额试算平衡是由借贷记账法的记账规则决定的。任何一项交易或者事项,不论是涉及两个还是两个以上账户,其借贷双方的发生额必然是相等的。因此,将一定时期内所有交易或者事项都记入有关账户后,全部账户的借方和贷方各自的本期发生额合计数也必然相等,用公式表示为

全部账户借方的本期发生额合计=全部账户贷方的本期发生额合计

(2) 余额试算平衡。余额试算平衡是由会计等式的平衡原理决定的。在任何时点,企业的资产总额与负债和所有者权益总额必然相等;同时,根据借贷记账法账户结构的原理,期末余额在借方的账户可视为资产类账户或者成本类账户(就其本质而言,成本类账户反映的内容仍属于资产),期末余额在贷方的账户可视为负债或所有者权益类账户。因此,全部账户借方和贷方各自的期末余额合计数必然相等。用公式表示为

全部账户借方期末余额合计=全部账户贷方期末余额合计

3) 试算平衡表的编制

试算平衡是通过编制试算平衡表进行的。试算平衡表通常是在期末结出各账户的本期发生额合计和期末余额后编制的，试算平衡表中一般应设置"期初余额""本期发生额"和"期末余额"三大栏目，其下再分设"借方"和"贷方"两个小栏。各大栏中的借方合计与贷方合计应该相等，否则，便存在记账错误。为了简化表格，试算平衡表也可只根据各个账户的本期发生额编制，不填列各账户的期初余额和期末余额。

【工作任务——编制试算平衡表】

仍以例 2-1～例 2-18 的资料为例，编制苏州荣华食品有限公司 2019 年 12 月的试算平衡表。

编制步骤：

(1) 利用"T"字形账户登记各总分类账户的期初余额、本期发生额，并计算期末余额，如图 2-18～图 2-34 所示。

借方	库存现金	贷方
期初余额：2 000.00		
本期增加额：	本期减少额：	
【例 2-10】5 000.00		
本期借方发生额：5 000.00	本期贷方发生额：0.00	
期末余额：7 000.00		

图 2-18 "库存现金"总分类账

借方	银行存款	贷方
期初余额：450 000.00		
本期增加额：	本期减少额：	
【例 2-1】150 000.00	【例 2-2】20 000.00	
【例 2-11】50 000.00	【例 2-3】30 000.00	
	【例 2-6】40 000.00	
	【例 2-10】5 000.00	
	【例 2-14】30 000.00	
本期借方发生额：200 000.00	本期贷方发生额：125 000.00	
期末余额：525 000.00		

图 2-19 "银行存款"总分类账

借方	应收账款	贷方
期初余额：100 000.00		
本期增加额：	本期减少额：	
【例 2-17】80 000.00		
本期借方发生额：80 000.00	本期贷方发生额：0.00	
期末余额：180 000.00		

图 2-20 "应收账款"总分类账

借方	应收股利	贷方
期初余额:48 000.00		
本期增加额:	本期减少额:	
本期借方发生额:0.00	本期贷方发生额:0.00	
期末余额:48 000.00		

图 2-21 "应收股利"总分类账

借方	原材料	贷方
期初余额:50 000.00		
本期增加额:	本期减少额:	
【例 2-5】150 000.00	【例 2-15】200 000.00	
【例 2-14】50 000.00		
【例 2-16】20 000.00		
本期借方发生额:220 000.00	本期贷方发生额:200 000.00	
期末余额:70 000.00		

图 2-22 "原材料"总分类账

借方	生产成本	贷方
期初余额:0.00		
本期增加额:	本期减少额:	
【例 2-15】200 000.00		
本期借方发生额:200 000.00	本期贷方发生额:0.00	
期末余额:200 000.00		

图 2-23 "生产成本"总分类账

借方	固定资产	贷方
期初余额:200 000.00		
本期增加额:	本期减少额:	
【例 2-3】30 000.00		
【例 2-13】30 000.00		
【例 2-16】80 000.00		
本期借方发生额:140 000.00	本期贷方发生额:0.00	
期末余额:340 000.00		

图 2-24 "固定资产"总分类账

借方	短期借款	贷方
	期初余额:30 000.00	
本期减少额:	本期增加额:	
【例 2-2】20 000.00	【例 2-11】50 000.00	
	【例 2-12】100 000.00	
本期借方发生额:20 000.00	本期贷方发生额:150 000.00	
	期末余额:160 000.00	

图 2-25 "短期借款"总分类账

借方	应付账款	贷方
本期减少额：	期初余额：100 000.00	
【例2-4】20 000.00	本期增加额：	
【例2-8】50 000.00	【例2-5】150 000.00	
【例2-12】100 000.00	【例2-14】20 000.00	
本期借方发生额：170 000.00	本期贷方发生额：170 000.00	
	期末余额：100 000.00	

图 2-26　"应付账款"总分类账

借方	应付票据	贷方
本期减少额：	期初余额：20 000.00	
	本期增加额：	
	【例2-4】20 000.00	
本期借方发生额：0.00	本期贷方发生额：20 000.00	
	期末余额：40 000.00	

图 2-27　"应付票据"总分类账

借方	应付利润	贷方
本期减少额：	期初余额：20 000.00	
	本期增加额：	
	【例2-7】100 000.00	
本期借方发生额：0.00	本期贷方发生额：100 000.00	
	期末余额：120 000.00	

图 2-28　"应付利润"总分类账

借方	主营业务收入	贷方
本期减少额：	本期增加额：	
【例2-18】80 000.00	【例2-17】80 000.00	
本期借方发生额：80 000.00	本期贷方发生额：80 000.00	

图 2-29　"主营业务收入"总分类账

借方	营业外收入	贷方
本期减少额：	本期增加额：	
【例2-18】30 000.00	【例2-13】30 000.00	
本期借方发生额：30 000.00	本期贷方发生额：30 000.00	

图 2-30　"营业外收入"总分类账

借方	实收资本	贷方
本期减少额：	期初余额：450 000.00	
【例2-6】40 000.00	本期增加额：	
	【例2-1】150 000.00	
	【例2-8】50 000.00	
	【例2-9】30 000.00	
	【例2-16】100 000.00	
本期借方发生额：40 000.00	本期贷方发生额：330 000.00	
	期末余额：740 000.00	

图 2-31　"实收资本"总分类账

借方	资本公积	贷方
本期减少额：	期初余额：30 000.00	
【例2-9】30 000.00	本期增加额：	
本期借方发生额：30 000.00	本期贷方发生额：0.00	
	期末余额：0.00	

图2-32 "资本公积"总分类账

借方	本年利润	贷方
本期减少额：	本期增加额：	
	【例2-18】110 000.00	
本期借方发生额：0.00	本期贷方发生额：110 000.00	
	期末余额：110 000.00	

图2-33 "本年利润"总分类账

借方	利润分配	贷方
本期减少额：	期初余额：200 000.00	
【例2-7】100 000.00	本期增加额：	
本期借方发生额：100 000.00	本期贷方发生额：0.00	
	期末余额：100 000.00	

图2-34 "利润分配"总分类账

(2)根据图2-18~图2-34各总分类账户的期初余额、本期发生额、期末余额,编制本期发生额及余额试算平衡表,如表2-18所示。

表2-18 本期发生额及余额试算平衡表   单位:元

2019年12月31日

账户名称	期初余额		本期发生额		期末余额	
	借方	贷方	借方	贷方	借方	贷方
库存现金	2 000.00		5 000.00	0.00	7 000.00	
银行存款	450 000.00		200 000.00	125 000.00	525 000.00	
应收账款	100 000.00		80 000.00	0.00	180 000.00	
应收股利	48 000.00		0.00	0.00	48 000.00	
原材料	50 000.00		220 000.00	200 000.00	70 000.00	
生产成本	0.00		200 000.00	0.00	200 000.00	
固定资产	200 000.00		140 000.00	0.00	340 000.00	
短期借款		30 000.00	20 000.00	150 000.00		160 000.00
应付账款		100 000.00	170 000.00	170 000.00		100 000.00
应付票据		20 000.00		20 000.00		40 000.00
应付利润		20 000.00		100 000.00		120 000.00
主营业务收入		0.00	80 000.00	80 000.00		0.00
营业外收入		0.00	30 000.00	30 000.00		0.00

续表

账户名称	期初余额		本期发生额		期末余额	
	借方	贷方	借方	贷方	借方	贷方
实收资本		450 000.00	40 000.00	330 000.00		740 000.00
资本公积		30 000.00	30 000.00	0.00		0.00
本年利润		0.00	0.00	110 000.00		110 000.00
利润分配		200 000.00	100 000.00	0.00		100 000.00
合计	850 000.00	850 000.00	1 315 000.00	1 315 000.00	1 370 000.00	1 370 000.00

在编制"总分类账户试算平衡表"时应注意以下几点：①必须保证将全部账户的本期发生额和余额记入该表；②如果该表中期初余额、本期发生额、期末余额三大栏各自的借方合计数与贷方合计数不相等，说明总分类账户记录存在错误，应认真查找差错原因并加以更正；③即使三大栏借方和贷方各自的合计数相等，也不能说明账户记录一定正确，因为在记账时如果发生借方和贷方账户都多记或都少记相同金额，或者将应借或应贷的账户记错，或者将应借应贷账户的记账方向弄反等错误，都不会影响该表中借贷双方的平衡关系。通过编制试算平衡表是不能发现上述错误的。正因如此，试算平衡只能被视为检查账户记录是否正确而初步采用的一种方法。

（二）账户对应关系和会计分录

1. 账户对应关系

账户对应关系是指运用借贷记账法的记账规则记录交易或者事项时，该项交易或者事项所涉及的两个或两个以上账户（科目）之间形成的应借、应贷的相互依存关系。发生对应关系的账户（科目）互为对应账户（科目）。

通过账户对应关系，可以了解交易或者事项的内容，厘清会计要素具体项目的增减变化，进而也可以检查交易或者事项的合理性、合法性、合规性，以及检查账户记录的正确性。

为了保证账户记录的正确性和账户对应关系的清晰明了，在会计核算工作中，为便于教学，登账前通常会根据发生的交易或者事项编制会计分录。

2. 会计分录

会计分录是指在记账凭证中标明某项交易或者事项应借、应贷的账户及其金额的记录。它由记账符号、账户名称（会计科目）、记账金额三部分构成，其基本格式为

    记账符号"借"：借方账户名称 借方金额
    记账符号"贷"：贷方账户名称 贷方金额

编制会计分录一般分三个步骤进行：首先，分析所发生的交易或者事项的内容，明确所涉及的会计要素，进一步明确它涉及哪两个或两个以上账户，各自是增加还是减少，金额是多少；其次，根据第一步分析结果，明确各个账户的性质；最后，根据借贷记账法账户结构的原理，确定各个账户是记入借方还是记入贷方。

【工作任务——编制会计分录】

以本任务前述苏州荣华食品有限公司 2019 年 12 月发生的例 2-1～例 2-18 交易或事项

为例,编制会计分录如下。

【例2-1】借:银行存款　　　　　　　　　　150 000.00
　　　　　贷:实收资本　　　　　　　　　　　　　150 000.00
【例2-2】借:短期借款　　　　　　　　　　 20 000.00
　　　　　贷:银行存款　　　　　　　　　　　　　 20 000.00
【例2-3】借:固定资产　　　　　　　　　　 30 000.00
　　　　　贷:银行存款　　　　　　　　　　　　　 30 000.00
【例2-4】借:应付账款　　　　　　　　　　 30 000.00
　　　　　贷:应付票据　　　　　　　　　　　　　 30 000.00
【例2-5】借:原材料　　　　　　　　　　　150 000.00
　　　　　贷:应付账款　　　　　　　　　　　　　150 000.00
【例2-6】借:实收资本　　　　　　　　　　 40 000.00
　　　　　贷:银行存款　　　　　　　　　　　　　 40 000.00
【例2-7】借:利润分配　　　　　　　　　　100 000.00
　　　　　贷:应付利润　　　　　　　　　　　　　100 000.00
【例2-8】借:应付账款　　　　　　　　　　 50 000.00
　　　　　贷:实收资本　　　　　　　　　　　　　 50 000.00
【例2-9】借:资本公积　　　　　　　　　　 30 000.00
　　　　　贷:实收资本　　　　　　　　　　　　　 30 000.00
【例2-10】借:库存现金　　　　　　　　　　 5 000.00
　　　　　 贷:银行存款　　　　　　　　　　　　　 5 000.00
【例2-11】借:银行存款　　　　　　　　　　50 000.00
　　　　　 贷:短期借款　　　　　　　　　　　　　50 000.00
【例2-12】借:应付账款　　　　　　　　　 100 000.00
　　　　　 贷:短期借款　　　　　　　　　　　　 100 000.00
【例2-13】借:固定资产　　　　　　　　　　30 000.00
　　　　　 贷:营业外收入　　　　　　　　　　　　30 000.00
【例2-14】借:原材料　　　　　　　　　　　50 000.00
　　　　　 贷:银行存款　　　　　　　　　　　　　30 000.00
　　　　　　　应付账款　　　　　　　　　　　　　20 000.00
【例2-15】借:生产成本　　　　　　　　　 200 000.00
　　　　　 贷:原材料　　　　　　　　　　　　　 200 000.00
【例2-16】借:固定资产　　　　　　　　　　80 000.00
　　　　　　　原材料　　　　　　　　　　　　　　20 000.00
　　　　　 贷:实收资本　　　　　　　　　　　　 100 000.00
【例2-17】借:应收账款　　　　　　　　　　80 000.00
　　　　　 贷:主营业务收入　　　　　　　　　　　80 000.00
【例2-18】借:主营业务收入　　　　　　　　80 000.00
　　　　　　　营业外收入　　　　　　　　　　　　30 000.00
　　　　　 贷:本年利润　　　　　　　　　　　　 110 000.00

按照一项交易或者事项涉及账户的多少,会计分录可以分为简单分录和复合分录,简单分录只涉及两个账户,是由一方的一个账户与另一方的一个账户相对应所构成的分录,其表现形式为一借一贷。上述工作任务中,例 2-1~例 2-13、例 2-15、例 2-17 共 15 项交易或者事项的分录均为简单分录。复合分录涉及两个以上账户,是由一方的一个账户与另一方的多个账户相对应所构成的分录,其表现形式为一借多贷或多借一贷或多借多贷。上面工作任务中,例 2-14、例 2-16、例 2-18 三项交易或者事项的分录均为复合分录。复合分录是由若干相同类型交易或者事项的简单分录组合形成的。编制复合分录有利于简化记账手续。应当指出,在实际工作中,如果一项交易或者事项涉及多借多贷的账户时,为了全面地反映该项交易或者事项内容,可以编制多借多贷的复合分录。但是,不允许将不同类型的交易或者事项合并在一起编制多借多贷的复合分录,以尽可能地保持账户对应关系清晰明了。

> **温馨提示**
>
> 分析某经济业务或事项所涉及的账户及其记账方向,首先考虑经济业务或事项引起哪些会计要素变化,这些会计要素是增加还是减少;然后,判断所涉及的会计要素的变动在贷方反映,还是在借方反映,涉及会计要素的哪个项目变动,金额是多少。

【实操训练——编制会计分录及试算平衡表】

练习编制会计分录和总分类账户本期发生额及余额试算平衡表。

世和股份有限责任公司 2019 年 8 月有关账户期初余额如表 2-19 所示。

表 2-19 有关账户期初余额 单位:元

账户名称	借方余额	账户名称	贷方余额
库存现金	3 000.00	短期借款	390 000.00
银行存款	325 000.00	应付账款	154 000.00
应收账款	49 000.00	长期借款	190 000.00
原材料	162 000.00	实收资本	661 000.00
库存商品	37 000.00		
生产成本	19 000.00		
固定资产	800 000.00		
合计	1 395 000.00	合计	1 395 000.00

本月该企业发生下列交易或者事项:

(1) 现购材料 30 吨,货款 30 000 元以银行存款支付,材料已验收入库(不考虑增值税)。
(2) 生产车间向仓库领用生产 E、F 两种产品所需原材料共计 86 000 元。
(3) 从银行提取现金 160 000 元,准备发放工资。
(4) 从银行取得 3 年期借款 300 000 元,存入银行。
(5) 以银行存款购入新汽车一辆,价值 180 000 元,已交付使用。
(6) 用银行存款偿还应付供应单位货款 64 000 元。
(7) 收到购货单位前欠货款 48 000 元,存入银行。

(8) 用银行存款归还已到期短期借款 120 000 元。

(9) 收到 B 单位作为投资投入的设备一台,价值 240 000 元,已投入使用。

(10) 用库存现金 650 元购买零星材料,已验收入库(不考虑增值税)。

要求:

(1) 编制会计分录。

(2) 开设各账户"T"字形账户,登记期初余额、本期发生额,计算期末余额。

(3) 编制总分类账户本期发生额及余额试算平衡表,如表 2-20 所示。

表 2-20 本期发生额及余额试算平衡表 单位:元

2019 年 8 月 31 日

账户名称	期初余额		本期发生额		期末余额	
	借方	贷方	借方	贷方	借方	贷方
库存现金						
银行存款						
应收账款						
原材料						
库存商品						
生产成本						
固定资产						
短期借款						
应付账款						
长期借款						
实收资本						
合计						

任务二 认识账簿

一、账簿的意义与种类

会计账簿是指由一定格式账页组成的,以经过审核的会计凭证为依据,全面、系统、连续地记录各项经济业务的簿籍。账簿从形式看,是由具有专门格式而又相互联结在一起的若干账页组成的,从记录的内容看,是对所有经济业务按照账户进行归类并序时记录的簿籍。各单位应当按照规定和业务需要设置会计账簿。

(一) 账簿的意义

在会计核算工作中,对每一项经济业务,都必须取得和填制原始凭证,并根据所取得的原始凭证,填制记账凭证,以便及时反映和监督企业所发生的每一笔经济业务情况。由于记账凭证的数量很多,又很分散,而且每一张凭证所记录的仅仅是某一笔业务发生的情况,不能全面、连续、系统、综合地反映和监督企业在某一特定时期所发生的经济活动的全过程及其结果，更不能提供每一个账户在某一特定时期的变动情况及其变动结果，而这些信息恰恰又是信息使用者所必需的。因此，为了满足信息使用者对会计信息的要求，在会计核算中，除了取得和填制会计凭证外，还需要运用账簿这一会计载体，把分散在会计凭证上的全部信息加以集中并分类汇总。账簿的作用包括以下几点。

（1）账簿可以为企业管理部门提供系统、完整的会计信息。
（2）为编制会计报表提供资料。
（3）有利于开展会计检查和会计分析。

会计账簿与会计账户有着密切的联系。一方面，账户是根据会计科目开设的，存在于账簿之中，账簿中的每一账页都是账户的存在形式和载体，没有账簿，账户就无法存在。另一方面，账户是账簿的实质内容，账簿对经济业务的全面、系统、连续的记录是在各个账户中分类进行的，账簿是这些账户的表现形式。概括地说，账簿与账户的关系是形式与内容的关系。

（二）账簿的种类

1. 账簿按其用途的分类

账簿按其用途不同，可以分为序时账簿、分类账簿和备查账簿。

（1）序时账簿。序时账簿，也称日记账，是按照经济业务发生的时间先后顺序，逐日逐笔登记经济业务的账簿。序时账簿按其记录内容的不同又分为普通日记账和特种日记账。

普通日记账，也称通用日记账，是用来登记企业所发生的全部经济业务的日记账。在账中，按照每日所发生的经济业务的先后顺序，逐笔编制会计分录，因而这种日记账也称分录日记账。设置普通日记账的单位，一般不再编制记账凭证，以免重复。

特种日记账是用来专门记录某一特定类型的经济业务发生情况的日记账。在账中，将该类经济业务按其发生的先后顺序逐日逐笔登记。需要设置特种日记账的业务通常有现金收付业务、银行存款收付业务、购货业务和销货业务等。我国要求企业必须设置的特种日记账的是现金日记账和银行存款日记账。

（2）分类账簿。分类账簿是指对全部经济业务按照总分类账户和明细分类账户进行分类登记的账簿。按照总分类账户进行分类登记的账簿叫作总分类账，简称总账；按照明细分类账户进行分类登记的账簿叫作明细分类账，简称明细账。总账总括地记录和反映经济业务的概括情况，是对明细账的汇总、统驭；明细账详细地记载了经济业务的具体内容，是对总账的补充，总账中某账户的金额与其有关的明细账的金额之和相等。

（3）备查账簿。备查账簿是指对一些在序时账簿和分类账簿中不能记载或记载不全的经济业务进行补充登记的账簿，对序时账簿和分类账簿起补充作用。相对于序时账簿和分类账簿这两种主要账簿而言，备查账簿属于辅助性账簿，它可以为经营管理提供参考资料，如委托加工材料登记簿、租入固定资产登记簿以及应收票据、应付票据登记簿等。

2. 账簿按其外表形式的分类

各种账簿都具有一定的外表形式，按其外表形式的不同可分为订本式账簿、活页式账簿和卡片式账簿。

（1）订本式账簿。订本式账簿是指在启用前就将许多账页装订成册并连续编号的账簿。其优点是能够避免账页散失和人为的抽换账页，保证账簿记录资料的安全性。缺点是这种账簿的账页已经固定并已按页次顺序编号，不便于分工记账，同时不能增减账页，必须事先估计每个账户所需要的账页张数，预留账页过多，会造成浪费，而预留太少，又会影响账户的连续登记。因此，比较重要的、账户数量变化不大的账簿一般会使用订本式账簿，如总账、现金日记账和银行存款日记账。

(2) 活页式账簿。活页式账簿是一种将所需的零散的账页存放于账夹之内，可以随时取放的账簿。活页账可以根据经济业务的实际需要随时增补账页，也便于分工记账。但是平时登记时，账页容易散失或被抽换。因此，要加强平时对会计核算的管理监督，在年终使用完毕后，必须将这些活动账页整理归类装订成册，按一定类别统一编号，妥善保管。明细分类账可以采用活页式账簿。

(3) 卡片式账簿。卡片式账簿是指用印有记账格式的卡片登记经济业务的账簿。卡片账是一种特殊的活页式账簿，对某些可以跨年度使用，无须经常更换的明细账，如固定资产明细账、低值易耗品明细账等，可采用卡片式账簿。为了保证账簿安全完整，经久耐用，可以用有一定格式的硬纸卡片组成账簿，装置在卡片箱内保管和使用。卡片账使用比较灵活，保管比较方便，有利于详细记录经济业务的具体内容。

卡片账在使用之前，应根据经济活动的特点，选择或设计相应的格式、结构；卡片在使用时，按类别编排好顺序号，按经济活动内容认真填写有关的栏目，使用后及时放置于卡片箱中。卡片账记载的内容更具体、详细，并可以随时存放，便于日常查阅。卡片账同活页账一样，在一定时期使用完毕后，必须整理归类，按类编号，装订成册，妥善保管。固定资产卡片如图 2-35 所示。

固 定 资 产 卡 片

第　　号

类　别：　　　　年　　月　　日　　　　单位：万元

编号		名称		新旧程度		财产来源	
牌号		规格		财产原值		保管地点	
数量		特征		来源时间		已使年限	
所属设备							
折旧价格		折旧年限		年折旧额		清理残值	
备注							

年 度	累计折旧	账面净值	年 度	累计折旧	账面净值

图 2-35　固定资产卡片

3. 账簿按账页格式的分类

账簿按账页格式的不同，可以分为三栏式账簿、多栏式账簿和数量金额式账簿等。

(1) 三栏式账簿。三栏式账簿是由三栏式账页组成的账簿。三栏式账页一般采用"借方""贷方""余额"三栏作为基本结构,用以反映某项资金的增加(或减少)、减少(或增加)和结余的情况及结果。这种格式适用于只提供价值核算信息,不需要提供数量核算信息的账簿,如总账、现金日记账、银行存款日记账、债权债务类明细账等,如图 2-36 所示。

总分类账

科目名称

年		凭证		摘要	借方	贷方	借或贷	余额
月	日	种类	号数		百十万千百十元角分	百十万千百十元角分		百十万千百十元角分

图 2-36 三栏式账簿示意图

(2) 多栏式账簿。多栏式账簿是由多栏式账页组成的账簿,其基本结构也采用"借方""贷方""余额"三栏,但是根据所要反映的经济业务的特点和对会计资料的分析要求,在"借方"或"贷方"栏目下面还会分别设置若干专栏,以详细具体地记载某一小类经济业务的活动情况。多栏式账页一般适用于需要分项目具体反映的经济业务,如"制造费用""管理费用""本年利润"等明细分类账常采用这种形式,如图 2-37 所示。

生产成本明细分类账

第　　页

计量单位＿＿＿＿　　　　　　　　　　　　　　　　　　　　　　车间＿＿＿＿
完工产量＿＿＿＿　　　　　　　　　　　　　　　　　　　　　　产品名称＿＿＿＿

年		凭证		摘要	借方	贷方	借或贷	余额	成本项目		
月	日	字	号						直接材料	直接人工	制造费用

图 2-37 多栏式账簿示意图

(3) 数量金额式账簿。数量金额式账簿是由数量金额式账页组成的账簿,其基本结构同样也采用"借方""贷方""余额"三栏,但在每栏的下面会分别设置"数量""单价""金额"三个小栏目,以具体反映这三者之间的关系。数量金额式账页适用于既需要进行金额核算,又需要进行数量核算的经济业务,如"库存商品""原材料"等明细分类账一般采用这种形式,如图 2-38 所示。

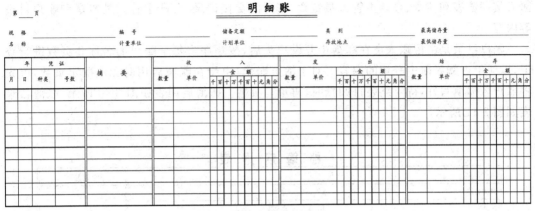

图 2-38　数量金额式账簿示意图

(4) 横线登记式账簿。横线登记式账簿也称平行式账簿,账页只设置"借方"和"贷方"两栏,经济业务发生和完成均在同一行次的"借方"栏和"贷方"栏平行登记,以便加强对这类业务的控制。横线登记式账页适用于往来账项等明细账户,如"其他应收款""在途物资"等明细账一般采用这种形式,如图 2-39 所示。

明　细　账

明细科目：

户名	借方				贷方				转销
	年 月 日	凭证号数	摘要	金额	年 月 日	凭证号数	摘要	金额	

图 2-39　横线登记式账簿示意图

二、账簿的设置

虽然账簿所记录的经济业务不同,账簿格式多种多样,但各种主要账簿都应具备以下基本内容。

1. 封面

账簿封面用以标明账簿和记账单位的名称。

2. 扉页

扉页即账簿启用表，用以填列账簿启用的日期和截止日期、页数、册次，其中包括经管账簿人员一览表和签章、会计主管人员签章、账簿的交接记录、会计主管人员签章和账户目录等内容。

账户目录是由记账人员在账簿中开设户头后，按顺序将每个账户的名称和页数进行登记，以便于查阅账簿中登记的内容。对于活页账簿，由于在账簿启用时无法确定页数，可先将账户名称填写好，待年终装订归档时，再填写页数。账簿启用表如图 2-40 所示，账簿目录表如图 2-41 所示。

账 簿 启 用 表

<table>
<tr><td>单位名称</td><td colspan="11"></td><td>单位盖章</td></tr>
<tr><td>账簿名称</td><td colspan="11"></td><td rowspan="7"></td></tr>
<tr><td>账簿编号</td><td colspan="11">年 总 册 第 册</td></tr>
<tr><td>账簿页数</td><td colspan="11">页</td></tr>
<tr><td>启用日期</td><td colspan="11">年 月 日</td></tr>
<tr><td rowspan="3">经管人员</td><td colspan="3">财务负责人</td><td colspan="4">主办会计</td><td colspan="4">记账</td></tr>
<tr><td>职别</td><td>姓名</td><td>盖章</td><td>职别</td><td colspan="2">姓名</td><td>盖章</td><td>职别</td><td>姓名</td><td colspan="2">盖章</td></tr>
<tr><td></td><td></td><td></td><td></td><td colspan="2"></td><td></td><td></td><td></td><td colspan="2"></td></tr>
<tr><td rowspan="7">交接记录</td><td rowspan="2">职称</td><td rowspan="2" colspan="2">姓名</td><td colspan="4">接管</td><td colspan="4">移交</td><td></td></tr>
<tr><td>年</td><td>月</td><td>日</td><td>盖章</td><td>年</td><td>月</td><td>日</td><td>盖章</td><td>印花票粘贴处</td></tr>
<tr><td></td><td colspan="2"></td><td></td><td></td><td></td><td></td><td></td><td></td><td></td><td></td><td rowspan="5">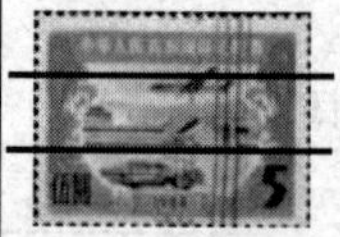</td></tr>
<tr><td></td><td colspan="2"></td><td></td><td></td><td></td><td></td><td></td><td></td><td></td><td></td></tr>
<tr><td></td><td colspan="2"></td><td></td><td></td><td></td><td></td><td></td><td></td><td></td><td></td></tr>
<tr><td></td><td colspan="2"></td><td></td><td></td><td></td><td></td><td></td><td></td><td></td><td></td></tr>
<tr><td></td><td colspan="2"></td><td></td><td></td><td></td><td></td><td></td><td></td><td></td><td></td></tr>
</table>

图 2-40 账簿启用表示意图

账簿目录表

会计科目	页数	会计科目	页数	会计科目	页数	会计科目	页数

图 2-41 账簿目录表示意图

3. 账页

账簿是由若干账页组成的,账页的格式虽然因记录的经济业务的内容不同而有所不同,但不同格式的账页应具备的基本内容却是相同的。账页应包括以下基本内容。

(1) 账户的名称栏(总账科目、二级或明细科目)。
(2) 记账日期栏。
(3) 凭证种类和号数栏。
(4) 业务摘要栏(记录经济业务内容的简要说明)。
(5) 金额栏(记录账户的增减变动情况)。
(6) 页次或总页次和分户页次。

一个企业究竟应设计和使用何种账簿,要视企业规模大小、经济业务的繁简、会计人员的分工、采用的核算形式以及记账的电算化程度等因素而定。为了加强货币资金的管理,无论在哪种情况下,都要设计现金和银行存款日记账这种序时账簿,至于分类账簿的设计,在采用记账凭证核算形式、汇总记账凭证核算形式和科目汇总表核算形式时,则应设计一本总分类账簿和多本明细分类账簿。

任务三 建立账簿

一、建立总账

(一) 总账的建立

总分类账简称总账,是分类、连续记录经济业务总括情况的账簿。通过总账可以集中、全面地反映经济业务活动的总体状况,为进一步进行会计核算提供总括的信息资料。每个企业、行政事业单位都要根据本单位经济活动的实际情况设置相关的总分类账。企业可根据业务量的多少选择一本或几本总分类账(一般情况下是无须一个科目设一本总账的)。

按照相关会计法规的要求,总账要选用订本式账簿。由于总分类核算采用货币量度,所以,总分类账簿选用三栏式账页格式,其基本结构为"借方""贷方""余额"三栏,如图2-42所示。

总 分 类 账

科目名称

年		凭证		摘要	借方	贷方	借或贷	余额
月	日	种类	号数		百十万千百十元角分	百十万千百十元角分		百十万千百十元角分

图 2-42 总分类账示意图

（二）建账步骤

1. 启用账簿

（1）填写"账簿启用表"。每本账簿的扉页均附有"账簿启用表",内容包括单位名称、账簿名称、账簿号码、账簿页数、启用日期、单位负责人、单位主管财会工作负责人、会计机构负责人、会计主管人员等,启用账簿时,应填写表内各项内容,并在单位名称处加盖公章、各负责人姓名后加盖私章。

（2）填写"经管本账簿人员一览表"。账簿经管人员指负责登记使用该账簿的会计人员,当账簿的经管人员调动工作时,应办理交接手续,填写该表中的账簿交接内容,并由交接双方人共同签名或盖章。

（3）粘贴印花税票。参见现金日记账的建账步骤。

2. 设置总分类账户

总分类账簿中包括本企业使用的全部总分类账户,因此需指定每一总分类账户在总分类账簿中的登记账页,在相应账页的"会计科目及编号"栏处填写指定登记账户的名称及编码。

由于总分类账采用的是订本式账簿,为了便于账户的查找,各总账账户的排列顺序应有一定的规律,一般应按会计科目表中编码顺序排列。因此,只要本单位会计核算涉及的总账账户,不论期初是否有余额,都需在总账中设置出相应账户,并根据实际需要预留账页。会计人员应估计每一种业务的业务量大小,将每一种业务用口取纸分开,并在口取纸上写明每一种业务的会计科目名称,以便在登记时能够及时找到应登记的账页。在将总账分页使用时,假如总账账页从第一页到第十页登记现金业务,便在目录中写清楚"库存现金……1~5",并且在总账账页的第一页贴上口取纸,口取纸上写清楚"库存现金";第六页到十二页为银行存款业务,我们就在目录中写清楚"银行存款……6~12"并且在总账账页的第六页贴上写有"银行存款"的口取纸,依此类推,总账就建好了。

为了方便登记总账,在总账账页分页使用时,应按资产、负债、所有者权益、收入、费用的顺序分页,在口取纸选择上也可将资产、负债、所有者权益、收入,费用按不同颜色区分,以便登记。

3. 填写账户目录

由于总账是订本式,在各账页中预先印有连续编号,为方便查找,所有总账账户设置完成后,应在账簿启用页后的"账户目录表"中填入各账户的科目编号、名称及起始页码。

4. 登记期初余额

对于有期初余额的总账账户,应根据相关资料进行账户登记。在该账户账页的第一行日期栏中填入期初的日期,在摘要栏填入"期初余额"（年度更换新账簿时填入"上年结转"）、在借贷方向栏标明余额的方向,在余额栏填入账户的期初余额。对于没有余额的总账账户,无须特别标识其余额为零。

以"应收账款"总账为例,其期初余额的登记如图2-43所示。

总分类账

科目名称 应收账款

2019年		凭证		摘要	借方									贷方									借或贷	余额								
月	日	种类	号数		百	十	万	千	百	十	元	角	分	百	十	万	千	百	十	元	角	分		百	十	万	千	百	十	元	角	分
01	01			期初余额																			借		1	0	0	0	0	0	0	0

图 2-43 应收账款总分类账期初余额登记示意图

> **温馨提示**
>
> 登记账簿记录时应注意：①使用蓝黑墨水或者碳素墨水书写，不得使用圆珠笔（银行的复写账簿除外）或者铅笔书写；②账簿中书写的文字和数字上面要留有适当空格，不要写满格，一般应占格距的二分之一；③账簿的阿拉伯数字应按会计数字的规范书写要求书写，数字书写时不得连笔书写，每个数字要紧贴底线书写，并有60°左右的倾斜度；④账簿中的小写金额前不用加上币别符号。

二、建立日记账

（一）日记账的概念和种类

日记账即序时账，一般分为普通日记账和特种日记账两种。会计核算中使用的所有账簿都必须按照经济业务发生的时间顺序进行记载反映，不得用银行对账单或者其他方法代替日记账。

现金日记账、银行存款日记账是两种常用的特种日记账。为了加强对货币资金的监督和控制，所有企业均应设置库存现金和银行存款日记账。

现金日记账是由出纳人员根据审核无误的现金收款凭证、现金付款凭证或提取现金的银行存款付款凭证，按照经济业务发生的时间先后顺序，逐日逐笔进行登记的账簿。

银行存款日记账是由出纳人员根据审核无误的银行存款收款凭证、银行存款付款凭证或将现金交存银行的现金付款凭证，按照经济业务发生的时间先后顺序，逐日逐笔进行登记的账簿。

（二）现金日记账的建立

1. 账簿的选择

现金日记账是各单位重要的经济档案之一，为保证账簿使用的合法性，明确经济责任，防止舞弊行为，保证账簿资料的完整和便于查找，各单位在启用时，首先要按规定内容逐项填写"账簿启用表"和"账簿目录表"。

从外观形式上，要求采用订本式账簿；从账页形式上，日记账有三栏式和多栏式两种，我国采用三栏式账页格式。

现金日记账使用订本式账簿,采用设有"借方(或收入)""贷方(或支出)""余(或结余)"三栏式结构的账页。

2. 建账步骤

1) 启用账簿

(1) 填写"账簿启用表"。每本账簿的扉页均附有"账簿启用表",内容包括单位名称、账簿名称、账簿号码、账簿页数、启用日期、单位负责人、单位主管财会工作负责人、会计机构负责人、会计主管人员等。启用账簿时,应逐一填写各项内容,并在单位名称处加盖公章、各负责人姓名后加盖私章。

(2) 填写"经管本账簿人员一览表"。账簿经管人员指负责登记使用该账簿的会计人员,在经管人员一栏中写明经管人员姓名、职别、接管或移交日期,由会计主管人员签名盖章,并加盖单位公章。当账簿的经管人员调动工作时,应办理交接手续,填写该表中的账簿交接内容,并由交接双方人共同签名或盖私章。

(3) 粘贴印花税票。根据税法相关规定,企业的会计账簿中的资金账簿,即反映企业实收资本和资本公积金额增减变化的账簿,按以下方法贴花:在企业设立初次建账时,按实收资本和资本公积金额的0.5‰贴花;次年度实收资本与资本公积未增加的,不再计算贴花,实收资本与资本公积增加的,就其增加部分按0.5‰税率补贴印花。其他会计账簿,每本应粘贴5元面值的贴花。

印花税票粘贴在账簿扉页的"印花税票"框内,并在印花税票中间划几条平行横线即行注销,注销标记应与骑缝处相交。若企业使用缴款书缴纳印花税,应在账簿扉页的"印花粘贴处"框内注明"印花税已缴"以及缴款金额。

2) 设置账户

现金日记账按现金的币种分别开设账户,在一本日记账中设置有两个及两个以上现金账户,应在第二页"账户目录表"中注明各账户的名称和页码,以方便登记和查核。因外币现金需采用包含原币信息的复币账页,因此,本位币与外币现金应分别开设账簿。

3) 填写账户目录

由于现金日记账是订本式,在各账页中预先印有连续编号,为方便查找,所有现金账户设置完成后,应在账簿启用页后的"账户目录表"中填入各账户的名称及起始页码。

4) 登记期初余额

对于有期初余额的"库存现金"账户和"银行存款"账户,根据相关资料在账户中登记期初余额。库存现金期初余额的登记如图2-44所示。

(三)银行存款日记账的建立

银行存款日记账是专门用来记录银行存款收支业务的一种特种日记账。每日业务终了时,应计算、登记当日的银行存款收入合计数、银行存款支出合计数,以及账面结余额,以便检查、监督各项收入和支出款项,避免坐支现金的出现,并便于定期同银行送来的对账单核对。

银行存款日记账一般采用订本式账簿,使用设有"借方(或收入)""贷方(或支出)""余额(或结余)"三栏式结构的账页。

库存现金日记账

2019年		记账凭证		对方科目	摘要	借方										贷方										√	余额								
月	日	字	号			千	百	十	万	千	百	十	元	角	分	千	百	十	万	千	百	十	元	角	分		千	百	十	万	千	百	十	元	角	分
01	01				期初余额																								2	0	0	0	0	0	0

图 2-44 库存现金日记账期初余额登记示意图

银行存款日记账也是各单位重要的经济档案之一。在启用账簿时,同样应按有关规定和要求填写"账簿启用表",其具体建账步骤和登记要求可参照现金日记账的建账步骤。银行存款日记账按单位在银行开立的账户和币种开设账户,每一账户要预留账页。因外币银行存款需采用包含原币信息的复币账页,本位币与外币银行存款应分别开设账簿。银行存款期初余额的登记如图 2-45 所示。

开户行:工商银行苏州姑苏支行
账号:1100734192491213311552

银行存款日记账

2019年		记账凭证		对方科目	摘要	结算凭证		借方										贷方										√	余额									
月	日	字	号			种类	号码	千	百	十	万	千	百	十	元	角	分	千	百	十	万	千	百	十	元	角	分			千	百	十	万	千	百	十	元	角	分
01	01				期初余额																							借		4	5	0	0	0	0	0	0

图 2-45 银行存款日记账期初余额登记示意图

> **温馨提示**
>
> 如果是年初建账,则"摘要"栏应填写"上年结转"。没有余额的日记账户,无须特别标识。银行存款日记账期初余额的登记方法与库存现金日记账基本相同,这里不再重复阐述。

三、建立明细账

（一）账簿的选择

明细分类账简称明细账，是企业、行政事业单位分类、连续记录经济活动具体情况的账簿。其账簿的选择包括外表形式和账面格式的选择两方面内容。

1. 选择账簿外表形式

明细分类账一般采用活页式账簿或卡片式账簿。

（1）活页账。各种明细分类账一般采用活页账形式。

（2）卡片账。严格来说，卡片账也是一种活页账。在我国，企业一般只对固定资产明细账的核算采用卡片账形式。

2. 选择账页格式

明细分类账的账页格式可结合各项经济业务的具体内容和经营管理的实际需要来设计，通常有三栏式、多栏式、数量金额式和横线登记式四种。

（二）建账步骤

1. 启用账簿

具体启用过程参见总分类账的启用步骤。

2. 设置账户

在其中设置出应收账款、无形资产、应付账款、预收账款、实收资本等所属各有期初余额的明细分类账户，其他无期初余额的明细账户暂不设置。

开设明细账户时，首先在选定明细账页上方填写该明细账户所属总分类科目名称、明细科目名称、明细科目编码及该明细账户当前页码。

活页式账簿内账页事先未印制固定页码，由企业根据使用情况填写。每一账页均有两个页码："第　　页"（"分第　　页"），指按明细分类账户对账页所进行的编码，即该账页为该明细分类账户的第几页，在启用新账页时进行编码。如开设"应收账款——北方集团有限公司"账户时，选定的账页为该账户的"第1页"，该页登记满，转入下页继续登记时，下页即为该账户的"第2页"。"连续页"（"总第　　页"），指不区分明细分类账户，对账簿中包含的账页按排列顺序进行的编码，即该账页为该明细账簿中的第几页。由于活页账在使用过程中会根据需要对账页进行增减，以及调整账页的顺序，所以应在年度结束时，将账簿中空白账页抽出，对账页顺序进行整理后填写编码。

3. 粘贴账户标签

由于活页账簿中账页数量和位置具有可变性，账簿登记过程中不能通过账户目录查找账户，因此，为了便于账户查找，需要在每个账户首页上加贴口取纸标签。

4. 登记期初余额

根据相关资料在明细分类账户中登记期初余额，如图2-46～图2-48所示。

总账科目 应收账款
明细科目 苏州宝青食品有限公司

明细分类账

第 1 页

2019年		记账凭证		摘要	借方	贷方	借或贷	余额
月	日	字	号					
01	01			期初余额			借	50,000.00

图 2-46　应收账款三栏式明细分类账期初余额登记示意图

原材料 明细账

第 1 页

规 格 　　　　　**编 号** 1101　　**储备定额**　　　　**类 别**　　　　**最高储存量**
名 称 高筋面粉　**计量单位** KG　　**计划单位**　　　　**存放地点** 原材料库　**最低储存量**

2019年		凭证		摘要	收入			发出			结存		
月	日	种类	号数		数量	单价	金额	数量	单价	金额	数量	单价	金额
01	01			期初余额							10000	5.25	52500.00

图 2-47　原材料数量金额式明细分类账期初余额登记示意图

计量单位 KG　　　　　　　　生产成本明细分类账　　　　　　　　第 1 页
完工产量 50000　　　　　　　　　　　　　　　　　　　　　　　　**车间** 面包加工车间
　　　　　　　　　　　　　　　　　　　　　　　　　　　　　　　　　产品名称 牛油面包

2019年		凭证		摘要	借方	贷方	借或贷	余额	成本项目		
月	日	字	号						直接材料	直接人工	制造费用
01	01			期初余额			借	23 000.00	10000.00	5000.00	8 000.00

图 2-48　生产成本多栏式明细分类账期初余额登记示意图

【实操训练——期初建账】

(1) 苏州宝青食品有限公司 2020 年 10 月 31 日总分类账户余额如表 2-21 所示。

表 2-21　总分类账余额表　　　　　　　　　　　　　　　　　　　　单位:元

总账科目名称	账户余额 借方	账户余额 贷方
库存现金	9 154.00	
银行存款	2 774 322.97	
应收票据	2 050 000.00	
应收账款	7 777 765.99	
预付账款	159 220.00	
其他应收款	8 680.00	
坏账准备		85 236.00
原材料	1 555 155.70	
库存商品	1 145 726.60	
周转材料	492 350.00	
固定资产	2 313 300.00	
累计折旧		1 296 668.80
在建工程	360 000.00	
无形资产	1 800 000.00	
累计摊销		39 000.00
短期借款		100 000.00
应付账款		6 376 140.00
预收账款	585 720.00	
应付职工薪酬		432 825.37
应交税费		257 595.06
应付利息		1 000.00
长期借款		1 200 000.00
实收资本		8 000 000.00
盈余公积		178 695.52
本年利润		1 532 035.39
利润分配		1 532 199.12
合计	21 031 395.26	21 031 395.26

(2) 苏州宝青食品有限公司 2020 年 10 月 31 日日记账、明细账建账期初余额如表 2-22 所示。

表 2-22　账簿期初余额表

总账科目	日记账及明细账科目	账户余额 借方	账户余额 贷方
库存现金		9 154.00	
银行存款	交通银行相城支行	2 604 555.60	
	中国建设银行相城支行	169 767.37	

续表

总账科目	日记账及明细账科目			账户余额	
				借方	贷方
应收票据	上海精益食品有限公司			1 600 000.00	
	广东莱福食品有限公司			450 000.00	
应收账款	上海精益食品有限公司			1 335 495.99	
	广东莱福食品有限公司			2 875 400.00	
	北京兴旺食品有限公司			1 943 000.00	
	北京多乐食品有限公司			1 860 870.00	
	北京可可食品有限公司				237 000.00
预付账款	苏州绿景房地产开发有限公司			159 220.00	
其他应收款	张天南			6 000.00	
	苏州德润物流有限公司			2 680.00	
	明细科目	数量	单价	金额	
原材料	高筋面粉	21 000	5.25	110 250.00	110 250.00
	中筋面粉	26 580	3.78	100 472.40	100 472.40
	鸡蛋	7 536	7.00	52 752.00	52 752.00
	白砂糖	5 802	11.50	66 723.00	66 723.00
	调味品	303	5.50	1 666.50	1 666.50
	氢化植物油	3 960	17.50	69 300.00	69 300.00
	奶油	14 160	26.50	375 240.00	375 240.00
	黄油	6 900	79.00	545 100.00	545 100.00
	酵母	330	36.50	12 045.00	12 045.00
	食品添加剂	147	105.00	15 435.00	15 435.00
	苏打	266	2.30	611.80	611.80
	纯牛奶	7 440	19.50	145 080.00	145 080.00
	奶粉	720	84.00	60 480.00	60 480.00
库存商品	牛油面包	9 000	20.89	188 010.00	188 010.00
	奶油面包	19 900	28.29	562 971.00	562 971.00
	鸳鸯饼干	6 280	39.12	245 673.60	245 673.60
	苏打饼干	12 100	12.32	149 072.00	149 072.00
周转材料	牛油面包袋	1 000 000	0.02	20 000.00	20 000.00
	奶油面包袋	1 600 000	0.02	32 000.00	32 000.00
	鸳鸯饼干袋	1 200 000	0.02	24 000.00	24 000.00
	苏打饼干袋	1 100 000	0.02	22 000.00	22 000.00
	牛油面包纸箱	50 000	1.20	60 000.00	60 000.00
	奶油面包纸箱	80 000	1.20	96 000.00	96 000.00
	鸳鸯饼干纸箱	60 000	1.20	72 000.00	72 000.00
	苏打饼干纸箱	55 000	1.20	66 000.00	66 000.00
	面包模具	480	130.00	62 400.00	62 400.00
	饼干模具	345	110.00	37 950.00	37 950.00

续表

总账科目	日记账及明细账科目		账户余额	
			借方	贷方
固定资产	生产设备		1 181 200.00	
	运输设备		980 000.00	
	管理设备		152 100.00	
累计折旧	生产设备			382 275.20
	运输设备			816 000.00
	管理设备			98 393.60
应付账款	苏州华丰食品有限公司			1 126 000.00
	苏州晨光农产品贸易有限公司			1 122 000.00
	北京泰达食品有限公司			3 283 740.00
	上海轻工机械有限公司			386 000.00
	北京天源包装制品有限公司			458 400.00
预收账款	苏州大宇食品有限公司		585 720.00	
应付职工薪酬	短期薪酬	工资		422 202.16
		工会经费		10 623.21
应交税费	进项税额		22 057 847.62	
	转出未交增值税		7 354 986.00	
	销项税额			29 410 686.64
	进项税额转出			2 146.98
	未交增值税			226 651.60
	转让金融商品应交增值税			1 260.00
	应交城市维护建设税			15 953.81
	应交教育费附加			6 837.35
	应交地方教育费附加			4 558.23
	应交个人所得税			2 334.07
实收资本	胡国明			6 500 000.00
	李佳佳			1 500 000.00
生产成本	牛油面包	直接材料		
		直接人工		
		制造费用		
	奶油面包	直接材料		
		直接人工		
		制造费用		
	鸳鸯饼干	直接材料		
		直接人工		
		制造费用		
	苏打饼干	直接材料		
		直接人工		
		制造费用		

续表

总账科目	日记账及明细账科目	账户余额	
		借方	贷方
制造费用	职工薪酬		
	水电费		
	折旧费		
	办公费		
	租赁费		
	合计		
研发支出	材料费		
	职工薪酬		
	水电费		
	折旧费		
	办公费		
	租赁费		
	其他		
管理费用	职工薪酬		
	水电费		
	折旧费		
	办公费		
	租赁费		
	差旅费		
	招待费		
	物流费		
	车辆费		
	其他		
销售费用	职工薪酬		
	水电费		
	折旧费		
	业务宣传费		
	物流费		
	其他		
主营业务收入	牛油面包		
	奶油面包		
	鸳鸯饼干		
	苏打饼干		
主营业务成本	牛油面包		
	奶油面包		
	鸳鸯饼干		
	苏打饼干		

注：凡在期初建账资料中未出现的明细账可以不开设。

任务要求：根据苏州宝青食品公司2020年10月31日提供的总分类账和明细分细类的各账户余额，设置账簿，并登记该公司11月1日的期初余额。

项目三　处理会计凭证

学习目标

价值目标

1. 坚持诚实守信原则,保证会计信息真实性;
2. 认识会计工作在企业资金运动中的重要作用,建立职业自豪感;
3. 遵守会计工作规范,正确有序进行会计核算工作。

能力目标

1. 能正确识别常见的原始凭证及不同经济业务涉及的原始凭证类别;
2. 能规范书写会计数字;
3. 能规范填制原始凭证,能按照会计法规、制度审核原始凭证并根据审核情况进行处理;
4. 能根据工业企业主要经济业务事项,选择并正确填制记账凭证;
5. 能根据要求正确审核记账凭证并根据审核情况进行处理。

知识目标

1. 了解会计凭证的定义及主要分类;
2. 掌握原始凭证的填制和审核方法;
3. 掌握记账凭证的填制和审核方法;
4. 掌握工业企业主要经济业务的核算内容;
5. 了解会计凭证的传递程序。

会计凭证是指记录经济业务发生或者完成情况的书面证明,是登记账簿的依据。例如,销售一批货物给客户,需要开具销售发票给对方,并由仓库负责出库,甚至办理托运,这样一项经济活动所涉及的销售发票、销售出库单、货运单,都是会计凭证。

通过填制和取得会计凭证,可以记录经济业务,提供记账依据;可以明确经济责任,强化内部控制;可以监督经济活动,控制经济运行。

会计凭证按照填制程序和用途可分为原始凭证和记账凭证。

任务一　识别、填制并审核原始凭证

一、识别原始凭证

（一）原始凭证的概念

原始凭证是在经济业务发生或完成时取得或填制的,用于记录或证明经济业务的发生或完成情况的书面证明,是记账的原始依据,也是会计核算的重要资料,具有法律效力。

原始凭证是经济业务活动的源头,也是进行会计处理的原始依据。原始凭证的真实性、有效性、合法性、合理性和准确性直接关系到会计信息质量的高低,关系到投资者、债权人等各方的权益。因此,正确识别、填制和严格审核原始凭证是会计核算的一项基本技能。

任何单位对所发生的每一项经济业务或事项,都要按照规定的程序和要求,由经办人员取得或自制合法的会计凭证。例如,购买材料必须从卖方取得发票;销售商品要开具销售发票;材料验收入库必须填制收料单;领用材料要填写领料单;产品完工入库必须填写入库单;产品出库必须填写出库单,等等。

（二）原始凭证的分类

1. 按来源分类

企业在日常经济业务中使用的原始凭证有很多样式,按其来源不同,可分为自制原始凭证和外来原始凭证,如图 3-1 所示。

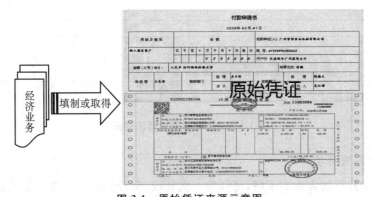

图 3-1　原始凭证来源示意图

（1）自制原始凭证。自制原始凭证是指由本单位内部经办业务的部门或人员,在执行或完成某项经济业务时自行填制的、仅供本单位内部使用的原始凭证,如企业购进材料验收入库时,由仓库保管人员填制的收料单;车间或班组向仓库领用材料时填制的领料单;还有限额领料单、产品入库单、产品出库单、职工出差借款时填制的借款单、工资发放明细表、折旧计算表等。自制原始凭证的种类和格式有很多种,其中产品销售单如图3-2所示。

			销 售 单					
购货单位:	广东莱福食品有限公司	地址和电话:	广东省江门市江海区张中街周春路49号,0750-19386692				单据编号:	202010006
纳税识别号:	914407043663079967	开户行及账号:	交通银行江门江海支行,41002499672499673560				制单日期:	2020年10月10日
编码	产品名称	规格	单位	单价	数量	金额	备注	
4001	牛油面包		kg	36.00	6 000	216 000.00	不含税金额	
4002	奶油面包		kg	49.00	7 500	367 500.00		
4003	鸳鸯饼干		kg	56.00	6 300	352 800.00		
4004	苏打饼干		kg	25.00	8 000	200 000.00		
合计	人民币(大写)		壹佰壹拾叁万陆仟叁佰元整			¥1 136 300.00		
总经理:	胡国明	销售经理:	陈德文	经手人:	王远山	会计:	罗红梅	签收人: 黄雪菲

图3-2 产品销售单示意图

(2)外来原始凭证。外来原始凭证是指在经济业务发生或完成时,从其他单位或个人直接取得的原始凭证,如购买材料时取得的增值税专用发票、银行转来的各种结算凭证、对外支付款项时取得的收据、职工出差取得的飞机票和车船票等。外来原始凭证的种类和格式也是多种多样的,其中增值税专用发票如图3-3所示。

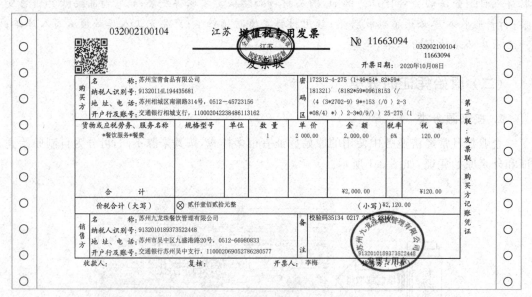

图3-3 增值税专用发票示意图

2. 按填制方法分类

原始凭证按其填制方法的不同,可分为一次凭证、累计凭证和汇总原始凭证。

(1)一次凭证。一次凭证是指只反映一项经济业务,或者同时反映若干项同类性质的经济业务,其填制手续是一次完成的原始凭证。一次凭证是一次有效的凭证。外来的原始凭证一般都是一次凭证;在自制的原始凭证中,大部分都属于一次凭证,如材料、产品入库时,仓库保管人员填制的入库单;支付工资时填制的工资单;还有收据、销售发票、收料单、银行结算凭证等。其中材料入库单如图3-4所示。

材料入库单

供应单位　苏州晨光农产品贸易有限公司　　　　　　　　　发票号码：36541291
收发类别　原材料　　　　　　　　　　　　　　　　　　　收料单编号：YL10002
　　地址　　　　　　　2020 年 10 月 07 日　　　　　　　收料仓库：原材料库

| 编号 | 名称 | 规格 | 单位 | 数量 | | 实际成本 | | | | |
| | | | | 应收 | 实收 | 买价 | | 运杂费 | 其他 | 合计 |
						单价	金额			
1105	鸡蛋		kg	25 000	24 900		0.00			0.00
	合　计						¥0.00			¥0.00
	备　注									

采购员：张天南　　　检验员：吕祯秀　　　记账员：罗红梅　　　保管员：柯大云

图3-4　材料入库单示意图

（2）累计凭证。累计凭证是指在一定时期内多次记录发生的、同类型经济业务的原始凭证。其特点是，在一张凭证内可以连续登记相同性质的经济业务，随时结出累计数及结余数，并按照费用限额进行费用控制，期末按实际发生额记账。累计凭证是多次有效的原始凭证。这类凭证的填制手续是多次进行才能完成的。它一般为自制原始凭证，最具有代表性的累计凭证是限额领料单，如图3-5所示。

苏州宝青食品有限公司
限额领料单

领料部门：生产车间
用途：牛油面包　　　　　2020 年 10 月　　　　　　　　编号：43298656

| 材料类别 | 材料名称 | 规格 | 计量单位 | 单价 | 领用限额 | 全月实领 | |
						数量	金额
1003	鸡蛋		kg	7.00	15 000	14 000	98,000.00

| 日期 | 请领 | | 实发 | | 限额结余 |
	数量	领料单位负责人签章	领料人签章	数量	发料人签章	
2020-10-02	5 000	赵晓峰	王霞	5 000	柯大云	10 000
2020-10-06	5 000	赵晓峰	王霞	5 000	柯大云	5 000
2020-10-25	4 000	赵晓峰	王霞	4 000	柯大云	1 000
合计	14 000			14 000		

生产计划部门负责人：赵晓峰　　　供应部门负责人：王远山　　　仓库管理员：柯大云

图3-5　限额领料单示意图

（3）汇总原始凭证。汇总原始凭证是指在会计核算中，为简化记账凭证的编制工作，将一定时期若干份记录同类经济业务的原始单据，按照一定标准综合填制的原始凭证。它也是一种自制的原始凭证,是用于集中反映某项经济业务发生情况的一张汇总原始凭证。如发出材料汇总表、工资结算汇总表、差旅费报销单等都属于汇总原始凭证。需要注意的是,在汇总原始凭证中,不能将不同类的经济业务汇总填制,而只能将同类的经济业务汇总填制在一张汇总原始凭证中。其中具有代表性的差旅费报销单如图 3-6 所示。

差旅费报销单

2020 年 10 月 6 日　　　　　　　　　　单据及附件 5 张

所属部门				管理部门	姓名	林娜	出差事由	商务洽谈
出发		到达		起止地点	交通费	住宿费	伙食补助	交通补助
月	日	月	日					
10	3	10	3	苏州—上海	39.50			
10	3	10	3	上海—北京	930.00	848.00	300.00	160.00
10	5	10	5	北京—上海	930.00			
10	5	10	5	上海—苏州	39.50			
合计	大写金额:叁仟贰佰肆拾柒元整				预支旅费:0.00		退回金额	0.00
							补付金额	3247.00

总经理:胡国明　　财务经理:米才经　　会计:罗红梅　　出纳:林小倩　　部门经理:陈德文　　报销人:林娜

图 3-6　差旅费报销单示意图

3. 按格式分类

原始凭证还可以按照格式的不同,分为通用凭证和专用凭证。

(1)通用凭证。通用凭证是指由有关部门统一印制、在一定范围内使用的具有统一格式和使用方法的原始凭证。通用凭证的使用范围因制作部门不同而异,可以是某一地区、某一行业,也可以是全国通用,如全国统一的异地结算银行凭证、电子缴款凭证,部门统一规定的收料单、领料单,地区统一规定的发货单等。其中的电子缴税付款凭证如图 3-7 所示。

电子缴款凭证

打印日期:2020年10月15日　　　　国 303859908440

纳税人识别号	91320114L194435681			税务征收机关	国家税务总局苏州相城区税务局		
纳税人全称	苏州宝青食品有限公司			开户银行	交通银行相城支行		
				银行账号	110002042238486113162		
系统税票号	征(费)种	税(品)目	所属时期起	所属时止	实缴金额	缴款日期	备注
	城市维护建设税		2020年09月01日	2020年09月30日	15 953.81	2020年10月15日	
	教育费附加		2020年09月01日	2020年09月30日	6 837.35	2020年10月15日	
	地方教育费附加		2020年09月01日	2020年09月30日	4 558.23	2020年10月15日	
金额合计	(大写)贰万柒仟叁佰肆拾玖元叁角玖分					¥27 349.39	
本缴款凭证仅作为纳税人记账核算凭证使用,电子缴税的需与银行对账单电子划缴记录核对一致方有效。纳税人如需汇总开具正式完税证明,请凭税务登记证或身份证明到主管税务机关开具。							

图 3-7　电子缴税付款凭证示意图

（2）专用凭证。专用凭证是指由单位自行印制、仅在本单位内部使用的原始凭证。如领料单、差旅费报销单、折旧计算表、借款单、外购电费分配单、工资费用分配表、社会保险费计算表等。外购电费分配单如图3-8所示。

外购电费分配单
2020年11月30日

受益对象	耗用量/度	分配率	分配金额/元
生产车间	18 360	0.8	14 688.00
研发部	2 600	0.8	2 080.00
管理部门	800	0.8	640.00
销售部门	200	0.8	160.00
合计	21 960	0.8	17 568.00

审核：米才经　　　　　　　　　　　　　　　　　　制单：张无铭

图3-8　外购电费分配单示意图

值得注意的是，有些原始凭证单据不是原始凭证，因为它们不能证明经济业务已经发生或完成的情况，不能作为编制记账凭证和登记账簿的依据，如用工计划表、材料请购单、经济合同、银行存款余额调节表、派工单等。

> **温馨提示**
> 文件、合同、费用预算都不可作为原始凭证进行记账。

二、原始凭证的基本内容

在会计核算工作中，由于各项经济业务的内容和经济管理的要求不同，各种原始凭证所记录的经济业务的内容也是多种多样的，而且每一种原始凭证的名称、格式和具体内容也不完全一致。但是，无论哪一种原始凭证，都是经济业务的原始证据，必须详细载明有关经济业务的发生或完成情况，必须明确有关经办人的经济责任。因此，各种原始凭证都应具备一些共同点，主要包括以下内容。

1. 原始凭证的名称

不同的原始凭证有不同的名称，例如收据、发票、收料单、入库单、工资汇总表等。通过原始凭证的名称，可以说明该凭证所代表的经济业务的类型。例如，收据反映了企业收取款项的行为；发票反映了商品交易行为；收料单反映了仓库管理人员验收购入的材料的业务；运输单据反映了运输部门承运货物的经济业务等。

2. 填制凭证的日期和编号

一般情况下，原始凭证的日期表明的是经济业务发生的日期，但少数经济业务在发生时可能来不及填制原始凭证，为了及时地反映经济活动的情况和结果，应当尽快完成原始凭证的填制。原始凭证的号码是为了加强凭证的管理以及事后备查而对凭证做出的编号。

3. 填制凭证的单位名称和接受凭证的单位名称

每一项经济业务的发生，都会涉及当事人双方，例如销售商品有买卖双方、向银行借款有借贷双方等。因此,一份完整的原始凭证应当载明当事人双方的名称,以准确反映双方的经济责任,同时也为检查、验证该项经济业务的真实性提供方便。

4. 经济业务内容、数量、单价和金额等

原始凭证虽然可以反映经济业务的基本类型,但无法说明经济业务的具体内容,如购货发票本身反映了企业的购货活动,但不能表明购货的具体种类。而不同的购货内容在账务处理上可能存在很大差异,因此,在原始凭证中需对经济业务的具体内容进行记载,以满足会计核算和监督的需要。

5. 填制单位及有关人员的签章

为了明确具体的经济责任,经办人员应在原始凭证上签名或盖章。

原始凭证的基本内容如图 3-9 所示。

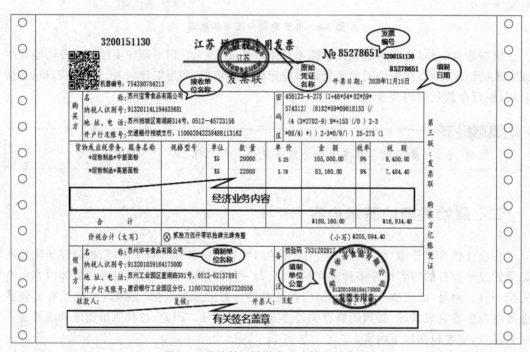

图 3-9　原始凭证的基本内容填制示意图

三、填制原始凭证的要求

原始凭证既是具有法律效力的书面证明,又是进行会计处理的基础。只有正确、完整、清晰地记录各项经济业务,才能发挥原始凭证应有的作用。原始凭证的填制应遵循下列要求。

1. 填制及时

在经济业务发生或完成时,应由经办人员立即填制原始凭证。原始凭证上填制的日期、业务内容和数字必须真实可靠,符合实际情况。填制完毕后,经办人员要按规定程序及时将原始凭证递交会计部门。任何人都不得变造、篡改原始凭证的内容。

2. 记录真实

凭证上对经济业务的记录必须同实际情况相符,实物的数量和质量要经有关部门和人员的检查验收,金额的计算要经有关人员核对。

3. 内容完整

在原始凭证上填写的内容均是有规定的,必须按规定项目填写齐全,而且填写手续要完备。例如,文字说明要简明扼要;数字填写清晰,特别是需要同时填写大写金额和小写金额时,大小写金额必须相符;对于一式几联的原始凭证,必须用双面复写纸复写,并连续编号等。原始凭证填制应做到准确无误,不能为简化某些内容而造成凭证在内容上的模糊不清。

4. 经济责任明确

原始凭证填制完毕后,经办单位、经办单位负责人以及填制人员均须在原始凭证的下方签名或盖私章,从个人取得的原始凭证应填明填制人的姓名。对于外来的原始凭证,还应加盖填制单位的公章(即指具有法律效力和特定用途,能够证明单位身份和性质的印鉴,包括业务公章、财务专用章、发票专用章、票据专用章、结算专用章等)。不同的行业、单位对原始凭证上的公章要求不同。对于自制原始凭证,由于是由本单位内部的部门和个人填制的,则不需加盖本单位的公章,只需填明责任单位和责任人即可。

5. 书写清楚规范

文字、数字应按《会计基础工作规范》的要求填写。原始凭证中的文字和数字要用蓝黑墨水书写,支票内容要用碳素墨水填写,字迹必须清晰、工整,如有书写错误,应按照规定方法更正或作废,任何凭证不得污染、抹擦、刀刮或挖补。

《会计基础工作规范》的具体要求包括以下几个方面。

(1) 阿拉伯数字不得连笔书写,单位对外和外来的原始凭证,阿拉伯金额数字前应当书写货币币种符号,如人民币符号"￥"。币种符号与阿拉伯金额数字之间不得留有空白。

(2) 所有以人民币元为单位(或其他币种的基本单位,以下主要以人民币元为单位说明)的阿拉伯数字,除表示单价等情况外,一律填写到角分;无角分的,角位和分位可写"00"或者"—";有角无分的,分位应当写"0",不能用"—"代替。

(3) 汉字大写数字金额如零、壹、贰、叁、肆、伍、陆、柒、捌、玖、拾、佰、仟、万、亿等,一律用正楷或者行书体书写,不得用〇、一、二、三、四、五、六、七、八、九、十等简化字代替,更不得任意自造简化字。

(4) 凡原始凭证上预印有"万仟佰拾元角分"金额数字位数的,应按预印的空格填写,小写金额的前一空位用"￥"。凡原始凭证上未预印有"万仟佰拾元角分"金额数字位数的,应在"人民币"或"××"币等货币名称之后书写大写金额。大写数字到元或者角为止的,在"元"或者"角"字之后写"整"字;大写金额数字有分的,分字后面不写"整"字。若大写金额数字前未印有"人民币大写"字样,应加填"人民币"字样,货币名称与大写金额之间不得留有空白。

(5) 阿拉伯金额数字中间有"0"时,汉字大写金额应写"零"字;阿拉伯数字金额中间连续有几个"0"时,汉字大写金额中可以只写一个"零"字,如"4 005.34 元"可以写成"人民币肆仟零伍元叁角肆分"。阿拉伯金额数字元位是"0"或者数字中间连续有几个"0",但角位不是"0"时,汉字大写金额可以只写一个"零"字,也可以不写"零"字,如"5 000.63"的汉字大写金额应写成"人民币伍仟元零陆角叁分"或"人民币伍仟元陆角叁分"。

（6）凡是填有大写和小写（阿拉伯数字）金额的原始凭证，大写和小写金额必须一致。

6. 编号连续

无论何种原始凭证，都应当连续编号。若凭证已预先印定编号，在需要作废时，应当加"作废"戳记，并连同存根和其他各联全部保存，不得擅自撕毁。在原始凭证填制过程中，难免会出现填制错误。出现错误时，应当由开出单位重开或更正，更正处应当加盖开出单位的公章，但原始凭证金额有错误的，应当由开出单位重开，不得在原始凭证上更正。无论是填制错误，还是其他原因，原始凭证都不得涂改和挖补。

7. 格式统一

企业单位采用通用凭证时，要使用全国各部门、行业、地区统一规定的标准格式凭证。企业单位采用专用凭证时，也要在本单位内统一凭证格式，防止相同经济业务使用不同的凭证。

填制原始凭证的附加要求。

（1）从外单位取得的原始凭证，必须盖有填制单位的公章；从个人取得的原始凭证，必须有填制人员的签名或者盖章。自制原始凭证必须有经办部门负责人或其指定的人员的签名或者盖章。对外开出的原始凭证，必须加盖本单位的公章。所谓"公章"，应是具有法律效力和规定用途，能够证明单位身份和性质的印鉴，如业务公章、财务专用章、发票专用章、收款专用章或结算专用章等。

（2）凡填有大写和小写金额的原始凭证，大写与小写的金额必须相符。

（3）购买实物的原始凭证，必须有验收证明。实物购入以后，要按照规定办理验收手续，这有利于明确经济责任，保证账实相符，防止盲目采购，避免物资短缺和流失。实物验收工作应由有关人员负责办理，会计人员通过有关的原始凭证进行监督检查。需要入库的实物，必须填写入库验收单，由仓库保管人员按照采购计划或供货合同验证后，在入库验收单上如实填写实收数额，并签名或盖章。不需要入库的实物，由经办人员在凭证上签名或盖章以后，必须交由实物保管人员或使用人员进行验收，并由实物保管人员或使用人员在凭证上签名或盖章。经过购买人以外的第三者查证核实以后，会计人员才能据以报销付款并做进一步的会计处理。

（4）一式几联的原始凭证，必须注明各联的用途，并且只能以一联用作报销凭证；一式几联的发票和收据，必须用双面复写纸套写，或本身具备复写功能，并连续编号，作废时应加盖"作废"戳记，连同存根一起保存。

（5）发生销货退回及退还货款时，必须填制退货发票，附有退货验收证明和对方单位的收款收据，不得以退货发票代替收据。如果情况特殊，可先用银行的有关凭证（如汇款回单等）作为临时收据，待收到收款单位的收款证明以后，再将其附在原付款凭证之后，作为正式原始凭证。在实际工作中，有的单位发生销货退回时，对收到的退货没有验收证明，造成退货流失；办理退款时，仅以所开出的红字发票的副本作为本单位退款的原始凭证，既不经过对方单位盖章收讫，也不附对方单位的收款收据。这种做法漏洞很大，容易发生舞弊行为，应该予以纠正。

（6）职工公出借款的收据，必须附在记账凭证之后。职工公出借款时，应由本人按照规定填制借款单，由所在单位领导人或其指定的人员审核，并签名或盖私章，然后办理借款。借款收据是此项借款业务的原始凭证，是办理有关会计手续、进行相应会计核算的依据。在收回借款时，应当另开收据或者退还借款收据的副本，不得退还原借款收据。因为借款和收回借款虽有联系，但又有区别，在会计上需要分别进行处理，如果将原借款收据退还给了借款人，就会损害会计资料的完整性，使其中一项业务的会计处理失去依据。

（7）经上级有关部门批准的经济业务，应当将批准文件作为原始凭证附件。如果批准文件需要单独归档的，应当在凭证上注明批准机关名称、日期和文件字号。

（8）发现原始凭证有错误的，应当由开出单位重开或者更正。在更正处应当加盖开出单位的公章。但原始凭证金额有错误的，应当由开出单位重开，不得在原始凭证上更正。

【工作任务——常见原始凭证的填制】

1. 填制支票

【例3-1】2020年10月8日，苏州宝青食品有限公司签发转账支票，支付济南宾至酒店有限责任公司住宿费2 400.00元。出纳人员填制转账支票，如图3-10～图3-12所示。

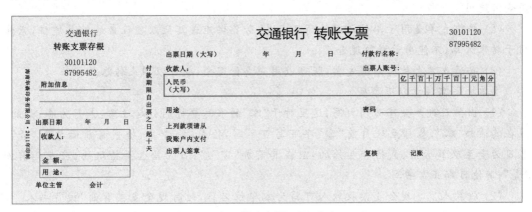

图3-10 转账支票正面（空白）

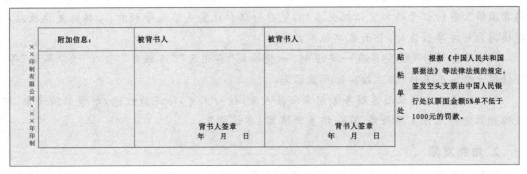

图3-11 转账支票背面

图 3-12　转账支票填写示意图

支票是出票人签发的,委托办理支票存款业务的银行或者其他金融机构在见票时无条件支付确定的金额给收款人或者持票人的票据。

支票分为现金支票、转账支票和普通支票。

(1) 现金支票是开户单位用于向开户银行提取现金的凭证,实务工作中一般在提取备用金时使用。

(2) 转账支票是用于单位之间的商品交易、劳务供应或其他款项往来的结算凭证,只能用于转账结算,不能用于提取现金。

(3) 普通支票也称为划线支票,既可以用来支付现金,也可以用来转账。

支票填写需注意以下事项。

(1) 出票日期。数字必须大写,这里对于"零"的书写要特别引起注意:①月为壹、贰的,应在其前加"零",叁月至玖月前"零"字可写可不写,拾月、拾壹月、拾贰月前面要加"壹";②日为壹至玖和壹拾、贰拾和叁拾的,应在其前加"零"字;日为拾壹至拾玖的,应在其前加"壹";其他日期正常书写。

(2) 收款人。①现金支票收款人可写为本单位名称,此时现金支票背面"被背书人"栏内加盖本单位的财务专用章和法人章,之后收款人可凭现金支票直接到开户银行提取现金;②现金支票收款人可写为收款人个人姓名,此时现金支票背面不盖任何章,收款人在现金支票背面填上身份证号码和发证机关名称,凭身份证和现金支票签字领款;③转账支票收款人应填写为对方单位名称,背面本单位不盖章。

(3) 用途。①现金支票有一定限制,一般填写"备用金""差旅费""工资""劳务费"等;②转账支票没有具体规定,按实际用途填写。

(4) 盖章。支票正面盖财务专用章和法人章,缺一不可,印泥为红色,印章必须清晰,印章模糊只能将本张支票作废,换一张重新填写、重新盖章。

2. 填制发票

【例 3-2】2020 年 10 月 30 日,苏州宝青食品有限公司向苏州奥加食品有限公司销售食品,开具增值税专用发票,如图 3-13 和图 3-14 所示。

项目三 处理会计凭证

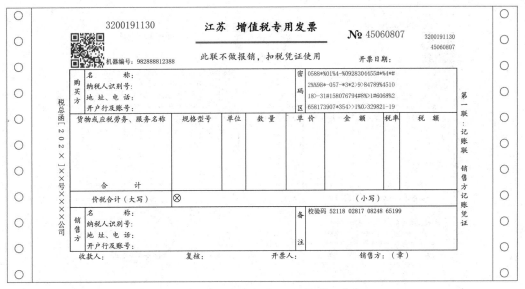

图 3-13 增值税专用发票（记账联）（空白）

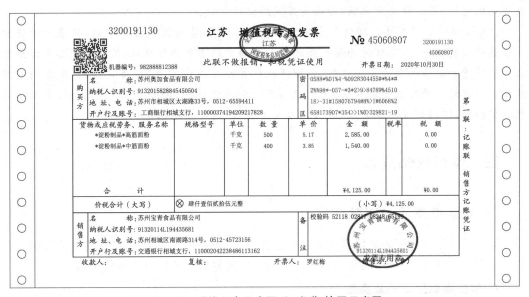

图 3-14 增值税专用发票（记账联）填写示意图

【例 3-3】2020 年 10 月 8 日，苏州宝青食品有限公司收到苏州九龙珠餐饮管理有限公司开具的增值税普通发票一张，如图 3-15 所示。

发票是指一切单位和个人在购销商品、提供或接受服务以及从事其他经营活动中，所开具和收取的收付款凭证。发票分为普通发票和增值税专用发票。

（1）普通发票。除增值税一般纳税人开具和收取的增值税专用发票外，所开具和收取的各种收付款凭证均为普通发票。普通发票的基本联次为两联，第一联为记账联，即销货方

图 3-15 增值税普通发票(发票联)示意图

用作记账凭证;第二联为发票联,即购货方用作记账凭证。

(2)增值税专用发票。增值税专用发票由国家税务总局监制设计印制,只限于增值税一般纳税人领购使用,既作为纳税人反映经济活动中的重要会计凭证,又是兼记销货方纳税义务和购货方进项税额的合法证明,是增值税计算和管理中重要的、决定性的、合法的专用发票。增值税专用发票的基本联次为三联,第一联为记账联,即销售方记账凭证;第二联为税款抵扣联,即购买方扣税凭证;第三联为发票联,即购买方记账凭证。

四、审核原始凭证

(一)原始凭证的审核内容

为了保证原始凭证内容的真实性和合法性,防止不符合填制要求的原始凭证影响会计信息的质量,必须由会计部门对一切外来的和自制的原始凭证进行严格的审核。

1. 审核原始凭证的真实性

真实性是指原始凭证上反映的应当是经济业务的本来面目,不得掩盖、歪曲和颠倒真实情况。凡有下列情况之一者不能作为正确的原始凭证:①未写接受单位名称或名称不符;②数量和金额计算不正确;③有关责任人员未签字或未盖章;④凭证联次不符;⑤有污染、抹擦、刀刮和挖补痕迹。

2. 审核原始凭证的完整性

完整性是指原始凭证应具备的要素要完整,手续要齐全。会计部门审核时要检查原始凭证必备的要素是否都填写了。

3. 审核原始凭证的合法性

合法性是指要按会计法规、会计制度(包括本单位制定的正在使用的会计制度和计划预算)办事。在实际工作中,要审核经济业务的发生是否符合相关政策和法规。违法的原始凭证主要有三种情况:①明显的假发票、假车票;②虽是真实的,但制度规定不允许报销的;③虽能报销,但制度对报销的比例或金额有明显限制的,超过比例和限额的不能报销。

凡有下列情况之一者不能作为合法的会计凭证:①多计或少计收入、支出、费用、成本;②擅自扩大开支范围,提高开支标准;③不按国家规定的资金渠道和用途使用资金,或挪用资金进行基本建设;④巧立名目,虚报冒领,滥发奖金、津贴、加班费、防护用品、福利费或实物,违反规定借出公款、公物;⑤套取现金,签发空头支票;⑥不按国家规定的标准、比例提取费用(或专用基金);⑦私分公共财物和资金;⑧擅自动用公款、公物请客送礼;⑨不经有关单位批准,购买、自制属于国家控制购买的商品。

4. 审核原始凭证的合理性

根据国家的方针、法规和制度,从经营和管理的具体情况出发,按照厉行节约、反对浪费、提高经济效益的原则审核经济业务发生或完成是否合理,原始凭证所记录经济业务是否符合企业生产经营活动的需要、是否符合有关的计划和预算等。

原始凭证经过审核,对于符合要求的原始凭证,应按照规定及时办理会计手续;对业务真实但手续不完备的原始凭证,要退回经办人员补办手续;对不合法和不合理的原始凭证,会计人员有权拒绝接受,不予办理会计手续,如情节严重,应向领导和有关部门反映,及时处理。

5. 审核原始凭证的正确性

根据原始凭证的填写要求,审核原始凭证的摘要和数字及其他项目是否填写正确,即数量、单价、金额、合计是否填写正确,大、小写金额是否相符。若有差错,应退回经办人员予以更正。包括数字是否清晰、文字是否工整、书写是否规范、凭证联次是否正确、有无刮擦、涂改和挖补等。同时需要重点检查原始支出凭证报销必须经过的程序,例如采购货物的入库验收程序等,通过上述程序的审核,认定原始支出凭证的真实性、合法性,从而防止虚假和舞弊的发生。

(二)原始凭证审核应注意的问题

原始凭证审核应注意以下问题。

(1)从外单位取得的原始凭证必须盖有填制单位的公章(一般盖财务专用公章或发票专用章),没有公章的原始凭证不能作为报账的依据。有些特殊的原始凭证,出于习惯和使用单位认为不易伪造,可不加盖公章。但这些凭证一般具有固定的、特殊的、公认的标志,如车船票、飞机票等。

(2)从个人处取得的原始凭证应有填制人员的签名或盖章。为了稳妥起见,还应在原始凭证上有填制原始凭证的个人的经营地点或居住地点。

(3)自制原始凭证同样具有法律效力,虽不一定加盖公章,但一定要有完整的签审手续,经办人、负责人、审核人、签领人一定要签名或盖章。

(4)对外开出的原始凭证,必须加盖本单位的公章,一般用财务专用章。不盖公章的原始凭证是无效凭证。

(5)购买实物的原始凭证,必须有实物收货说明;支付款项的原始凭证,必须有收款单位或收款人的收款证明,付款人不能自己证明自己确实付出了款项。

(6)一式几联的原始凭证,必须用双面复写纸复写,并连续编号。因填写错误或其他原因而作废的,应加盖"作废"戳记,整份保存,不得缺联。复印的原始凭证一般不能作为凭证的依据。

(7)已经销售的物品被退回,实物要验收入库或另行处理。退还款时,要先填制退货发票。用现金结算退款时,要取得对方的收款收据;以银行存款退还的,以银行结算凭证联作为证明,不得以退货发票代替对方的收据。

(8)职工因公借款,应填写正式借据作为凭证的附件。这种借据因为要作为记账的凭证,不能退还给借款者,职工用报销的差旅费冲销或退还原借款时,由出纳人员另开收据或用借款结算联一类单据作为证明,并向借款人说明不退借据的原因。

(9)经过行政机关批准的经济业务,批文是不可缺少的原始凭证。年终,如果需要将批文抽出另行保管,应当复印一份作为附件,替换正式批文。

(三)原始凭证中容易出现的错误与舞弊

原始凭证中容易出现的错误与舞弊如下。
(1)内容记载含糊不清,或故意掩盖事情真相,进行贪污作弊。
(2)单位抬头不是本单位。
(3)数量、单位与金额不符。
(4)无收款单位签章。
(5)开具阴阳发票,进行贪污作弊。
(6)在整理和粘贴原始凭证过程中作弊。例如,利用单位原始凭证粘贴、整理不规范的弱点,在进行粘贴、整理时,采用移花接木的手法,故意将个别原始凭证抽出,等以后再重复报销;或在汇总原始凭证金额时,故意多汇或少汇,达到贪污其差额的目的。
(7)模仿领导笔迹签字冒领。
(8)涂改原始凭证上的时间、数量、单位、金额,或添加内容和金额。

(四)有问题原始凭证的处理

在审核原始凭证的过程中,会计人员应认真执行《会计法》所赋予的职责、权限,坚持制度,坚持原则。对违反国家规定的收支,超过计划、预算或者超过规定标准的各项支出,违反制度规定的预付款项,非法出售材料、物资,任意出借、变卖、报废和处理财产物资,以及不按国家关于成本开支范围和费用划分的规定乱挤乱摊生产成本的凭证,都应拒绝。对于内容不完全、不完备、数字有差错的凭证,应予以退回,要求经办人补办手续或进行更正。对于伪造或涂改凭证等弄虚作假、严重违法的原始凭证,在拒绝办理的同时,应当予以扣留,并及时向单位主管或上级主管报告,请求查明原因,追究当事人的责任。

【实操训练】

(1)查阅本项目任务三例3-7~例3-63的57笔经济业务所涉及的原始凭证,辨别每张原始凭证的类型,是自制的还是外来的?是一次凭证、累计凭证还是汇总原始凭证?是通用的还是专用的?
(2)用语言或文字描述上述原始凭证对应的经济业务。

任务二 填制并审核记账凭证

一、认识记账凭证

（一）记账凭证的含义

记账凭证又称记账凭单或分录凭证，是会计人员根据审核无误的原始凭证，按照经济业务的内容加以归类，并据以确定会计分录后填制的会计凭证。它是登记会计账簿的直接依据。

任何单位的经济业务都是多种多样和错综复杂的，所以记录和反映这些经济业务的原始凭证的格式和内容也不能完全相同，加之原始凭证一般不会具体地表明经济业务要记入账户的名称和方向，直接根据原始凭证登记账簿容易发生差错。因此，在记账前要根据原始凭证所反映的经济业务内容加以归类或整理，编制记账凭证。在记账凭证中，摘要能说明经济业务的内容，确定应借、应贷的账户名称和金额，然后据以记账，由原始凭证作为记账凭证的附件。这样既便于记账，又可防止差错，保证账簿记录的正确性。

（二）记账凭证的基本内容

记账凭证种类甚多，格式不一。为了分类反映经济业务的内容，必须按会计核算方法的要求，将其归类、整理、编制记账凭证，标明经济业务应记入的账户名称及应借应贷的金额，作为记账的直接依据。所以，记账凭证必须具备以下基本内容：①记账凭证的名称；②记账凭证日期；③记账凭证编号；④经济业务事项摘要；⑤经济业务事项所涉及的会计科目；⑥经济业务事项所涉及的金额及方向；⑦记账标志；⑧所附原始凭证的张数；⑨相关经济责任人的签名。其基本内容如图3-16所示。

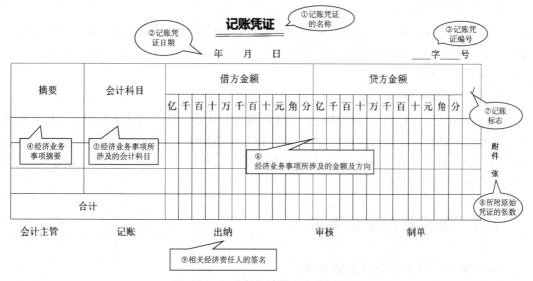

图 3-16 记账凭证的基本内容示意图

二、记账凭证的种类

由于记账凭证记录和反映的经济业务多种多样,因此,记账凭证也是多种多样的。

(一)按用途分类

记账凭证按其用途分类,可以分为专用记账凭证和通用记账凭证。

1. 专用记账凭证

专用记账凭证,是按经济业务的某种特定属性定向使用的凭证。专用记账凭证按其记录的经济业务内容不同,一般可以分为收款凭证、付款凭证和转账凭证。

(1)收款凭证。收款凭证是专门用于登记现金和银行存款收入业务的记账凭证,根据有关现金和银行存款收入业务的原始凭证填制,是登记现金日记账、银行存款日记账以及有关明细账和总账等账簿的依据,也是出纳人员收讫款项的依据。

(2)付款凭证。付款凭证是专门用于登记现金和银行存款支出业务的记账凭证,根据有关现金和银行存款支付业务的原始凭证填制,是登记现金日记账、银行存款日记账以及有关明细账和总账等账簿的依据,也是出纳人员支付款项的依据。

(3)转账凭证。转账凭证是专门用于登记现金和银行存款收付业务以外业务的记账凭证,根据有关转账业务的原始凭证填制,是登记有关明细账和总账等账簿的依据。

2. 通用记账凭证

通用记账凭证是各类经济业务共同使用的凭证,也称作标准凭证。业务比较单纯、业务量也较少的单位,适宜使用通用记账凭证。

(二)按填制方法分类

按照填制方法的不同,可分为复式记账凭证和单式记账凭证。

1. 复式记账凭证

复式记账凭证是指一笔经济业务所涉及的全部会计科目及其发生额均在同一张记账凭证中反映。复式记账凭证能够反映账户之间的对应关系,便于了解有关经济业务的全貌,但不便于会计分工记账。

2. 单式记账凭证

单式记账凭证是指每一笔经济业务所涉及的每一会计科目及其金额分别独立地反映的记账凭证。单式记账凭证便于会计分类记账,便于编制记账凭证汇总表,但不便于反映经济业务的全貌以及账户的对应关系,不便于查账。单式记账凭证一般适用于业务量较大、会计部门内部分工较细的单位。

三、记账凭证的填制要求

1. 以审核无误的原始凭证为依据

除结账和更正错误外,记账凭证应根据审核无误的原始凭证及有关资料填制,记账凭证必须附有原始凭证并如实填写所附原始凭证的张数。记账凭证所附原始凭证张数的计算一般应以原始凭证的自然张数为准。如果记账凭证中附有原始凭证汇总表,则应该把所附的原始凭证和原始凭证汇总表的张数一起记入附件的张数内。

2. 正确填制记账凭证的日期

记账凭证的填制日期一般应为填制记账凭证当天的日期,不能提前或拖后。按权责发生制原则计算收益、分配费用、结转成本利润等调整分录和结账分录的记账凭证,虽然需要到下月才能填制,但为了便于在当月的账内进行登记,仍应填写当月月末的日期。

3. 记账凭证要连续编号

为了分清会计事项处理的先后顺序,以便记账凭证与会计账簿之间的核对,确保记账凭证完整无缺,在填制记账凭证时,应当对记账凭证连续编号。无论采用哪一种编号方法,都应该按月顺序编号,即每月都从1日编起,按自然数1,2,3,4,5……顺序编至月末,不得跳号、重号。一笔经济业务需要填制两张或两张以上记账凭证的,可以采用分数编号法进行编号,例如,有一笔经济业务需要填制三张记账凭证,凭证顺序号为6,就可以编成"6 1/3""6 2/3""6 3/3",前面的数表示凭证顺序,后面分数的分母表示该号凭证共有三张,分子表示三张凭证中的第一张、第二张、第三张。

4. 认真填写记账凭证的摘要

记账凭证的摘要栏是对经济业务的简要说明,摘要应与原始凭证内容一致,能正确反映经济业务的主要内容,既要防止简而不明,又要防止过于烦琐,应力求做到简明扼要。

5. 正确填写记账凭证中的会计分录

不同类型的经济业务不能填制在一张记账凭证上,也不得对同一经济业务汇总填制记账凭证,转账凭证和通用凭证应按先借后贷的原则填制,不得填制有借无贷或有贷无借的会计分录。在记账凭证中,要正确编制会计分录并保持借贷平衡。会计科目的对应关系要填写清楚,应先借后贷,一般填制一借一贷、一借多贷或者一贷多借的会计分录。但如果某项经济业务本身就需要编制一个多借多贷的会计分录,也可以填制多借多贷的会计分录,以集中反映该项经济业务的全貌。填入金额数字后,要在记账凭证的合计行计算、填写合计金额。记账凭证中借、贷方的金额必须相等,合计数必须计算正确。

6. 记账凭证各项内容必须完整

应逐一写清记账凭证上所列项目,有关人员的签名或者盖章要齐全不可缺漏。如以自制的原始凭证或者原始凭证汇总表代替记账凭证使用,也必须具备记账凭证应有的内容。

7. 注销记账凭证的空行

填制记账凭证时,应按行次逐行填写,不得跳行或留有空行。记账凭证填完经济业务后,如有空行,应当在金额栏自最后一笔金额数字下的空行至合计数上的空行处画斜线注销。

8. 填制记账凭证时若发生错误,应当重新填制

已经登记入账的记账凭证在当年内发生错误的,如果是使用的会计科目或记账凭证方向有错误,可以用红字填制一张与原始凭证内容相同的记账凭证,在摘要栏注明"注销某月某日某号凭证"字样,同时再用蓝字重新填制一张正确的记账凭证,在摘要栏注明"更正某月某日某号凭证"字样;如果会计科目和记账方向都没有错误,只是金额错误,可以按正确数字和错误数字之间的差额,另编一张调整的记账凭证,调增金额用蓝字,调减金额用红字。发现以前年度的金额有错误时,应当用蓝字填制一张更正的记账凭证。

四、记账凭证的填制方法

(一)专用记账凭证的填制

1. 收款凭证的填制

收款凭证是用来记录货币资金收款业务的凭证,是由出纳人员根据审核无误的原始凭证收款后填制的。收款凭证左上方所填列的借方科目,应是"库存现金"或"银行存款"科目。在凭证内所反映的贷方科目,应填列与"库存现金"或"银行存款"相对应的科目。"摘要栏"简明扼要地填写经济业务的内容;"金额"栏内填写实际收到的现金或银行存款的数额,各总账科目与所属明细科目的应贷金额,应分别填写在与总账科目或明细科目同一行的"总账科目"或"明细科目"金额栏内;在凭证的右侧填写所附原始凭证张数,并在出纳及制单处签名或盖章。其填制方法如图 3-17 所示。

收款凭证

借方科目:银行存款　　　　　2020 年 10 月 5 日　　　　　银收字第 01 号

摘要	贷方科目		金　额										√
	总账科目	明细科目	亿	千	百	十	万	千	百	十	元	角	分
销售多余库存材料	其他业务收入	白砂糖					1	2	0	0	0	0	
合计			¥				1	2	0	0	0	0	

附件 3 张

财务主管:　　　　记账:　　　　出纳:林小倩　　　　审核:　　　　制单:罗红梅

图 3-17　收款凭证

2. 付款凭证的填制

付款凭证是用来记录货币资金付款业务的凭证,是由出纳人员根据审核无误的原始凭证付款后填制的。在借贷记账法下,在付款凭证左上方所填列的贷方科目,应是"库存现金"或"银行存款"科目。在凭证内所反映的借方科目,应填列与"库存现金"或"银行存款"相对应的科目。"金额"栏填列经济业务实际发生的数额,在凭证的右侧填写所附原始凭证的张数,并在出纳及制单处签名或盖章。其填制方法如图 3-18 所示。

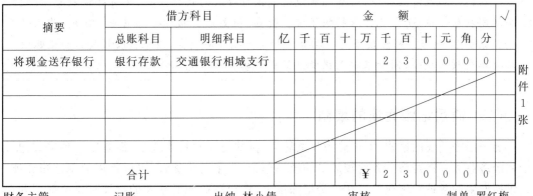

图 3-18 付款凭证

> **温馨提示**
>
> 对于只涉及"库存现金"和"银行存款"这两个账户的业务,如从银行提取现金或将现金存入银行,为防止重复记账,只需填制付款凭证,不再填制收款凭证。即从银行提取现金,只需填制银行存款的付款凭证;将现金存入银行,只需填制库存现金的付款凭证。

3. 转账凭证的填制

转账凭证是根据审核无误的不涉及现金和银行存款收付的转账业务的原始凭证编制的。转账凭证的"会计科目"栏应按照先借后贷的顺序分别填写应借应贷的总账科目及所属的明细科目;借方总账科目及所属明细科目的应记金额,应在与科目同一行的"借方金额"栏内相应栏次填写,贷方总账科目及所属明细科目的应记金额,应在与科目同一行的"贷方金额"栏内相应栏次填写;"合计"行只合计借方总账科目金额和贷方总账科目金额,借方总账科目金额合计数与贷方总账金额合计数应相等。其填制方法如图 3-19 所示。

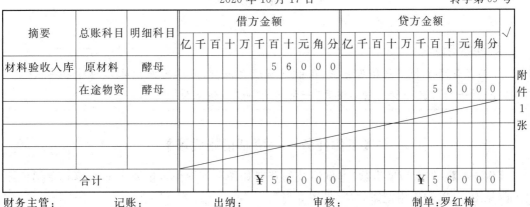

图 3-19 转账凭证

> **温馨提示**
>
> 在同一项经济业务中,如果既有现金或银行存款的收付业务,又有转账业务,应相应填制收款凭证、付款凭证和转账凭证。例如,出差后需报销差旅费 2 300 元,前已预借差旅费 3 000 元,剩余款项交回现金。对于这项经济业务,应根据收款收据的记账联填制现金收款凭证,同时根据差旅费报销凭单填制转账凭证。

(二)通用记账凭证的填制

通用记账凭证的格式,不再分为收款凭证、付款凭证和转账凭证,而是以一种格式记录全部经济业务。在经济业务比较简单的经济单位,为了简化凭证,可以使用通用记账凭证,记录所发生的各种经济业务。在借贷记账法下,将经济业务所涉及的会计科目全部填列在"借方余额"或"贷方余额"栏内。借、贷方金额合计数应相等,制单人应在填制凭证完毕后签名盖章。其填制方法如图3-20所示。

<u>记账凭证</u>

2020 年 10 月 25 日   记字 34 号

摘要	总账科目	明细科目	借方金额 亿千百十万千百十元角分	贷方金额 亿千百十万千百十元角分	√
偿还借款	短期借款	交通银行相城支行	7 0 0 0 0 0 0		附件1张
	银行存款	交通银行相城支行		7 0 0 0 0 0 0	
合计			¥ 7 0 0 0 0 0 0	¥ 7 0 0 0 0 0 0	

财务主管: 记账: 出纳:林小倩   审核: 制单:罗红梅

图 3-20 通用记账凭证

> **温馨提示**
>
> 为了便于填制汇总转账凭证,在填制转账凭证时,应尽可能使账户的对应关系保持"一借一贷"或"一贷多借",避免"一借多贷"或"多借多贷"。

【工作任务——填制记账凭证】

【**例3-4**】(借入短期借款)本例涉及的资料如图 3-21 所示,按要求分别填制专用记账凭证(见图 3-22)和通用记账凭证(见图 3-23)。

【任务资料】

交通银行			借款凭证				5476255
2020 年 10 月 31 日							
借款人	苏州宝青食品有限公司		贷款账号	11000204223848611 3162	存款账号	11000204223848611 3162	
贷款金额	人民币（大写）	壹拾万元整			千百十万千百十元角分 ¥ 1 0 0 0 0 0 0 0		
用　途	用于生产周转		期限		约定还款日期	2020 年 11 月 30 日	第一联回单
			贷款利率	4%	借款合同号码	SZ006	
上列货款已转入借款人指定的账户。			交通银行相城支行 2020.10.31 转记复核			记账	

图 3-21　借款凭证

【任务描述】2020 年 10 月 31 日，苏州宝青食品有限公司向银行借款 100 000 元，期限 1 个月，年利率 4%，该借款一次还本付息，所借款项已存入银行。

【任务处理】

收款凭证

借方科目：银行存款　　　　2020 年 10 月 31 日　　　　银收字第 25 号

摘要	贷方科目		金额	√
	总账科目	明细科目	亿千百十万千百十元角分	
取得银行借款	短期借款	交通银行相城支行	1 0 0 0 0 0 0 0	附件1张
	合计		¥ 1 0 0 0 0 0 0 0	

财务主管：　　　　记账：　　　　出纳：林小倩　　　　审核：　　　　制单：罗红梅

图 3-22　收款凭证

记账凭证

2020 年 10 月 31 日　　　　记字 103 号

摘要	总账科目	明细科目	借方金额	贷方金额	√
			亿千百十万千百十元角分	亿千百十万千百十元角分	
取得银行借款	银行存款	交通银行相城支行	1 0 0 0 0 0 0 0		附件1张
	短期借款	交通银行相城支行		1 0 0 0 0 0 0 0	
	合计		¥ 1 0 0 0 0 0 0 0	¥ 1 0 0 0 0 0 0 0	

财务主管：　　　　记账：　　　　出纳：林小倩　　　　审核：　　　　制单：罗红梅

图 3-23　记账凭证

【例 3-5】（提现备用）本例涉及的资料如图 3-24 所示，按要求分别填制专用记账凭证（见图 3-25）和通用记账凭证（见图 3-26）。

【任务资料】

图 3-24 现金支票存根

【任务描述】 2020 年 10 月 5 日，苏州宝青食品有限公司从银行提取现金。

【任务处理】

付款凭证

贷方科目：银行存款　　　　　2020 年 10 月 15 日　　　　　银付字第 05 号

摘要	借方科目		金　额										✓
	总账科目	明细科目	亿	千	百	十	万	千	百	十	元	角	分
提现	库存现金						2	0	0	0	0	0	
	合计					¥	2	0	0	0	0	0	

财务主管：　　　记账：　　　出纳：林小倩　　　审核：　　　制单：罗红梅

图 3-25 付款凭证

记账凭证

2020 年 10 月 15 日　　　　　记字 23 号

摘要	总账科目	明细科目	借方金额											贷方金额											✓
			亿	千	百	十	万	千	百	十	元	角	分	亿	千	百	十	万	千	百	十	元	角	分	
提现	库存现金						2	0	0	0	0	0													
	银行存款																	2	0	0	0	0	0		
	合计					¥	2	0	0	0	0	0					¥	2	0	0	0	0	0		

财务主管：　　　记账：　　　出纳：林小倩　　　审核：　　　制单：罗红梅

图 3-26 记账凭证

【例 3-6】（生产产品领用材料）本例涉及的资料如图 3-27 所示，按要求分别填制专项记账凭证（见图 3-28）和通用记账凭证（见图 3-29）。

【任务资料】

领料单

领料部门：生产车间
用途：苏打饼干　　　　　　　　　2020 年 10 月 01 日　　　　　　　　　第 LL10001 号

材料编号	材料名称	规格	计量单位	数量		实际成本	
				请收	实发	单价	总价
1107	氢化植物油		L	10 000	10 000	17.5	175 000
1108	苏打		kg	200	200	2.31	462

部门经理：赵晓峰　　　　会计：张无铭　　　　仓库：柯大云　　　　经办人：王远山

图 3-27　领料单

【任务描述】 2020 年 10 月 1 日，生产苏打饼干领用材料。

【任务处理】

转账凭证

2020 年 10 月 01 日　　　　　　　　　　　　　　　　　　　　　　转字 01 号

摘要	总账科目	明细科目	借方金额										贷方金额											√
			亿	千	百	十	万	千	百	十	元	角	分	亿	千	百	十	万	千	百	十	元	角	分	
领用材料	生产成本	苏打饼干				1	7	5	4	6	2	0	0												
	原材料	植物油															1	7	5	0	0	0	0	0	
	原材料	苏打																		4	6	2	0	0	
	合计		¥			1	7	5	4	6	2	0	0	¥			1	7	5	4	6	2	0	0	

财务主管：　　　记账：　　　出纳：　　　审核：　　　制单：罗红梅

附件 1 张

图 3-28　转账凭证

记账凭证

2020 年 10 月 01 日　　　　　　　　　　　　　　　　　　　　　　记字 01 号

摘要	总账科目	明细科目	借方金额										贷方金额											√
			亿	千	百	十	万	千	百	十	元	角	分	亿	千	百	十	万	千	百	十	元	角	分	
领用材料	生产成本	苏打饼干				1	7	5	4	6	2	0	0												
	原材料	植物油															1	7	5	0	0	0	0	0	
	原材料	苏打																		4	6	2	0	0	
	合计		¥			1	7	5	4	6	2	0	0	¥			1	7	5	4	6	2	0	0	

财务主管：　　　记账：　　　出纳：　　　审核：　　　制单：罗红梅

附件 1 张

图 3-29　记账凭证

五、审核记账凭证

记账凭证编制完毕后,必须由专人进行审核,借以监督经济业务的真实性、合法性和合理性,并检查记账凭证的编制是否符合要求。审核记账凭证应从以下几个方面进行。

(1) 记账凭证是否以合法、真实的原始凭证为依据。

(2) 记账凭证各项目的填写是否齐全,如日期、凭证编号、摘要、金额、所附原始凭证张数及有关人员签章等。

(3) 记账凭证中的应借、应贷科目是否正确,是否有明确的账户对应关系,所使用的会计科目是否符合国家统一的会计制度等。

(4) 记账凭证所记录的金额与原始凭证的有关金额是否一致、计算是否正确,记账凭证汇总表的金额与记账凭证的金额合计是否相符等。

(5) 记账凭证中的记录是否文字工整、数字清晰,是否按规定进行更正等。

在审核过程中,如果发现有不符合要求的地方,应要求有关人员采取正确的方法进行更正。只有经过审核无误的记账凭证,才能作为登记账簿的依据。

【实操训练】

根据项目二例 2-1～例 2-18 中的 18 笔经济业务,填制通用记账凭证(见图 3-30～图 3-47),凭证编号从 01 号开始,原始凭证所附张数可以省略。

记账凭证

年 月 日   记字 号

摘要	总账科目	明细科目	借方金额 亿千百十万千百十元角分	贷方金额 亿千百十万千百十元角分	√
					附 件 张
	合计				

财务主管: 记账: 出纳: 审核: 制单:

图 3-30 记账凭证

记账凭证

年 月 日   记字 号

摘要	总账科目	明细科目	借方金额 亿千百十万千百十元角分	贷方金额 亿千百十万千百十元角分	√
					附 件 张
	合计				

财务主管: 记账: 出纳: 审核: 制单:

图 3-31 记账凭证

图 3-32 记账凭证

图 3-33 记账凭证

图 3-34 记账凭证

记账凭证

年　月　日　　　　　　　　　　　　　　　　　　　　　记字　号

摘要	总账科目	明细科目	借方金额										贷方金额										√
			亿	千	百	十	万	千	百	十	元	角	分	亿	千	百	十	万	千	百	十	元	角	分	
	合计																								

财务主管：　　　　记账：　　　　出纳：　　　　审核：　　　　制单：

附件　张

图 3-35　记账凭证

记账凭证

年　月　日　　　　　　　　　　　　　　　　　　　　　记字　号

摘要	总账科目	明细科目	借方金额										贷方金额										√
			亿	千	百	十	万	千	百	十	元	角	分	亿	千	百	十	万	千	百	十	元	角	分	
	合计																								

财务主管：　　　　记账：　　　　出纳：　　　　审核：　　　　制单：

附件　张

图 3-36　记账凭证

记账凭证

年　月　日　　　　　　　　　　　　　　　　　　　　　记字　号

摘要	总账科目	明细科目	借方金额										贷方金额										√
			亿	千	百	十	万	千	百	十	元	角	分	亿	千	百	十	万	千	百	十	元	角	分	
	合计																								

财务主管：　　　　记账：　　　　出纳：　　　　审核：　　　　制单：

附件　张

图 3-37　记账凭证

记账凭证

年　月　日　　　　　　　　　　　　　　　　　　记字　号

摘要	总账科目	明细科目	借方金额										贷方金额										√
			亿	千	百	十	万	千	百	十	元	角	分	亿	千	百	十	万	千	百	十	元	角	分	
	合计																								

财务主管：　　　　记账：　　　　出纳：　　　　审核：　　　　制单：

附件　张

图 3-38　记账凭证

记账凭证

年　月　日　　　　　　　　　　　　　　　　　　记字　号

摘要	总账科目	明细科目	借方金额										贷方金额										√
			亿	千	百	十	万	千	百	十	元	角	分	亿	千	百	十	万	千	百	十	元	角	分	
	合计																								

财务主管：　　　　记账：　　　　出纳：　　　　审核：　　　　制单：

附件　张

图 3-39　记账凭证

记账凭证

年　月　日　　　　　　　　　　　　　　　　　　记字　号

摘要	总账科目	明细科目	借方金额										贷方金额										√
			亿	千	百	十	万	千	百	十	元	角	分	亿	千	百	十	万	千	百	十	元	角	分	
	合计																								

财务主管：　　　　记账：　　　　出纳：　　　　审核：　　　　制单：

附件　张

图 3-40　记账凭证

记账凭证

年　月　日　　　　　　　　　　　　　　　　　　　　　记字　　号

摘要	总账科目	明细科目	借方金额										贷方金额										√
			亿	千	百	十	万	千	百	十	元	角	分	亿	千	百	十	万	千	百	十	元	角	分	
	合计																								

财务主管：　　　　　记账：　　　　　出纳：　　　　　审核：　　　　　制单：

附件　张

图 3-41　记账凭证

记账凭证

年　月　日　　　　　　　　　　　　　　　　　　　　　记字　　号

摘要	总账科目	明细科目	借方金额										贷方金额										√
			亿	千	百	十	万	千	百	十	元	角	分	亿	千	百	十	万	千	百	十	元	角	分	
	合计																								

财务主管：　　　　　记账：　　　　　出纳：　　　　　审核：　　　　　制单：

附件　张

图 3-42　记账凭证

记账凭证

年　月　日　　　　　　　　　　　　　　　　　　　　　记字　　号

摘要	总账科目	明细科目	借方金额										贷方金额										√
			亿	千	百	十	万	千	百	十	元	角	分	亿	千	百	十	万	千	百	十	元	角	分	
	合计																								

财务主管：　　　　　记账：　　　　　出纳：　　　　　审核：　　　　　制单：

附件　张

图 3-43　记账凭证

记账凭证

　　　　年　月　日　　　　　　　　　　　　　　　　　　　记字　号

摘要	总账科目	明细科目	借方金额										贷方金额										√
			亿	千	百	十	万	千	百	十	元	角	分	亿	千	百	十	万	千	百	十	元	角	分	
合计																									

财务主管：　　　　记账：　　　　出纳：　　　　审核：　　　　制单：

附件　张

图 3-44　记账凭证

记账凭证

　　　　年　月　日　　　　　　　　　　　　　　　　　　　记字　号

摘要	总账科目	明细科目	借方金额											贷方金额										√
			亿	千	百	十	万	千	百	十	元	角	分	亿	千	百	十	万	千	百	十	元	角	分	
合计																									

财务主管：　　　　记账：　　　　出纳：　　　　审核：　　　　制单：

附件　张

图 3-45　记账凭证

记账凭证

　　　　年　月　日　　　　　　　　　　　　　　　　　　　记字　号

摘要	总账科目	明细科目	借方金额											贷方金额										√
			亿	千	百	十	万	千	百	十	元	角	分	亿	千	百	十	万	千	百	十	元	角	分	
合计																									

财务主管：　　　　记账：　　　　出纳：　　　　审核：　　　　制单：

附件　张

图 3-46　记账凭证

记账凭证

　　　　　年　月　日　　　　　　　　　　　　　　　记字　号

摘要	总账科目	明细科目	借方金额										贷方金额										√
			亿	千	百	十	万	千	百	十	元	角	分	亿	千	百	十	万	千	百	十	元	角	分	
合计																									

附件　张

财务主管：　　　记账：　　　出纳：　　　审核：　　　制单：

图 3-47　记账凭证

任务三　核算企业主要经济业务

一、了解企业的主要经济业务

（一）企业的主要经营过程核算的内容

　　企业是指按照市场经济要求，自主经营、自负盈亏，专门从事生产、流通、运输、建筑、房地产等经济活动的部门和单位。企业包括制造企业（也称工业企业）、商品流通企业、金融企业、建筑企业、房地产企业、服务企业和其他企业等多种类型。在这些企业中，由于制造企业是最原始、最完善、最典型的产品生产和经营单位，所以本项目以工业企业的主要经济业务为例，说明账户的设置、复式记账法、填制和审核会计凭证这三个会计核算方法的运用。

　　任何企业为了进行生产经营活动，首先必须拥有一定的财产物资，这些财产物资的货币表现称为资金。资金的来源有两个方面：其一是投资者投入资金；其二是债权人投入资金。这两方面均表现为企业的资金筹集。

　　资金进入制造企业以后，随着企业生产经营活动的不断进行，以货币资金→储备资金→生产资金→成品资金→货币资金的形式不断运动，依次经过生产准备、生产过程和销售过程三个阶段，周而复始，形成资金的循环和周转。

　　在生产准备过程中，制造企业用货币资金购买生产经营活动所需的各种材料物资，包括各种原材料、机器设备、房屋建筑物等，形成必要的生产储备。这时，企业资金的形态就由货币资金转化为储备资金。生产准备过程是制造企业生产经营的准备阶段。

　　在生产过程中，企业劳动者借助劳动资料（如机器设备等工具）对劳动对象（如原材料等）进行加工，生产出各种为社会所需的产品。在产品生产过程中会发生各种材料费用、工资费用、固定资产折旧费用和其他费用等生产费用，通过对这些生产费用的归集和分配，可以计算出产品成本。这时，资金就从储备资金形态转变为生产资金形态。随着产成品的完工入库,资金又从生产资金形态转变为成品资金形态。生产过程是制造企业生产经营的主要阶段。

在销售过程中,企业通过产品的销售,一方面获取货币资金及其他资产,另一方面也会发生一些与产品销售业务相关的各种成本、费用和税金等。这时,企业的资金形态又由成品资金转化为货币资金。销售过程的完成,标志着企业一个生产经营过程的结束,以及新一轮生产经营过程的开始。销售过程是制造企业产品价值实现的阶段。

在财务成果的形成与分配阶段,制造企业应将企业在一定期间内所取得的收入与各种成本、费用进行配比,及时计算出一定期间内的财务成果,确定企业在该时期所实现的利润或发生的亏损,缴纳所得税,并按国家规定进行利润分配。通过利润分配,一部分资金退出企业,另一部分资金重新投入生产周转,开始新一轮的资金循环和周转过程。

制造企业除了上述主要的生产经营活动之外,还需对企业生产经营活动中发生的其他经济业务进行核算,如资金退出企业的业务、对外投资业务、债权债务业务等。

针对企业生产经营过程中发生的上述经济业务,会计的职能就是把这些业务用会计特有的方法反映出来,即本项目账务处理的主要任务为:①资金筹集业务的账务处理;②固定资产业务的账务处理;③材料采购业务的账务处理;④生产业务的账务处理;⑤销售业务的账务处理;⑥期间费用的账务处理;⑦利润形成与分配业务的账务处理。上述各业务及其会计核算内容如图3-48所示。

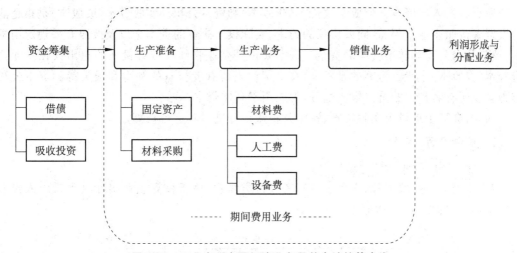

图3-48 工业企业主要经济业务及其会计核算内容

（二）成本计算的内容

上述各项经济业务中贯穿了成本的计算,例如,供应过程要计算材料的采购成本,它由材料的买价和采购费用构成;生产过程要计算产品的生产成本,它由直接材料、直接人工和制造费用构成;销售过程要计算产品的销售成本。因此,成本计算就是把供应、生产和销售过程中发生的各项费用,按照一定的对象和标准进行归集与分配,以计算出该对象的总成本和单位成本以及期间费用。成本计算是会计核算的方法之一,通过成本的计算,可以促进企业不断提高经营管理水平,控制和降低成本,也可以为制订产品售价提供依据。

为了正确归集和分配生产费用,计算各种成本,在会计上也应根据有关业务的具体内容和成本计算的具体要求,分别设置和运用不同的账户进行核算。

二、资金筹集业务核算

企业的资金筹集业务按其资金来源通常分为所有者权益筹资和负债筹资。所有者权益筹资形成所有者的权益,通常称为权益资本,包括投资者的投资及其增值,这部分资本的所有者(或称为股东、老板、投资人、业主)既享有企业的经营收益,也承担企业的经营风险。负债筹资形成债权人的权益,通常称为债务资本,主要包括企业向债权人借入的资金和采购材料结算货款时形成的负债资金等,这部分资本的所有者(或称债权人)享有按约收回本金和利息的权利。

(一) 所有者权益筹资业务核算

1. 所有者投入资本的构成

所有者投入的资本按照投资主体的不同可分为国家投入资本、法人投入资本、个人投入资本和外商投入资本等。所有者投入资本按投资资金形式的不同,可以分为货币资产投资、实物资产投资(如机器设备、厂房等)和无形资产投资等。

所有者投入的资本会形成实收资本(或股本)和资本公积。实收资本(或股本)是指企业的投资者按照企业章程、合同或协议的约定,实际投入企业的资本金以及按照有关规定由资本公积、盈余公积等转增资本的资金。资本公积是企业收到投资者投入的超出其在企业注册资本(或股本)中所占份额的投资,以及直接计入所有者权益的利得和损失等。资本公积作为企业所有者权益的重要组成部分,主要用于转增资本。

为此,会计上应设置实收资本、资本公积账户分别对其进行核算。

2. 账户设置

1)"实收资本"或"股本"账户

"实收资本"或"股本"账户属于所有者权益类账户,用于核算企业实际收到投资人投入的资本,其结构如图 3-49 所示。

借方	实收资本	贷方
	期初余额:企业实收资本总额	
本期减少额:企业按法定程序报经批准减少的注册资本	本期增加额:企业接受投资者投入的资本	
	期末余额:企业实收资本总额	

图 3-49 "实收资本"账户结构

该账户应按投资人设置明细账户,进行明细分类核算,例如"实收资本——A 公司"。

2)"资本公积"账户

"资本公积"账户属于所有者权益类账户,用于核算企业收到投资者出资额超出其在注册资本或股本中所占份额的部分,以及直接计入所有者权益的利得和损失等,其结构如图 3-50 所示。

借方	资本公积	贷方
	期初余额:企业资本公积总额	
本期减少额:转增资本的总额 直接计入所有者权益的损失	本期增加额:资本或股本溢价 直接计入所有者权益的利得	
	期末余额:企业资本公积实有数	

图 3-50 "资本公积"账户结构

该账户可按资本公积的来源不同,分设"资本溢价(或股本溢价)"明细账户,进行明细分类核算。

3)"银行存款"账户

"银行存款"账户属于资产类账户,用于核算企业存入银行或其他金融机构的各种款项,其结构如图 3-51 所示。

借方	银行存款	贷方
期初余额:银行存款的结存额		
本期增加额:存入的款项	本期减少额:提取或支出的款项	
期末余额:银行存款的结存额		

图 3-51 "银行存款"账户结构

该账户应当按照开户银行、存款种类等分别设置明细账户,进行明细分类核算,例如"银行存款——工行""银行存款——美元户"。

4)"固定资产"账户

"固定资产"账户属于资产类账户,用于核算企业固定资产的原始价值,其结构如图 3-52 所示。

借方	固定资产	贷方
期初余额:固定资产账面结存额		
本期增加额:固定资产原始价值的增加	本期减少额:固定资产原始价值的减少	
期末余额:固定资产账面结存额		

图 3-52 "固定资产"账户结构

该账户按照固定资产的类别设置明细账户,进行明细分类核算,例如"固定资产——机器设备"。

5)"无形资产"账户

"无形资产"账户属于资产类账户,用于核算企业无形资产的增减及结存情况,其结构如图 3-53 所示。

借方	无形资产	贷方
期初余额:无形资产账面结存额		
本期增加额:取得无形资产的实际成本	本期减少额:无形资产的减少价值	
期末余额:现有无形资产的实际成本		

图 3-53 "无形资产"账户结构

该账户按照无形资产的类别设置明细账户,进行明细分类核算,例如"无形资产——土地使用权"。

3. 业务核算

【工作任务——核算接受货币资金投资业务】

【例 3-7】本例涉及的资料如图 3-54～图 3-56 所示。

【任务资料】

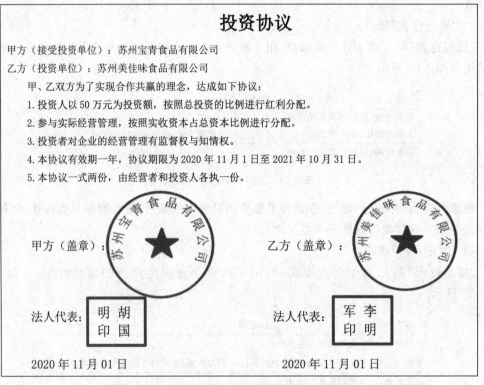

图 3-54　投资协议

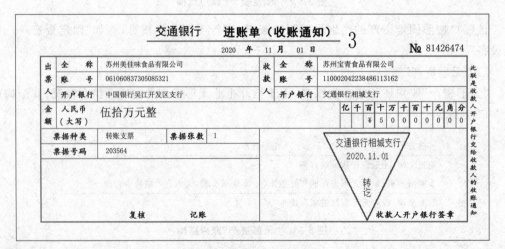

图 3-55　进账单（收账通知）

【任务描述】2020 年 11 月 1 日,苏州宝青食品有限公司收到苏州美佳味食品有限公司投资款 500 000 元,存入银行。

【任务处理】

记账凭证

2020 年 11 月 01 日　　　　　　　　　　　　　　　　记字 01 号

摘要	会计科目	借方金额	贷方金额	√
收到苏州美佳味食品有限公司投资	银行存款	500 000.00		
	实收资本——苏州美佳味食品有限公司		500 000.00	
合计		￥500 000.00	￥500 000.00	

附单据 2 张

财务主管：　　　记账：　　　出纳:林小倩　　　审核：　　　制单:罗红梅

图 3-56　记账凭证

【工作任务——核算接受固定资投资业务】

【例 3-8】本例涉及的资料如图 3-57～图 3-59 所示。

【任务资料】

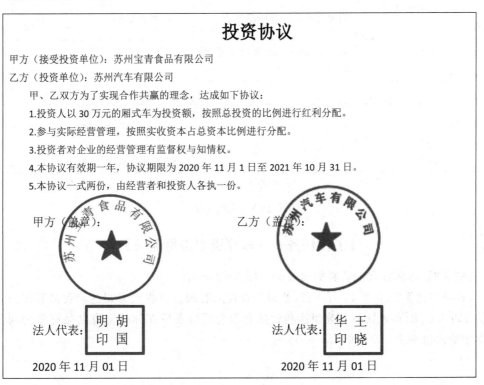

图 3-57　投资协议

固定资产验收交接单

固定资产类别：运输设具

移交单位	苏州汽车有限公司	接受单位	苏州宝青食品有限公司
固定资产名称	厢式车		
原值	300 000.00	预计净残值率	4%
开始使用日期	2020.11.01	预计使用年限	4
投入使用日期	2020.11.01	投入时已使用年限	
验收意见	符合规定质量标准，验收合格。		负责人：胡国明
移交单位负责人	王晓华	接受单位负责人	胡国明

图 3-58　固定资产验收交接单

【任务描述】2020 年 11 月 1 日，苏州宝青食品有限公司收到苏州汽车有限公司投资的价值 300 000 元的厢式车一辆。

【任务处理】

记账凭证

2020 年 11 月 01 日　　　　　　　　　　　　　　　记字 02 号

摘要	会计科目	借方金额	贷方金额	√
收到苏州汽车有限公司投资	固定资产——运输设备	300 000.00		附单据2张
	实收资本——苏州汽车有限公司		300 000.00	
合计		￥300 000.00	￥300 000.00	

财务主管：　　　记账：　　　出纳：　　　审核：　　　制单：罗红梅

图 3-59　记账凭证

【工作任务——核算资本溢价业务】

【例 3-9】本例涉及的资料如图 3-60～图 3-62 所示。

【任务描述】2020 年 11 月 1 日，苏州宝青食品有限公司收到苏州达利食品有限公司投资款 160 000 元，存入银行。苏州达利食品有限公司投资后在苏州宝青食品有限公司注册资本中所占份额为 150 000 元。

【任务资料】

图 3-60　投资协议

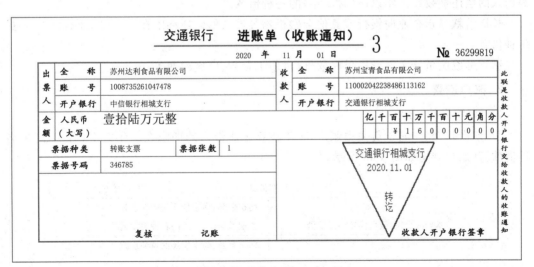

图 3-61　进账单（收账通知）

【任务处理】

记账凭证
2020 年 11 月 01 日　　　　　　　　　　　　　　　　记字 03 号

摘要	会计科目	借方金额	贷方金额	√
收到苏州达利食品有限公司投资	银行存款	160 000.00		附单据2张
	实收资本——苏州达利食品有限公司		150 000.00	
	资本公积——资本溢价		10 000.00	
合计		¥160 000.00	¥160 000.00	

财务主管：　　　记账：　　　出纳：林小倩　　　审核：　　　制单：罗红梅

图 3-62　记账凭证

（二）负债筹资业务核算

1. 负债筹资的构成

负债筹资主要包括短期借款、长期借款以及结算形成的负债等。

短期借款是指企业为了满足其生产经营对资金的临时性需要而向银行或其他金融机构等借入的偿还期限在 1 年以内（含 1 年）的各种借款。

长期借款是指企业向银行或其他金融机构等借入的偿还期限在 1 年以上（不含 1 年）的各种借款。

结算形成的负债主要有应付账款、应付职工薪酬、应交税费等。

2. 账户设置

1）"短期借款"账户

"短期借款"账户属于负债类账户，用于核算企业借入的期限在 1 年以下（含 1 年）的各种借款，其账户结构如图 3-63 所示。

借方	短期借款	贷方
		期初余额：尚未偿还的短期借款
本期减少额：到期偿还的短期借款		本期增加额：借入的各种短期借款
		期末余额：尚未偿还的短期借款

图 3-63　"短期借款"账户结构

该账户可按贷款单位和币种设置明细账户，进行明细核算，例如"短期借款——工行""短期借款——美元户"。

2）"长期借款"账户

"长期借款"账户属于负债类账户，用于核算企业借入的期限在 1 年以上的各种借款，其账户结构如图 3-64 所示。

借方	长期借款	贷方
	期初余额：尚未偿还的长期借款	
本期减少额：到期偿还的长期借款利息调整摊销额	本期增加额：借入的各种长期借款利息调整摊销额	
	期末余额：尚未偿还的长期借款	

图 3-64 "长期借款"账户结构

该账户可按贷款单位和贷款种类，分别设置"本金""利息调整"等明细账户，进行明细核算。

3)"应付利息"账户

"应付利息"账户属于负债类账户，用于核算企业按照合同约定应支付的利息，包括吸收存款、分期付息到期还本的长期借款、企业债券等应支付的利息，其账户结构如图 3-65 所示。

借方	应付利息	贷方
	期初余额：企业应付未付的利息	
本期减少额：实际支付的利息	本期增加额：按合同利率计算确定的应付未付的利息	
	期末余额：企业应付未付的利息	

图 3-65 "应付利息"账户结构

该账户可按债权人设置明细账户，进行明细核算，例如"应付利息——交通银行相城支行"。

4)"财务费用"账户

"财务费用"账户属于费用类账户，用于核算企业为筹集生产经营所需资金等而发生的筹资费用，包括利息支出(减利息收入)、相关的手续费等。为购建或生产满足资本化条件的资产发生的应予资本化的借款利息费用，通过"在建工程""制造费用"等账户核算，不通过本账户核算，其账户结构如图 3-66 所示。

借方	财务费用	贷方
本期增加额：借款利息 支付的手续费	本期减少额：存款利息收入 结转至"本年利润"账户	

图 3-66 "财务费用"账户结构

该账户可按费用项目设置明细账户，进行明细核算，例如"财务费用——利息费用""财务费用——手续费"。

3. 业务核算

【工作任务——核算短期借款业务】

【例 3-10】(借入短期借款)本例涉及的资料如图 3-67 和图 3-68 所示。

【任务资料】

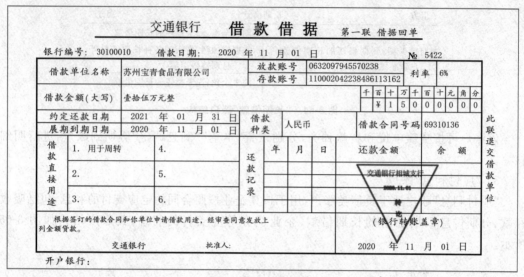

图 3-67　借款借据

【任务描述】2020 年 11 月 1 日,苏州宝青食品有限公司向银行借款 150 000 元,期限 3 个月,年利率 6%,该借款一次还本付息,利息按月预提,所借款项已存入银行。

【任务处理】

记账凭证

2020 年 11 月 01 日　　　　　　　　　　　　　　　　记字 04 号

摘要	会计科目	借方金额	贷方金额	√
取得银行借款	银行存款	150 000.00		
	短期借款		150 000.00	
合计		¥150 000.00	¥150 000.00	

附单据 1 张

财务主管:　　　　记账:　　　　出纳:林小倩　　　　审核:　　　　制单:罗红梅

图 3-68　记账凭证

【例 3-11】(计提短期借款利息)本例涉及的资料如图 3-69 和图 3-70 所示。

【任务资料】

短期借款利息计算单

2020 年 11 月 30 日　　　　　　　　　　　　　　　　　　单位:元

借款本金	年利率	应付金额
150 000.00	6%	750.00

财务主管:米才经　　　　会计:张无铭　　　　审核:米才经　　　　制单:罗红梅

图 3-69　短期借款利息计算单

【任务描述】2020 年 11 月 30 日,苏州宝青食品有限公司计提当月应负担的短期借款利息。

【任务处理】

记账凭证

2020 年 11 月 30 日 　　　　　　　　　　　　　　记字 36 号

摘要	会计科目	借方金额	贷方金额	√
计提短期借款利息	财务费用——利息费用	750.00		
	应付利息——交通银行相城支行		750.00	
合计		¥750.00	¥750.00	

附单据 1 张

财务主管:　　　　记账:　　　　出纳:　　　　审核:　　　　制单:罗红梅

图 3-70　记账凭证

【例 3-12】(归还短期借款)本例涉及的资料如图 3-71 和图 3-72 所示。

【任务资料】

付款证明单

2020 年 11 月 30 日　　　　　　　　　　　　　　　　编号:1302

收款人	交通银行相城支行
用途	归还短期借款(2020 年 9 月 1 日借入 100 000.00 元,利率 6%)到期一次还本付息
金额	人民币(大写)壹拾万壹仟伍佰元整　　　　　　　¥101 500.00

财务主管:米才经　　　出纳:林小倩　　　审核:米才经　　　制单:罗红梅

图 3-71　付款证明单

【任务描述】2020 年 11 月 30 日,2020 年 9 月 1 日的借款到期,一次还本付息。

【任务处理】

记账凭证

2020 年 11 月 30 日　　　　　　　　　　　　　　记字 37 号

摘要	会计科目	借方金额	贷方金额	√
归还借款本金和利息	应付利息——交通银行相城支行	1 000.00		
	财务费用——利息费用	500.00		
	短期借款——交通银行	100 000.00		
	银行存款——交通银行相城支行		101 500.00	
合计		¥101 500.00	¥101 500.00	

附单据 1 张

财务主管:　　　　记账:　　　　出纳:林小倩　　　审核:　　　　制单:罗红梅

图 3-72　记账凭证

【工作任务——核算长期借款业务】

【例 3-13】本例涉及的资料如图 3-73 和图 3-74 所示。

【任务资料】

```
交通银行  借款借据   第一联 借据回单
银行编号：30100010    借款日期：2020年11月03日    No 5331
借款单位名称：苏州宝青食品有限公司  放款账号：0540378625035894   利率 9%
                                  存款账号：11000204223848 6113162
借款金额（大写）：陆拾万元整    ￥600000.00
约定还款日期：2022年11月02日   借款种类：人民币   借款合同号码：11118897
展期到期日期：2020年11月03日
借款直接用途：1.用于扩大生产  4.
            2.           5.
            3.           6.
还款记录
（银行转账盖章）
2020年11月03日
开户银行：交通银行    批准人：
```

图 3-73 借款借据

【任务描述】2020年11月3日，苏州宝青食品有限公司向银行借款600 000元，期限2年，年利率9%，该借款一次还本付息，所借款项已存入银行。

【任务处理】

记账凭证

2020 年 11 月 03 日   记字 09 号

摘要	会计科目	借方金额	贷方金额	√
取得银行借款	银行存款	600 000.00		
	长期借款——交通银行相城支行		600 000.00	
合计		￥600 000.00	￥600 000.00	

财务主管：　　　记账：　　　出纳：林小倩　　　审核：　　　制单：罗红梅

附单据 1 张

图 3-74 记账凭证

（三）资金筹集业务核算账务处理归纳

资金筹集业务核算账务处理归纳如表 3-1 所示。

表 3-1　资金筹集业务核算账务处理归纳

典型业务	业务细分		会计分录	备注
所有者权益筹资业务	资本金投入（出资等于占份额）	现金投入	借：银行存款 　　贷：实收资本——××单位（个人）	
		非现金投入（有形资产投入（原材料/固定资产等））	借：原材料/固定资产 　　应交税费——应交增值税（进项税额） 　　贷：实收资本——××单位（个人）	
		无形资产投入（无形资产）	借：无形资产 　　贷：实收资本——××单位（个人）	
	出资大于占份额		借：相关资产项目 　　贷：实收资本——××单位（个人） 　　　　资本公积	
	资本金退出		借：实收资本——××单位（个人） 　　贷：银行存款	

续表

典型业务	业务细分		会计分录	备注
负债筹资业务	借入本金		借:银行存款 　贷:短期借款/长期借款——本金	短期借款利息一般按月预提,按季支付;长期借款利息核算,按取得用途分别记入相关账户
	计息	分期付息	借:财务费用/在建工程 　贷:应付利息	
		到期一次付息	借:财务费用/在建工程 　贷:长期借款——应计利息	
	付息		借:应付利息/长期借款——应计利息 　贷:银行存款	
	还本		借:短期借款/长期借款——本金 　贷:银行存款	

三、生产准备过程业务的核算

(一) 材料采购业务的核算

1. 材料的采购成本

在采购过程中,企业要向有关单位支付材料价款及运输费、装卸费等各种采购费用,还要同有关单位发生结算关系。因此,采购业务和结算业务是材料采购过程的主要经济业务。

材料的采购成本是指企业物资从采购到入库前所发生的全部支出,包括购买价款、相关税费、运输费、装卸费、保险费、途中的合理损耗、入库前的挑选准备费用以及其他可归属于采购成本的费用。

2. 账户设置

1) "在途物资"账户

"在途物资"账户属于资产类账户,用于核算企业采用实际成本法时外购材料的买价和采购费用,是计算和确定材料实际成本的账户,其结构如图 3-75 所示。

借方	在途物资	贷方
期初余额:在途材料的采购成本		
本期增加额:购入材料支付的买价 　　　　　材料的采购费用		本期减少额:验收入库的材料采购成本
期末余额:在途材料的采购成本		

图 3-75 "在途物资"账户结构

该账户应按购入材料的种类或主要品种设置明细分类账户,进行明细分类核算,计算每种材料的实际采购成本,例如"在途物资——酵母"。

2) "原材料"账户

"原材料"账户属于资产类账户,用于核算企业库存的各种材料,包括原料及主要材料、辅助材料、外购半成品、修理用备件、包装材料、燃料等的实际成本或计划成本。企业收到来料加工装配业务的原料、零件等，应当设置备查簿进行登记，其结构如图 3-76 所示。

借方	原材料	贷方
期初余额：库存材料的实际（计划）成本		
本期增加额： 入库材料的实际（计划）成本	本期减少额： 发出材料的实际（计划）成本	
期末余额：库存材料的实际（计划）成本		

图 3-76 "原材料"账户结构

该账户应按原材料的保管地点、类别、品种及规格设置材料明细账，进行明细分类核算，例如"原材料——黄油"。

3）"应付账款"账户

"应付账款"账户属于负债类账户，用于核算企业因购买材料、物资和接受劳务供应等而应付未付给供应单位的款项，其结构如图 3-77 所示。

借方	应付账款	贷方
	期初余额：企业尚未支付的应付账款	
本期减少额： 已经偿还的应付款项	本期增加额： 发出的应付而未付给供应单位的款项	
	期末余额：企业尚未支付的应付账款	

图 3-77 "应付账款"账户结构

本账户应按照供应单位（债权人）设置明细账户，进行明细核算，例如"应付账款——苏州华丰食品有限公司"。

4）"应付票据"账户

"应付票据"账户属于负债类账户，用于核算企业购买材料、商品和接受劳务等开出、承兑的商业汇票，包括银行承兑汇票和商业承兑汇票，承诺在规定的时间偿付款项的票据，它是企业延期付款的凭据，其结构如图 3-78 所示。

借方	应付票据	贷方
	期初余额：持有未到期的应付票据面值	
本期减少额： 到期实际支付的票据金额	本期增加额： 开出并承兑的应付票据面值	
	期末余额：持有未到期的应付票据面值	

图 3-78 "应付票据"账户结构

该账户可按债权人设置明细账户，进行明细核算，例如"应付票据——A 工厂"。

5）"预付账款"账户

"预付账款"账户属于资产类账户，用于核算企业按照合同规定预付给供应单位的款项，其结构如图 3-79 所示。

借方	预付账款	贷方
期初余额:实际预付的款项		
本期增加额: 　　因购货而预付的款项补付的款项	本期减少额: 　　收到货物时,按票面金额冲销的预付数额 　　退回多付的预付款项	
期末余额:实际预付的期末余款		

图 3-79 "预付账款"账户结构

该账户可按供货单位设置明细账户,进行明细核算,例如"预付账款——A工厂"。预付款项情况不多的,也可以不设置该账户,将预付的款项直接记入"应付账款"账户。

6)"应交税费"账户

"应交税费"账户属于负债类账户,用于核算企业按照税法等规定计算应交纳的各种税费,包括增值税、消费税、所得税、城市维护建设税、教育费附加等,其结构如图 3-80 所示。

借方	应交税费	贷方
	期初余额:应交未交的各种税费	
本期减少额:实际交纳的各种税费	本期增加额:应交各种税费的增加数	
期末余额:多交纳的税费	期末余额:尚未交纳的税费	

图 3-80 "应交税费"账户结构

该账户可按应交的税费项目设置明细账户,进行明细核算,例如"应交税费——应交增值税"。

本任务主要涉及的税种是增值税,应交税费——应交增值税结构如图 3-81 所示。

借方	应交税费——应交增值税	贷方
期初余额:尚未抵扣完的增值税		
本期发生额:外购货物支付的进项税额 　　　　　实际交纳的增值税	本期发生额:销售货物收取的销项税额	
或期末余额:尚未抵扣完的增值税	期末余额:应交未交的增值税	

图 3-81 "应交税费——应交增值税"账户结构

增值税是对销售货物或者提供加工、修理修配劳务以及进口货物的单位和个人就其实现的增值额征收的一种流转税。从计税原理上说,增值税是对商品生产、流通、劳务服务中多个环节的新增价值或商品的附加值征收的一种流转税。实行价外税,也就是由消费者负担,有增值才征税,没增值不征税。《中华人民共和国增值税暂行条例》将企业分为一般纳税人和小规模纳税人两类,一般纳税人按 13%、10%、9% 或 6% 的税率计算增值税,小规模纳税人按销售额的 3% 计算增值税,不抵扣进项税额。

一般纳税人应纳增值税的计算公式为

$$应纳税额＝当期销项税额－当期进项税额$$

销项税额是一般纳税人在销售货物时,向购货方收取的货物增值税税额。进项税额是指纳税人购进货物、加工修理修配劳务、服务、无形资产或者不动产,支付或者负担的增值税额。

小规模纳税人应纳增值税的计算公式为

$$应纳税额=销售额\times征收率$$

3. 业务核算

【工作任务——核算现购材料业务】

【例 3-14】本例涉及的资料如图 3-82～图 3-86 所示。

【任务资料】

3200201130　　**江苏 增值税专用发票**　　№ 95807025　　3200201130 95807025

发票联

机器编号：982888812388　　开票日期：2020年11月09日

购买方	名称：苏州宝青食品有限公司 纳税人识别号：91320114L194435681 地址、电话：苏州相城区南湖路314号，0512-45723156 开户行及账号：交通银行相城支行110002042238486113162	密码区	172312-4-275〈1+46*54* 82*59* 181321〉〈8182*59*09618153〈/ 〈4〈3*2702-9〉9*+153〈/0〉2-3 *08/4〉*〉〉2-3*0/9/〉〉25-275〈1

货物或应税劳务、服务名称	规格型号	单位	数量	单价	金额	税率	税额
*淀粉制品*中筋面粉			68000	5.25	357,000.00	9%	32,130.00
*淀粉制品*高筋面粉			80000	3.78	302,400.00	9%	27,216.00
合　　计					¥659,400.00		¥59,346.00
价税合计（大写）	⊗ 柒拾壹万捌仟柒佰肆拾陆元整				（小写）¥718,746.00		

销售方	名称：苏州华丰食品有限公司 纳税人识别号：913201059164175000 地址、电话：苏州工业园区星湖路301号，0512-62137891 开户行及账号：建设银行工业园区分行，110073219249967220556	备注	校验码 52118 0281[illegible] 0824[illegible] 0619[illegible] 苏州华丰食品有限公司 913201059164175000 发票专用章

收款人：　　复核：　　开票人：王虹　　销售方：（章）

第三联：发票联　购买方记账凭证

图 3-82　增值税专用发票(发票联)

付款申请书

2020 年 11 月 09 日填　　字　　号

收款单位	苏州华丰食品有限公司	付款原因
账号	110073219249967220556	支付面粉款
开户行	建设银行工业园区分行	
金额	零佰柒拾壹万捌仟柒佰肆拾陆元零角零分	
附件　张	金额(小写)　¥718,746.00	
审批	财务	

财务主管 米才经　　记账 罗红梅　　复核　　出纳 林小倩　　制单 李和伟

图 3-83　付款申请书

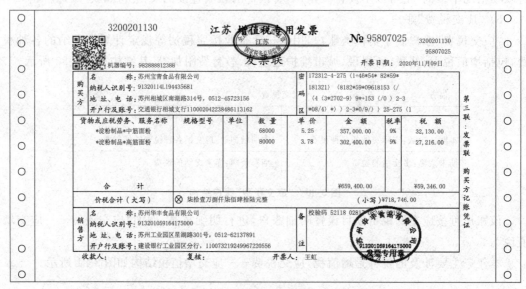

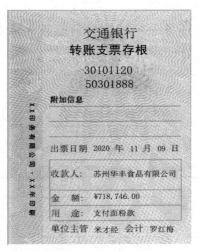

图 3-84 转账支票存根

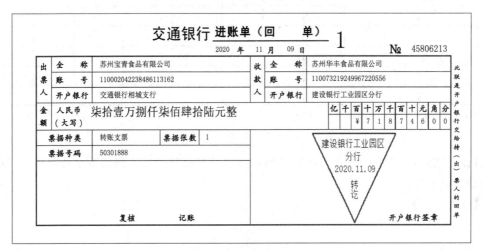

图 3-85 进账单回单

【任务描述】2020 年 11 月 9 日,苏州宝青食品有限公司从苏州华丰食品有限公司购入面粉,开出转账支票支付付讫,面粉尚未验收入库。

【任务处理】

记账凭证

2020 年 11 月 09 日　　　　　　　　　　　　　　　　　　　　　　　　　记字 14 号

摘要	会计科目	借方金额	贷方金额	√
购入面粉	在途物资——高筋面粉	357 000.00		
	在途物资——中筋面粉	302 400.00		
	应交税费——应交增值税(进项税额)	59 346.00		
	银行存款		718 746.00	
合计		¥718 746.00	¥718 746.00	

财务主管:　　　　记账:　　　　出纳:林小倩　　　　审核:　　　　制单:罗红梅

附单据 4 张

图 3-86 记账凭证

【工作任务——核算材料验收入库业务】

【例 3-15】本例涉及的资料如图 3-87 和图 3-88 所示。

【任务资料】

材料入库单

供应单位：苏州华丰食品有限公司　　　　　　　　　　　　　　发票号码：85278403
收发类别：原材料　　　　　　　　　　　　　　　　　　　　　收料单编号：YL11001
地址：　　　　　　　2020 年 11 月 10 日　　　　　　　　　　收料仓库：原材料库

| 编号 | 名称 | 规格 | 单位 | 数量 | | 实际成本 | | | | |
| | | | | 应收 | 实收 | 买价 | | 运杂费 | 其他 | 合计 |
						单价	金额			
1101	高筋面粉		kg	68000	68000	5.25	357,000.00			357,000.00
1102	中筋面粉		kg	80000	80000	3.78	302,400.00			302,400.00
	合计						¥659,400.00			¥659,400.00
	备注									

采购员：张天南　　　　检验员：吕祯秀　　　　记账员：罗红梅　　　　保管员：柯大云

图 3-87　材料入库单

【任务描述】2020 年 11 月 10 日，苏州宝青食品有限公司从苏州华丰食品有限公司购入的面粉验收入库。

【任务处理】

记账凭证

2020 年 11 月 10 日　　　　　　　　　　　　　　　　　　　　　　　　记字 18 号

摘要	会计科目	借方金额	贷方金额	√
面粉验收入库	原材料——高筋面粉	357 000.00		
	原材料——中筋面粉	302 400.00		
	在途物资——高筋面粉		357 000.00	
	在途物资——中筋面粉		302 400.00	
合计		¥659 400.000	¥659 400.00	

附单据 1 张

财务主管：　　　　记账：　　　　出纳：　　　　审核：　　　　制单：罗红梅

图 3-88　记账凭证

【工作任务——核算赊购材料业务】

【例 3-16】本例涉及的资料如图 3-89～图 3-92 所示。

【任务资料】

购 销 合 同

合同编号：202011005

供货单位（甲方）：苏州宝青食品有限公司
购货单位（乙方）：苏州晨光农产品贸易有限公司

根据《中华人民共和国合同法》及国家相关法律、法规之规定，甲乙双方本着平等互利的原则，就甲方购买乙方货物一事达成以下协议。

一、货物的名称、数量及价格：

货物名称	规格型号	单位	数量	单价	金额	税率	价税合计
鸡蛋		kg	25600	7.00	179,200.00		179,200.00
合计（大写） 壹拾柒万玖仟贰佰元整							¥179,200.00

二、交货方式和费用承担：交货方式：__销货方送货__，交货时间：__2020年11月09日__ 前，
交货地点：__苏州相城区南湖路314号__，运费由 __卖方__ 承担。

三、付款时间与付款方式：__自收到货后，一个月内支付货款，送货时开具增值税发票__

四、质量异议期：订货方对供货方的货物质量有异议时，应在收到货物后 __15__ 日内提出，逾期视为货物质量合格。

五、未尽事宜经双方协商可作补充协议，与本合同具有同等效力。

六、本合同自双方签字盖章之日起生效，本合同壹式贰份，甲乙双方各执壹份。

甲方（签章）：　　　　　　　　　　　　　乙方（签章）：
授　权　代　表：　　　　　　　　　　　　授　权　代　表：
地　　　　　址：　　　　　　　　　　　　地　　　　　址：
电　　　　　话：　　　　　　　　　　　　电　　　　　话：
日　　　　　期：2020 年 11 月 09 日　　　日　　　　　期：2020 年 11 月 09 日

图 3-89　购销合同

材料入库单

供应单位：苏州晨光农产品贸易有限公司　　　　　　　　发票号码：38351141
收发类别：原材料　　　　　　　　　　　　　　　　　　收料单编号：YL11002
地　　址：　　　　　2020 年 11 月 09 日　　　　　　收料仓库：原材料库

| 编号 | 名称 | 规格 | 单位 | 数量 | | 实际成本 | | | | |
| | | | | 应收 | 实收 | 买价 | | 运杂费 | 其他 | 合计 |
						单价	金额			
1103	鸡蛋		kg	25600	25100		0.00			0.00
合　　计							¥0.00			¥0.00
备　　注										

采购员：张天南　　　检验员：吕祯秀　　　记账员：罗红梅　　　保管员：柯大云

图 3-90　材料入库单

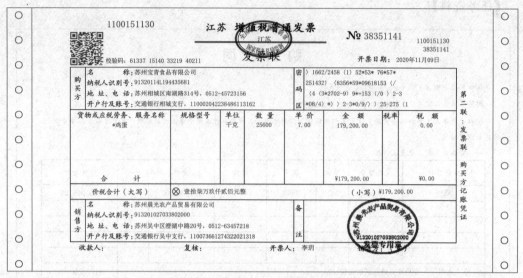

图 3-91　增值税普通发票(发票联)

【任务描述】2020年11月9日，苏州宝青食品有限公司向苏州晨光农产品贸易有限公司购买鸡蛋，款项尚未支付。

【任务处理】

记账凭证

2020 年 11 月 09 日　　　　　　　　　　记字 15 号

摘要	会计科目	借方金额	贷方金额	√
赊购鸡蛋	原材料——鸡蛋	179 200.00		
	应付账款——苏州晨光农产品贸易有限公司		179 200.00	
合计		￥179 200.00	￥179 200.00	

附单据 3 张

财务主管：　　　记账：　　　出纳：　　　审核：　　　制单：罗红梅

图 3-92　记账凭证

【例 3-17】本例涉及的资料如图 3-93～图 3-99 所示。

【任务资料】

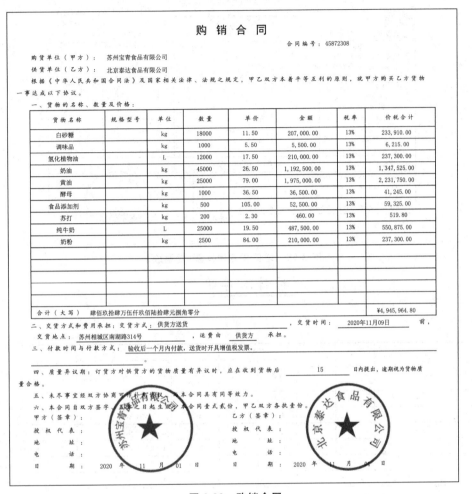

图 3-93 购销合同

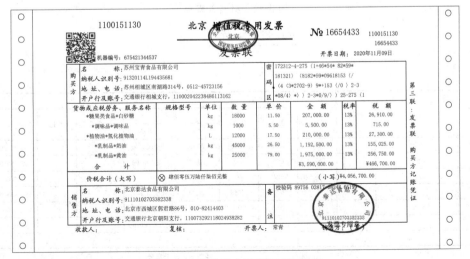

图 3-94 增值税专用发票（发票联）

北京 增值税专用发票（发票联）

No 16654434　　1100151130
　　　　　　　　16654434

机器编号：675421344538　　开票日期：2020年11月09日

购买方	名　称：	苏州宝青食品有限公司	密码区	154334-4-258〈1+46*54* 82*59*
	纳税人识别号：	91320114L194435681		154312〉（8182*59*09618153 〈/
	地址、电话：	苏州相城区南湖路314号，0512-45723156		〈4（3*2702-9）9*+153〈/0）2-3
	开户行及账号：	交通银行相城支行，110002042238486113162		*08/4）*）2-3*0/9/）25-275〈1

货物或应税劳务、服务名称	规格型号	单位	数量	单价	金额	税率	税额
*发酵类制品*酵母		kg	1000	36.50	36,500.00	13%	4,745.00
*食品添加剂*食品添加剂		kg	500	105.00	52,500.00	13%	6,825.00
*无机化学原料*苏打		kg	200	2.30	460.00	13%	59.80
*乳制品*纯牛奶		L	25000	19.50	487,500.00	13%	63,375.00
*乳制品*奶粉		kg	2500	84.00	210,000.00	13%	27,300.00
合　计					¥786,960.00		¥102,304.80

价税合计（大写）　　⊗捌拾捌万玖仟贰佰陆拾肆元捌角零分　　（小写）¥889,264.80

销售方	名　称：	北京泰达食品有限公司	备注	校验码 89757 02817 08248 65199
	纳税人识别号：	91110102703382338		
	地址、电话：	北京市西城区郭君路86号，010-82414403		
	开户行及账号：	交通银行北京朝阳支行，110073292118024938282		

收款人：　　　　　复核：　　　　　开票人：常青

图 3-95　增值税专用发票（发票联）

材料入库单

供应单位：苏州晨光农产品贸易有限公司　　　　　　　发票号码：16654433
收发类别：原材料　　　　　　　　　　　　　　　　　收料单编号：YL11003
地　址：　　　　　2020 年 11 月 09 日　　　　　　收料仓库：原材料库

| 编号 | 名称 | 规格 | 单位 | 数量 | | 实际成本 | | | | |
| | | | | 应收 | 实收 | 买价 | | 运杂费 | 其他 | 合计 |
						单价	金额			
1104	白砂糖		kg	18000	18000	11.50	207,000.00			207,000.00
1105	调味品		kg	1000	1000	5.50	5,500.00			5,500.00
1106	植物油		L	12000	12000	17.50	210,000.00			210,000.00
1107	奶油		kg	45000	45000	26.50	1,192,500.00			1,192,500.00
1108	黄油		kg	25000	25000	79.00	1,975,000.00			1,975,000.00
合　计							¥3,590,000.00			¥3,590,000.00
备　注										

采购员：张天南　　检验员：吕祯秀　　记账员：罗红梅　　保管员：柯大云

图 3-96　材料入库单

材料入库单

供应单位：苏州晨光农产品贸易有限公司　　　　　　　发票号码：16654434
收发类别：原材料　　　　　　　　　　　　　　　　　收料单编号：YL11004
地　址：　　　　　2020 年 11 月 09 日　　　　　　收料仓库：原材料库

| 编号 | 名称 | 规格 | 单位 | 数量 | | 实际成本 | | | | |
| | | | | 应收 | 实收 | 买价 | | 运杂费 | 其他 | 合计 |
						单价	金额			
1109	酵母		kg	1000	1000	36.50	36,500.00			36,500.00
1110	添加剂		kg	500	500	105.00	52,500.00			52,500.00
1111	苏打		kg	200	200	2.30	460.00			460.00
1112	纯牛奶		L	25000	25000	19.50	487,500.00			487,500.00
1113	奶粉		kg	2500	2500	84.00	210,000.00			210,000.00
合　计							¥786,960.00			¥786,960.00
备　注										

采购员：张天南　　检验员：吕祯秀　　记账员：罗红梅　　保管员：柯大云

图 3-97　材料入库单

【任务描述】2020年11月9日，苏州宝青食品有限公司从北京泰达食品有限公司购入原材料，款项未付。

【任务处理】

记账凭证

2020 年 11 月 09 日　　　　　　　　　　　　　　　记字 16 1/2 号

摘要	会计科目	借方金额	贷方金额	√
赊购材料	原材料——白砂糖	207 000.00		
	原材料——调味品	5 500.00		
	原材料——氢化植物油	210 000.00		
	原材料——奶油	1 192 500.00		
	原材料——黄油	1 975 000.00		
	应交税费——应交增值税(进项税额)	466 700.00		
	应付账款——北京泰达食品有限公司		4 056 700.00	
合计		￥4 056 700.00	￥4 056 700.00	

财务主管：　　　　记账：　　　　出纳：　　　　审核：　　　　制单：罗红梅

附单据 3 张

图 3-98　记账凭证

记账凭证

2020 年 11 月 09 日　　　　　　　　　　　　　　　记字 16 2/2 号

摘要	会计科目	借方金额	贷方金额	√
赊购材料	原材料——酵母	36 500.00		
	原材料——食品添加剂	52 500.00		
	原材料——苏打	460.00		
	原材料——纯牛奶	487 500.00		
	原材料——奶粉	210 000.00		
	应交税费——应交增值税(进项税额)	102 304.80		
	应付账款——北京泰达食品有限公司		889 264.80	
合计		￥889 264.80	￥889 264.80	

附单据 2 张

图 3-99　记账凭证

【工作任务——核算预付货款购入材料业务】

【例 3-18】本例涉及的资料如图 3-100～图 3-104 所示。

【任务资料】

购销合同

合同编号：53621354

供货单位（甲方）：苏州宝青食品有限公司
购货单位（乙方）：苏州华丰食品有限公司

根据《中华人民共和国合同法》及国家相关法律、法规之规定，甲乙双方本着平等互利的原则，就甲方购买乙方货物一事达成以下协议。

一、货物的名称、数量及价格：

货物名称	规格型号	单位	数量	单价	金额	税率	价税合计
高筋面粉		kg	20000	5.25	105,000.00	9%	114,450.00
中筋面粉		kg	22000	3.78	83,160.00	9%	90,644.40
合计（大写）	贰拾万伍仟零玖拾肆元肆角零分						¥205,094.40

二、交货方式和费用承担：交货方式：　销货方送货　，交货时间：2020年11月09日　前，
交货地点：苏州相城区南湖路314号　，运费由　卖方　承担。

三、付款时间与付款方式：签订合同当日预付200000元，收到货物验收合格后15天内以转账支票支付，送货时开具增值税发票。

四、质量异议期：订货方对供货方的货物质量有异议时，应在收到货物后　15　日内提出，逾期视为货物质量合格。

五、未尽事宜经双方协商可作补充协议，与本合同具有同等效力。

六、本合同自双方签字、盖章之日起生效，本合同壹式贰份，甲乙双方各执壹份。

甲方（签章）：　　　　　　　　　　　　乙方（签章）：
授权代表：　　　　　　　　　　　　　　授权代表：
地　　址：　　　　　　　　　　　　　　地　　址：
电　　话：　　　　　　　　　　　　　　电　　话：
日　　期：　2020　年　11　月　09　日　　日　　期：　2020　年　11　月　09　日

图 3-100　购销合同

付款申请书

2020 年 11 月 09 日填　　　　　字　　号

收款单位	苏州华丰食品有限公司	付款原因
账　号	11007321924996722 0556	预付面粉款
开户行	建设银行工业园区分行	
金　额	零佰贰拾零万零仟零佰零拾零元零角零分	
附　件　　　　张	金额(小写)　¥200,000.00	
审　　　　　批	财　务	

财务主管 米才经　　记账 罗红梅　　复核　　　　出纳 林小倩　　制单 李和伟

图 3-101　付款申请书

图 3-102　转账支票存根

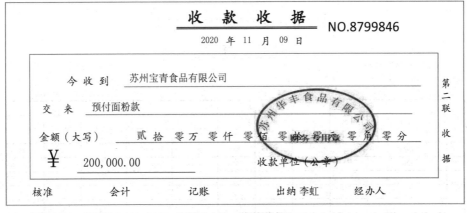

图 3-103　进账单回单

收　款　收　据	NO.8799846

2020 年 11 月 09 日

今 收 到	苏州宝青食品有限公司
交　来	预付面粉款
金额（大写）	贰拾　零万　零仟　零百　零拾　零元　零角　零分
¥	200,000.00　　　收款单位（公章）

核准　　　　会计　　　　记账　　　　出纳 李虹　　　　经办人

图 3-104　收款收据

【任务描述】2020 年 11 月 9 日，苏州宝青食品有限公司开出转账支票，预付苏州华丰食品有限公司面粉款。

【任务处理】

记账凭证

2020 年 11 月 09 日　　　　　　　　　　　　　　记字 17 号

摘要	会计科目	借方金额	贷方金额	√
预付面粉款	预付账款——苏州华丰食品有限公司	200 000.00		
	银行存款		200 000.00	
合计		¥200 000.00	¥200 000.00	

附单据 5 张

财务主管：　　　记账：　　　出纳：林小倩　　　审核：　　　制单：罗红梅

图 3-105　记账凭证

【例 3-19】本例涉及的资料如图 3-106～图 3-108 所示。

【任务资料】

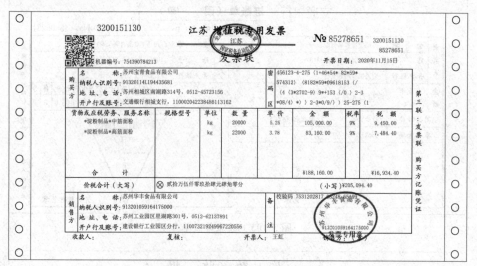

图 3-106　增值税专用发票（发票联）

材料入库单

供应单位：苏州华丰食品有限公司　　　　　　　　　　发票号码：85278651
收发类别：原材料　　　　　　　　　　　　　　　收料单编号：YL11005
地　　址：　　　　　2020 年 11 月 15 日　　　　　收料仓库：原材料库

编号	名称	规格	单位	数量		实际成本				
				应收	实收	买价		运杂费	其他	合计
						单价	金额			
1101	高筋面粉		kg	20000	20000	5.25	105,000.00			105,000.00
1102	中筋面焙		kg	22000	22000	3.78	83,160.00			83,160.00
合计							¥188,160.00			¥188,160.00
备注										

采购员：张天南　　　检验员：吕祯秀　　　记账员：罗红梅　　　保管员：柯大云

图 3-107　材料入库单

【任务描述】2020 年 11 月 15 日,苏州宝青食品有限公司收到苏州华丰食品有限公司发来的面粉,材料已验收入库。

【任务处理】

记账凭证

2020 年 11 月 15 日　　　　　　　　　　　　　　　记字 22 号

摘要	会计科目	借方金额	贷方金额	√
面粉入库,并结清余款	原材料——高筋面粉	105 000.00		
	原材料——中筋面粉	83 160.00		
	应交税费——应交增值税(进项税额)	16 934.40		
	预付账款——苏州华丰食品有限公司		205 094.40	
合计		¥205 094.40	¥205 094.40	

附单据 2 张

财务主管:　　　　记账:　　　　出纳:林小倩　　　　审核:　　　　制单:罗红梅

图 3-108　记账凭证

【例 3-20】本例涉及的资料如图 3-109~图 3-113 所示。

【任务资料】

付款申请书

2020 年 11 月 30 日填　　　　　　　　　字　　号

收款单位	苏州华丰食品有限公司	付款原因	
账　号	11007321924996722 0556	补付面粉款	
开户行	建设银行工业园区分行		
金　额	零佰零拾零万伍仟零佰玖拾肆元肆角零分		
附　件　　　　张	金额(小写) ¥5,094.40		
审批	财务		

财务主管 米才经　　　记账 罗红梅　　　复核　　　出纳 林小倩　　　制单 李和伟

图 3-109　付款申请书

图 3-110　转账支票存根

交通银行 进账单（回单）

2020 年 11 月 30 日   № 46806319

出票人	全称	苏州宝青食品有限公司	收款人	全称	苏州华丰食品有限公司
	账号	110002042238486113162		账号	110073219249967220556
	开户银行	交通银行相城支行		开户银行	建设银行工业园区分行

金额	人民币（大写）	伍仟零玖拾肆元肆角零分	亿 千 百 十 万 千 百 十 元 角 分
			¥ 5 0 9 4 4 0

票据种类	转账支票	票据张数	1
票据号码	43521268		

建设银行工业园区分行 2020.11.30 转讫

复核   记账   开户银行签章

图 3-111 进账单回单

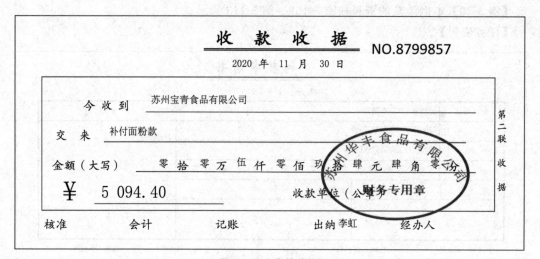

图 3-112 收款收据

记账凭证

2020 年 11 月 30 日   记字 38 号

摘要	会计科目	借方金额	贷方金额	√
面粉入库,并结清余款	预付账款——苏州华丰食品有限公司	5 094.40		
	银行存款		5 094.40	
合计		¥5 094.40	¥5 094.40	

附单据 4 张

财务主管：   记账：   出纳：林小倩   审核：   制单：罗红梅

图 3-113 记账凭证

【工作任务——核算偿还材料款业务】

【例 3-21】本例涉及的资料如图 3-114~图 3-116 所示。

【任务资料】

图 3-114 付款申请书

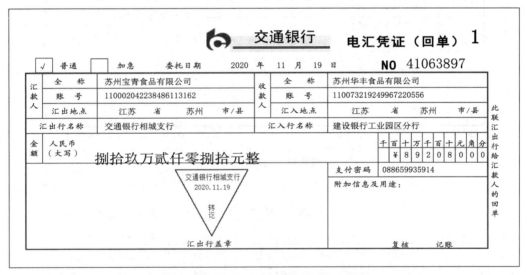

图 3-115 电汇凭证（回单）

【任务描述】2020 年 11 月 19 日，苏州宝青食品有限公司支付苏州华丰食品有限公司上月所欠材料款。

【任务处理】

记账凭证

2020 年 11 月 19 日　　　　　　　　　　　　　记字 27 号

摘要	会计科目	借方金额	贷方金额	√
偿还上月材料款	应付账款——苏州华丰食品有限公司	892 080.00		
	银行存款		892 080.00	
合计		¥892 080.00	¥892 080.00	

附单据 2 张

财务主管：　　　　记账：　　　　出纳：林小倩　　　　审核：　　　　制单：罗红梅

图 3-116　记账凭证

【例 3-22】本例涉及的资料如图 3-117~图 3-119 所示。

【任务资料】

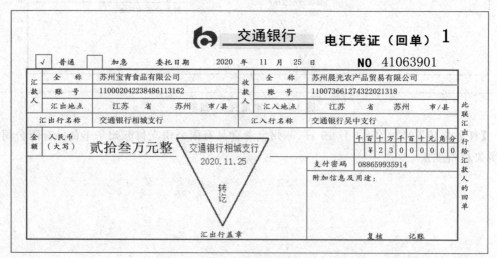

图 3-117　付款申请书

图 3-118　电汇凭证（回单）

【任务描述】2020 年 11 月 25 日,苏州宝青食品有限公司支付苏州晨光农产品贸易有限公司上月所欠材料款。

【任务处理】

记账凭证

2020 年 11 月 25 日　　　　　　　　　　　　　　　　记字 31 号

摘要	会计科目	借方金额	贷方金额	√
偿还上月材料款	应付账款——苏州晨光农产品贸易有限公司	230 000.00		附单据2张
	银行存款		230 000.00	
合计		¥230 000.00	¥230 000.00	

财务主管：　　　　记账：　　　　出纳：林小倩　　　　审核：　　　　制单：罗红梅

图 3-119　记账凭证

(二)周转材料业务的核算

1. 周转材料核算内容

周转材料是指企业能够多次使用、逐渐转移其价值,但仍保持原有形态,不确认为固定资产的材料,如包装物和低值易耗品。

包装物是指企业在生产经营活动中为包装本企业产品而储备的各种包装容器,如桶、箱、瓶、坛、袋等。其范围包括:①生产过程中用于包装产品成为产品组成部分的包装物;②随同商品出售不单独计价的包装物;③随同商品出售单独计价的包装物;④出租或出借给购买单位使用的包装物。不属于包装物核算范围的有包装材料、包装容器等。

低值易耗品是指单位价值较低、使用年限较短,不能作为固定资产的各种用具、设备,如工具、管理用具、玻璃器皿以及在经营过程中周转使用的包装容器等。按低值易耗品的用途,一般可将其分为一般工具、专用工具、替换设备、管理工具、劳动保护用品及其他。

2. 发出周转材料的成本确定方法

发出周转材料的成本确定方法有以下三种。

(1)一次转销法。这种方法是指周转材料在领用时就将其全部账面价值计入相关资产成本或当期损益的方法。

(2)分期摊销法。这种方法是指根据周转材料的原价和预计的使用期限,将周转材料的价值分次摊入成本、费用的方法。

(3)五五摊销法。这种方法是指在领用全新周转材料时摊销其成本的 50%,在报废时摊销另外的 50%,即周转材料分两次、各按 50%进行摊销。这种方法适用于各期领用与报废数额比较均衡的周转材料。

3. 账户设置

"周转材料"账户属于资产类账户，用于核算企业周转材料的计划成本或实际成本。周转材料包括包装物、低值易耗品，以及企业（建造承包商）的钢模板、木模板、脚手架等。"周转材料"账户结构如图 3-120 所示。

借方	周转材料	贷方
期初余额： 　　库存周转材料的实际（计划）成本		
本期增加额： 　　入库周转材料的实际（计划）成本		本期减少额： 　　发出周转材料的实际（计划）成本
期末余额： 　　库存周转材料的实际（计划）成本		

图 3-120 "周转材料"账户结构

该账户可按周转材料的种类，分别设置"在库""在用"和"摊销"进行明细核算，也可分设"包装物"及"低值易耗品"账户进行核算。

企业购入、自制、委托外单位加工完成验收入库的周转材料的核算，与原材料收入的核算相同，可以比照原材料的核算方法。企业发出周转材料的核算，应按发出周转材料的不同用途分别进行处理。

4. 业务核算

【工作任务——核算赊购周转材料业务】

【例 3-23】本例涉及的资料如图 3-121～图 3-123 所示。

【任务资料】

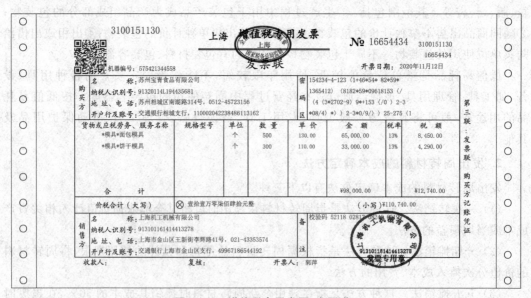

图 3-121 增值税专用发票（发票联）

材料入库单

供应单位：上海机工机械有限公司　　　　　　　　　　　　发票号码：16654434
收发类别：周转材料　　　　　　　　　　　　　　　　　　收料单编号：ZZ11001
地　　址：　　　　　2020 年 11 月 12 日　　　　　　　收料仓库：周转材料库

编号	名称	规格	单位	数量		实际成本				
				应收	实收	买价		运杂费	其他	合计
						单价	金额			
4001	面包模具		个	500	500	130.00	65,000.00			65,000.00
4002	饼干模具		个	300	300	110.00	33,000.00			33,000.00
	合　计						¥98,000.00			¥98,000.00
	备　注									

采购员：张天南　　　　检验员：吕祯秀　　　　记账员：罗红梅　　　　保管员：柯大云

图 3-122　材料入库单

【任务描述】2020 年 11 月 12 日，苏州宝青食品有限公司从上海机工机械有限公司购入模具，已验收入库，款项尚未支付。

【任务处理】

记账凭证

2020 年 11 月 12 日　　　　　　　　　　　　　　　　记字 20 号

摘要	会计科目	借方金额	贷方金额	√
购入模具	周转材料——面包模具	65 000.00		附单据2张
	周转材料——饼干模具	33 000.00		
	应交税费——应交增值税（进项税额）	12 740.00		
	应付账款——上海机工机械有限公司		110 740.00	
合计		¥110 740.00	¥110 740.00	

财务主管：　　　记账：　　　出纳：　　　审核：　　　制单：罗红梅

图 3-123　记账凭证

【例 3-24】本例涉及的资料如图 3-124～图 3-129 所示。

【任务资料】

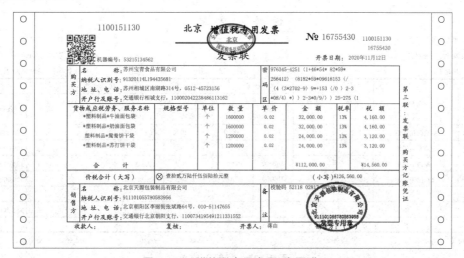

图 3-124　增值税专用发票（发票联）

北京 增值税专用发票（发票联）

				1100151130		№ 16755431	1100151130
机器编号：53215134563							16755431
						开票日期：2020年11月12日	

购买方	名　称：	苏州宝青食品有限公司		密码区	976345-4251（1*46*54* 82*59* 256412）（8182*59*09618153（/ （4（3*2702-9）9**153（/0）2-3 *08/4）*）2-3*0/9/）25-275（1
	纳税人识别号：	91320114L194435681			
	地　址、电话：	苏州相城区南湖路314号，0512-45723156			
	开户行及账号：	交通银行相城支行，110002042238486113162			

货物或应税劳务、服务名称	规格型号	单位	数量	单价	金　额	税率	税　额
*纸制品*牛油面包纸箱		个	50000	1.20	60,000.00	13%	7,800.00
*纸制品*奶油面包纸箱		个	100000	1.20	120,000.00	13%	15,600.00
纸制品*鸳鸯饼干纸箱		个	100000	1.20	120,000.00	13%	15,600.00
*纸制品*苏打饼干纸箱		个	100000	1.20	120,000.00	13%	15,600.00
合　计					¥420,000.00		¥54,600.00

价税合计（大写）	⊗ 肆拾柒万肆仟陆佰元整	（小写）¥474,600.00

销售方	名　称：	北京天源包装制品有限公司	备注	校验码 52118 0281...
	纳税人识别号：	911101055780583956		
	地　址、电话：	北京朝阳区李丽街张氏路64号，010-51147655		
	开户行及账号：	交通银行北京朝阳支行，110073419549121133152		

收款人： 　　　　复核： 　　　　开票人：蒋由

图 3-125　增值税专用发票（发票联）

材料入库单

供应单位：北京天源包装制品有限公司　　　　　　发票号码：16755430
收发类别：周转材料　　　　　　　　　　　　　　收料单编号：ZZ11002
地　址：　　　　　　2020 年 11 月 12 日　　　　收料仓库：周转材料库

编号	名称	规格	单位	数量		实际成本				
				应收	实收	买价		运杂费	其他	合计
						单价	金额			
3001	牛油面包袋		个	1600000	1600000	0.02	32,000.00			32,000.00
3002	奶油面包袋		个	1600000	1600000	0.02	32,000.00			32,000.00
3003	鸳鸯饼干袋		个	1200000	1200000	0.02	24,000.00			24,000.00
3004	苏打饼干袋		个	1200000	1200000	0.02	24,000.00			24,000.00
	合　计						¥112,000.00			¥112,000.00
	备　注									

采购员：张天南　　检验员：吕祯秀　　记账员：罗红梅　　保管员：柯大云

图 3-126　材料入库单

材料入库单

供应单位：北京天源包装制品有限公司　　　　　　发票号码：16755431
收发类别：周转材料　　　　　　　　　　　　　　收料单编号：ZZ11003
地　址：　　　　　　2020 年 11 月 12 日　　　　收料仓库：周转材料库

编号	名称	规格	单位	数量		实际成本				
				应收	实收	买价		运杂费	其他	合计
						单价	金额			
3005	牛油面包纸箱		个	50000	50000	1.20	60,000.00			60,000.00
3006	奶油面包纸箱		个	100000	100000	1.20	120,000.00			120,000.00
3007	鸳鸯饼干纸箱		个	100000	100000	1.20	120,000.00			120,000.00
3008	苏打饼干纸箱		个	100000	100000	1.20	120,000.00			120,000.00
	合　计						¥420,000.00			¥420,000.00
	备　注									

采购员：张天南　　检验员：吕祯秀　　记账员：罗红梅　　保管员：柯大云

图 3-127　材料入库单

【任务描述】2020年11月12日,苏州宝青食品有限公司从北京天源包装制品有限公司购入包装材料,已验收入库,款项尚未支付。

【任务处理】

记账凭证

2020年11月12日　　　　　　　　　　　　　记字21 1/2号

摘要	会计科目	借方金额	贷方金额	√
购入包装材料	周转材料——牛油面包袋	32 000.00		
	周转材料——奶油面包袋	32 000.00		
	周转材料——鸳鸯饼干袋	24 000.00		
	周转材料——苏打饼干袋	24 000.00		
	应交税费——应交增值税(进项税额)	14 560.00		
	应付账款——北京天源包装制品有限公司		126 560.00	
合计		¥126 560.00	¥126 560.00	

附单据2张

财务主管：　　　记账：　　　出纳：　　　审核：　　　制单：罗红梅

图3-128　记账凭证

记账凭证

2020年11月12日　　　　　　　　　　　　　记字21 2/2号

摘要	会计科目	借方金额	贷方金额	√
购入包装材料	周转材料——牛油面包纸箱	60 000.00		
	周转材料——奶油面包纸箱	120 000.00		
	周转材料——鸳鸯饼干纸箱	120 000.00		
	周转材料——苏打饼干纸箱	120 000.00		
	应交税费——应交增值税(进项税额)	54 600.00		
	应付账款——北京天源包装制品有限公司		474 600.00	
合计		¥474 600.00	¥474 600.00	

附单据2张

财务主管：　　　记账：　　　出纳：　　　审核：　　　制单：罗红梅

图3-129　记账凭证

(三)固定资产业务的账务处理

1. 固定资产的概念与特征

固定资产是指为生产商品、提供劳务、出租或者经营管理而持有、使用寿命超过一个会计年度的有形资产。

固定资产具有以下特征:属于一种有形资产;为生产商品、提供劳务、出租或者经营管理而持有;使用寿命超过一个会计年度。

2. 固定资产的成本

固定资产的成本是指企业购建某项固定资产达到预定可使用状态前所发生的一切合理、必要的支出。

企业可以通过外购、自行建造、投资者投入、非货币性资产交换、债务重组、企业合并和融资租赁等方式取得固定资产。不同取得方式下，固定资产成本的具体构成内容及其确定方法也不同。

外购固定资产的成本，包括购买价款、相关税费、使固定资产达到预定可使用状态前所发生的可归属于该项资产的运输费、装卸费、安装费和专业人员服务费等。2009年1月1日增值税转型改革后，企业购建（包括购进、接受捐赠、实物投资、自制、改扩建和安装）生产用固定资产发生的增值税进项税额可以从销项税额中抵扣。

3. 固定资产折旧

固定资产折旧是指在固定资产使用寿命内，按照确定的方法对应计折旧额进行的系统分摊。其中，应计折旧额是指应当计提折旧的固定资产的原价扣除其预计净残值后的金额。已计提减值准备的固定资产，还应当扣除已计提的固定资产减值准备累计金额。

预计净残值是指假定固定资产的预计使用寿命已满并处于使用寿命终了时的预期状态，企业目前从该项资产的处置中获得的扣除预计处置费用后的金额。预计净残值率是指固定资产预计净残值额占其原价的比率。企业应当根据固定资产的性质和使用情况，合理确定固定资产的预计净残值。预计净残值一经确定，不得随意变更。

企业应当按月对所有的固定资产计提折旧，但是，已提足折旧仍继续使用的固定资产、单独计价入账的土地和持有待售的固定资产除外。提足折旧是指已经提足该项固定资产的应计折旧额。当月增加的固定资产，当月不计提折旧，从下月起计提折旧；当月减少的固定资产，当月仍计提折旧，从下月起不计提折旧。提前报废的固定资产，不再补提折旧。

4. 账户设置

企业通常设置以下账户对固定资产业务进行会计核算。固定资产账户核算内容在本任务第二部分已介绍。

1）"在建工程"账户

"在建工程"账户属于资产类账户，用于核算企业基建、更新改造、购入需要安装的设备等在建工程发生的支出，其结构如图3-130所示。

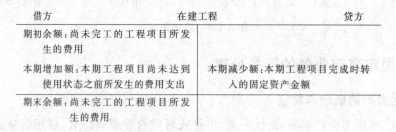

图3-130 "在建工程"账户结构

该账户可按"建筑工程""安装工程""在安装设备"以及单项工程等设置明细账户，进行明细核算。

2）"工程物资"账户

"工程物资"账户属于资产类账户，用于核算企业为在建工程准备的各种物资的成本，包括工程用材料、尚未安装的设备以及为生产准备的器具等，其结构如图3-131所示。

借方	工程物资	贷方
期初余额：期初为在建工程准备的各种物资的成本		
本期增加额：企业购入工程物资的成本		本期减少额：领用工程物资的成本
期末余额：期初为在建工程准备的各种物资的成本		

图 3-131 "工程物资"账户结构

该账户可按"专用材料""专用设备""工器具"等设置明细账户，进行明细核算。

3）"累计折旧"账户

"累计折旧"账户属于资产类备抵账户，用于核算企业固定资产计提的累计折旧，其结构如图 3-132 所示。

借方	累计折旧	贷方
		期初余额：提取的固定资产累计折旧额
本期减少额：处置固定资产时结转的累计折旧		本期增加额：按期（月）计提固定资产折旧
		期初余额：提取的固定资产累计折旧额

图 3-132 "累计折旧"账户结构

该账户可按固定资产的类别或项目设置明细账户，进行明细核算。

5．业务核算

【工作任务——核算购置固定资产业务】

【例 3-25】本例涉及的资料如图 3-133～图 3-137 所示。

【任务资料】

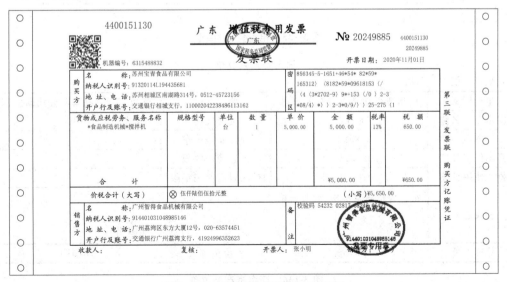

图 3-133 增值税专用发票（发票联）

付款申请书

2020 年 11 月 01 日填   字   号

收款单位	广州智得食品机械有限公司	付款原因	
账号	41924996352623	支付搅拌机款	
开户行	交通银行广州荔湾支行		
金额	零佰零拾零万伍仟陆佰伍拾零元零角零分		
附件	张	金额(小写)	¥5,650.00
审批		财务	

财务主管 米才经   记账 罗红梅   复核   出纳 林小倩   制单 王蓉

图 3-134 付款申请书

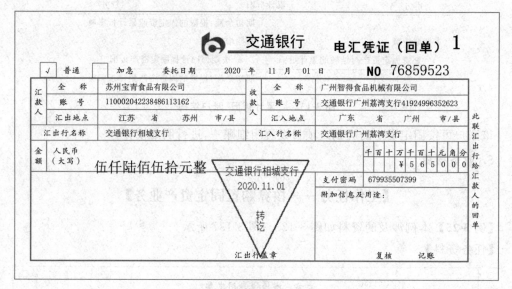

图 3-135 电汇凭证（回单）

固定资产验收单

固定资产类别：生产设备

生产厂家	广州智得食品机械有限公司	使用部门	苏州宝青食品有限公司研发部
固定资产名称	搅拌机	资产代码	CFJ06
原值	5 000.00	预计净残值率	4%
开始使用日期	2020.11.01	预计使用年限	4
投入使用日期	2020.11.01	投入时已使用年限	
验收意见	符合规定质量标准，验收合格。负责人：胡国明		
管理人员	柯大云	单位负责人	胡国明

图 3-136 固定资产验收单

【任务描述】2020年11月1日,苏州宝青食品有限公司通过转账方式从广东智得食品机械有限公司购买搅拌机一台。

【任务处理】

记账凭证
2020年11月01日   记字05号

摘要	会计科目	借方金额	贷方金额	√
购入固定资产	固定资产——生产设备	5 000.00		
	应交税费——应交增值税(进项税额)	650.00		
	银行存款		5 650.00	
合计		￥5 650.00	￥5 650.00	

附单据 4 张

财务主管: 记账: 出纳:林小倩   审核: 制单:罗红梅

图 3-137 记账凭证

【工作任务——核算计提折旧业务】

【例 3-26】本例涉及的资料如图 3-138 和图 3-139 所示。

【任务资料】

固定资产折旧计算表
2020年11月30日

使用部门	设备名称	单位	数量	单价	原值	开始使用日期	使用年限	残值率	月折旧率	月折旧额	类别
生产车间	计算机	台	4	4 800.00	19 200.00	2016年9月5日	5	4%	1.60%	307.20	管理设备
	办公家具	套	4	1 600.00	6 400.00	2016年9月5日	5	4%	1.60%	102.40	管理设备
	面包生产线	条	1	600 000.00	600 000.00	2016年9月5日	10	4%	0.80%	4 800.00	生产设备
	饼干生产线	条	1	560 000.00	560 000.00	2016年10月12日	10	4%	0.80%	4 480.00	生产设备
	小计				1 185 600.00					9 689.60	
管理部门	面包车	辆	3	120 000.00	360 000.00	2016年9月5日	4	4%	2.00%	7 200.00	运输设备
	高级轿车	辆	1	620 000.00	620 000.00	2016年8月12日	4	4%	2.00%	12 400.00	运输设备
	计算机	台	15	3 500.00	52 500.00	2016年10月12日	5	4%	1.60%	840.00	管理设备
	打印机	台	2	2 600.00	5 200.00	2016年10月12日	5	4%	1.60%	83.20	管理设备
	办公家具	套	16	1 800.00	28 800.00	2016年10月12日	5	4%	1.60%	460.80	管理设备
	小计				1 066 500.00					20 984.00	
研发部	计算机	台	4	5 000.00	20 000.00	2016年9月5日	5	4%	1.60%	320.00	管理设备
	搅拌机	台	1	5 600.00	5 600.00	2017年1月6日	10	4%	0.80%	44.80	生产设备
	烤箱	台	2	7 800.00	15 600.00	2017年1月6日	10	4%	0.80%	124.80	生产设备
	小计				41 200.00					489.60	
销售部门	计算机	台	4	5 000.00	20 000.00	2016年9月5日	5	4%	1.60%	320.00	管理设备
合计					2 313 300.00					31 483.20	

审核:米才经   制单:张无铭

图 3-138 固定资产折旧计算表

【任务描述】2020年11月30日,苏州宝青食品有限公司计提本月固定资产折旧。

【任务处理】

记账凭证

2020 年 11 月 30 日　　　　　　　　　　　　　　记字 39 号

摘要	会计科目	借方金额	贷方金额	√
计提当月折旧	制造费用——折旧费	9 689.60		
	研发支出——费用化支出——折旧费	489.60		
	管理费用——折旧费	20 984.00		
	销售费用——折旧费	320.00		
	累计折旧——生产设备		9 449.60	
	累计折旧——管理设备		2 433.60	
	累计折旧——运输设备		19 600.00	
合计		¥31 483.20	¥31 483.20	

附单据 1 张

财务主管：　　　　记账：　　　　出纳：　　　　审核：　　　　制单：罗红梅

图 3-139　记账凭证

（四）生产准备过程账务处理归纳

生产准备过程账务处理归纳如表 3-2 所示。

表 3-2　生产准备过程账务处理

业务细分		会计分录
料入库、票已到、款已付		借：原材料 　　应交税费——应交增值税（进项税额） 贷：银行存款
料未到、票已到、款已付	支付材料款	借：在途物资 　　应交税费——应交增值税（进项税额） 贷：银行存款
	材料验收入库	借：原材料 贷：在途物资
料入库、票已到、款未付	材料已入库	借：原材料 　　应交税费——应交增值税（进项税额） 贷：应付账款/应付票据
	材料未入库	借：在途物资 　　应交税费——应交增值税（进项税额） 贷：应付账款/应付票据
	材料验收入库	借：原材料 贷：在途物资
偿还料款		借：应付账款/应付票据 贷：银行存款
预付材料款		借：预付账款——××单位 贷：银行存款
材料验收入库		借：在途物资/原材料 　　应交税费——应交增值税（进项税额） 贷：预付账款——××单位

续表

业务细分		会计分录
余款结算	预付款＜材料款	借:预付账款——××单位 　　贷:银行存款
	预付款＞材料款	借:银行存款 　　贷:预付账款——××单位
料入库、票已到、款已付		借:周转材料 　　应交税费——应交增值税(进项税额) 　　贷:银行存款
料入库、票已到、款未付		借:周转材料 　　应交税费——应交增值税(进项税额) 　　贷:应付账款/应付票据
购买固定资产直接交付使用		借:固定资产 　　应交税费——应交增值税(进项税额) 　　贷:银行存款/应付账款等
购买固定资产需要安装交付使用	购买时	借:在建工程 　　应交税费——应交增值税(进项税额) 　　贷:银行存款/应付账款等
	安装时,领用工程物资、结算职工薪酬等	借:在建工程 　　贷:工程物资 　　　　应付职工薪酬
	完工交付使用	借:固定资产 　　贷:在建工程

四、生产过程业务的核算

企业产品的生产过程同时也是生产资料的耗费过程。企业在生产过程中发生的各项生产费用,是企业为获得收入而预先垫支并需要得到补偿的资金耗费。这些费用最终都要归集、分配给特定的产品,形成产品的成本。

产品成本的核算是指把一定时期内企业生产过程中所发生的费用,按其性质和发生地点,分类归集、汇总、核算,计算出该时期内生产费用发生总额,并按适当方法分别计算出各种产品的实际成本和单位成本等。

(一)生产费用构成

生产费用是指与企业日常生产经营活动有关的费用,按其经济用途可分为直接材料、直接人工和制造费用。

1. 直接材料

直接材料是指构成产品实体的原材料以及有助于产品形成的主要材料和辅助材料。

2. 直接人工

直接人工是指直接从事产品生产的工人的职工薪酬。职工薪酬是指企业为获得职工提供的服务或解除劳动关系而给各种形式的报酬或补偿,具体包括短期薪酬、离职后福利、辞退福利和其他长期职工福利。企业提供给职工配偶、子女、受赡养人、已故员工遗属及其他受益人等的福利,也属于职工薪酬。

(1) 短期薪酬是指企业在职工提供相关服务的年度报告期间结束后 12 个月内需要全部予以支付的职工薪酬,因解除与职工的劳动关系给予的补偿除外。具体包括职工工资,奖金,津贴和补贴,职工福利费,医疗保险费、工伤保险费和生育保险费等社会保险费,住房公积金、工会经费和职工教育经费等。

(2) 离职后福利是指企业为获得职工提供的服务而在职工退休或与企业解除劳动关系后,提供的各种形式的报酬和福利,短期薪酬和辞退福利除外。

(3) 辞退福利是指企业在职工劳动合同到期之前解除与职工的劳动关系,或者为鼓励职工自愿接受裁减而给予职工的补偿。

(4) 其他长期职工福利是指除短期薪酬、离职后福利、辞退福利之外的所有职工薪酬,包括长期带薪缺勤、长期残疾福利等。

3. 制造费用

制造费用是指企业为生产产品和提供劳务而发生的各项间接费用,包括车间管理人员的工资、车间房屋折旧、工具修理费、照明费、水电费,以及其他不能直接计入产品成本的费用,如车间机器设备折旧费等。这些费用发生时,不能直接确认是为生产哪种产品而发生的,称为间接费用(车间所生产产品的共同费用)。间接费用需要采用一定的分配方法,分配计入某种产品的成本中。

(二) 产品成本的计算

1. 确定成本计算对象,设置"生产成本"明细账

成本计算对象是指生产费用的归属对象。在企业中,一般是以产品品种作为成本计算对象,并按品种设置"生产成本"明细账,归集各种生产费用。同时,为了正确计算每种产品成本,提供按原始成本项目反映的成本结构资料,在进行明细核算时,还应在明细账中按成本项目设置专栏反映。

2. 按照费用分配原则,归集和分配各项生产费用

在确立成本计算对象和设置明细账后,应按照费用分配的原则对企业生产经营过程中所发生的费用进行处理。其原则主要有以下几点。

(1) 凡属直接用于产品生产,并专设有成本项目的费用,发生时可直接计入"生产成本"总账。对能分清产品的费用,还要直接计入"生产成本"明细账及成本项目;对不能分清产品的费用,应采用适当的分配方法分配计入各明细账及成本项目。

(2) 凡属间接用于产品生产的费用,以及直接用于产品生产但没有专设成本项目的费用,发生时计入"制造费用""管理费用"等科目,月末分别转入产品成本和当期损益。即对制造费用应采用一定的分配方法,分配计入各"生产成本"总账、明细账及成本项目。

(3) 计算产品成本。到月末,如果某种产品全部完工,该种产品成本明细账所归集的费用总额就是该种完工产品总成本。用产品总成本除以产品的总产量,即可计算出该种产品的单位成本。如果某种产品全部未完工,该种产品成本明细账所归集的费用总额就是该种在产品总成本;如果某种产品部分完工,这时归集在该种产品成本明细账中的费用总额,还要采用适当的分配方法在完工产品和月末在产品之间进行分配。完工产品成本的具体公式为

完工产品成本＝月初在产品成本＋本月发生的生产费用－月末在产品成本

(三) 账户设置

1. "生产成本"账户

"生产成本"账户属于成本类账户,用于核算企业生产各种产品(如产成品、自制半成品等)、自制材料、自制工具、自制设备所发生的各项费用,其结构如图 3-140 所示。

借方	生产成本	贷方
期初余额:在产品成本		
本期增加额:直接材料 　　　　　直接人工 　　　　　制造费用	本期减少额:结转完工产品的实际成本	
或期末余额:在产品成本		

图 3-140　"生产成本"账户结构

该账户应当按照基本生产成本和辅助生产成本设置明细账户,进行明细核算。基本生产成本应当分别按照基本生产车间和成本核算对象(如产品的品种、类别、订单、批别、生产阶段等)设置明细账,并按照规定的成本项目设置专栏。

2. "制造费用"账户

"制造费用"账户属于成本类账户,用于核算企业车间为生产产品和提供劳务而发生的各项间接费用,包括车间管理人员的薪酬和福利费、固定资产折旧费、修理费、办公费、水电费等。这些费用先通过本账户进行归集,然后按照一定的分配标准在各种产品之间进行分配。其结构如图 3-141 所示。

借方	制造费用	贷方
期初余额:一般无余额		
本期增加额: 　生产车间发生的机物料消耗 　生产车间管理人员的工资等薪酬 　生产车间计提的固定资产折旧 　生产车间支付的办公费、水电费等	本期减少额: 　分配计入有关成本核算对象的制造费用	
期末余额:一般无余额		

图 3-141　"制造费用"账户结构

该账户应当按照不同的生产车间、部门和费用项目设置明细账户,进行明细核算。

3. "研发支出"账户

"研发支出"账户属于成本类账户,用于核算研究与开发过程中所使用资产的折旧、消耗的原材料、直接参与开发人员的工资及福利费、开发过程中发生的租金以及借款费用等。其结构如图 3-142 所示。

借方	研发支出	贷方
期初余额:企业正在进行中的研究开发项目中满足资本化条件的支出		
本期增加额: 实际发生的各项研发支出		本期减少额: 转为管理费用和无形资产的金额
期末余额:企业正在进行中的研究开发项目中满足资本化条件的支出		

图 3-142 "研发支出"账户结构

该账户可按研究开发项目,分"费用化支出""资本化支出"设置明细账户,进行明细核算。费用化支出是指在研究与开发费用发生当时全部作为期间费用,计入当期损益。资本化支出是指将研究与开发费用在发生时予以资本化,等到开发成功取得收益时再进行摊销。

4."库存商品"账户

"库存商品"账户属于资产类账户,用于核算企业库存的各种商品的实际生产成本(或进价)或计划成本(或售价),包括库存产成品、外购商品等。其结构如图 3-143 所示。

借方	库存商品	贷方
期初余额:结存产品的实际成本		
本期增加额:已完工并验收入库的各种 产品的实际成本		本期减少额: 发出的各种产品的实际成本
期末余额:结存产品的实际成本		

图 3-143 "库存商品"账户结构

该账户可按库存商品的种类、品种和规格等设置明细账户,进行明细核算,例如"库存商品——苏打饼干"等。

5."应付职工薪酬"账户

"应付职工薪酬"账户属于负债类账户,用于核算企业根据有关规定应付给职工的各种薪酬,包括职工工资、职工福利、社会保险等。其结构如图 3-144 所示。

借方	应付职工薪酬	贷方
		期初余额:企业应交未交的职工薪酬
本期增加额: 企业实际发放的职工薪酬		本期减少额: 企业发生的应付职工薪酬总数
		期末余额:企业应交未交的职工薪酬

图 3-144 "应付职工薪酬"账户结构

该账户可按"短期薪酬""离职后福利"等设置明细账户,进行明细核算。

6."管理费用"账户

"管理费用"账户属于损益类账户中的费用类账户,用于核算企业行政管理部门发生的各种管理费用。管理费用是企业行政管理部门为组织和管理企业生产经营所发生的相关费用,包括企业的董事会和行政管理部门在企业的经营管理中发生的或者应由企业统一负担的公司经费(包括行政管理部门职工薪酬、办公费和差旅费等)、工会经费、董事会费(包括董事会成员津贴、会议费和差旅费等)、聘请中介机构费、咨询费(含顾问费)、业务招待费、房产税、车船使用税、土地使用税、印花税等。其结构如图3-145所示。

借方	管理费用	贷方
本期增加额： 　发生的各种行政管理费用	本期减少(转销)额： ①存货盘盈属于收发计量或计算上差错， 　冲减管理费用 ②期末结转至"本年利润"账户的数额	

图 3-145　"管理费用"账户结构

该账户应按费用项目设置明细账户，也可设置多栏式的费用明细账，例如"管理费用——办公费"等。

（四）业务核算

【工作任务——核算材料费用的归集和分配业务】

【例3-27】（领用材料）本例涉及的资料如图3-146和图3-147所示。

【任务资料】

领料单

领料部门：生产车间
用途：奶油面包　　　　　　　2020年11月01日　　　　　　　第LL11001号

材料编号	材料名称	规格	计量单位	数量		实际成本	
				请收	实发	单价	总价
1113	奶粉		kg	2 400	2 400	84.00	201 600.00

部门经理：赵晓峰　　　　会计：张无铭　　　　仓库：柯大云　　　　经办人：王远山

图 3-146　领料单

【任务描述】2020年11月1日，生产奶油面包领用奶粉。

【任务处理】

记账凭证

2020年11月01日　　　　　　　　　　　　　　　　　　记字06号

摘要	会计科目	借方金额	贷方金额	√	
生产奶油面包领用奶粉	生产成本——奶油面包——直接材料	201 600.00			附单据1张
	原材料——奶粉		201 600.00		
合计		￥201 600.00	￥201 600.00		

财务主管：　　　　记账：　　　　出纳：　　　　审核：　　　　制单：罗红梅

图 3-147　记账凭证

【例3-28】（领用材料）本例涉及的资料如图3-148和图3-149所示。

【任务资料】

领料单

领料部门：生产车间
用途：苏打饼干　　　　　　　　2020 年 11 月 01 日　　　　　　　　第 LL11002 号

材料编号	材料名称	规格	计量单位	数量		实际成本	
				请收	实发	单价	总价
1117	氢化植物油		L	13 200	13 200	17.50	231 000.00
1108	苏打		kg	220	220	2.30	506.00

部门经理：赵晓峰　　　　会计：张无铭　　　　仓库：柯大云　　　　经办人：王远山

图 3-148　领料单

【任务描述】2020 年 11 月 1 日，生产苏打饼干领用材料。

【任务处理】

记账凭证

2020 年 11 月 01 日　　　　　　　　　　　　　　　　记字 07 号

摘要	会计科目	借方金额	贷方金额	√
生产苏打饼干领用材料	生产成本——苏打饼干——直接材料	231 506.00		
	原材料——氢化植物油		231 000.00	
	原材料——苏打		506.00	
合计		￥231 506.00	￥231 506.00	

附单据 1 张

财务主管：　　　　记账：　　　　出纳：　　　　审核：　　　　制单：罗红梅

图 3-149　记账凭证

【例 3-29】（共同领用材料）本例涉及的资料如图 3-150～图 3-153 所示。

【任务资料】

领料单

领料部门：生产车间
用途：共同领用　　　　　　　　2020 年 11 月 01 日　　　　　　　　第 LL11003 号

材料编号	材料名称	规格	计量单位	数量		实际成本	
				请收	实发	单价	总价
1101	高筋面粉		kg	20 000	20 000	5.25	105 000.00
1102	中筋面粉		kg	25 000	25 000	3.78	94 500.00
1103	鸡蛋		kg	7 000	7 000	7.00	49 000.00
1104	白砂糖		kg	5 500	5 500	11.50	63 250.00
1105	调味品		kg	300	300	5.50	1 650.00
1107	奶油		kg	12 000	12 000	26.50	318 000.00
1108	黄油		kg	5 600	5 600	79.00	442 400.00
1109	酵母		kg	280	280	36.50	10 220.00
1110	食品添加剂		kg	100	100	105.00	10 500.00
1112	纯牛奶		L	7 000	7 000	19.50	136 500.00

部门经理：赵晓峰　　　　会计：张无铭　　　　仓库：柯大云　　　　经办人：王远山

图 3-150　领料单

领料单

领料部门：生产车间
用途：共同领用　　　　　　　　2020 年 11 月 12 日　　　　　　　　第 LL11004 号

材料编号	材料名称	规格	计量单位	数量 请收	数量 实发	实际成本 单价	实际成本 总价
1101	高筋面粉		kg	51 400	51 400	5.25	269 850.00
1102	中筋面粉		kg	61 828	61 828	3.78	233 709.84
1103	鸡蛋		kg	17 115	17 115	7.00	119 805.00
1104	白砂糖		kg	14 420	14 420	11.50	165 830.00
1105	调味品		kg	670	670	5.50	3 685.00
1107	奶油		kg	36 144	36 144	26.50	957 816.00
1108	黄油		kg	17 860	17 860	79.00	1 410 940.00
1109	酵母		kg	798	798	36.50	29 127.00
1110	食品添加剂		kg	380	380	105.00	39 900.00
1112	纯牛奶		L	19 040	19 040	19.50	371 280.00

部门经理：赵晓峰　　　　会计：张无铭　　　　仓库：柯大云　　　　经办人：王远山

图 3-151　领料单

材料费用分配率

2020 年 11 月 30 日

产品名称	分配率	牛油面包 单耗	牛油面包 分配标准	牛油面包 分配额	奶油面包 单耗	奶油面包 分配标准	奶油面包 分配额	鸳鸯饼干 单耗	鸳鸯饼干 分配标准	鸳鸯饼干 分配额	苏打饼干 单耗	苏打饼干 分配标准	苏打饼干 分配额	合计
本月投产量		50 000			80 000			60 000			55 000			245 000
材料名称														
高筋面粉	5.36	0.60	30 000.00	160 800.00	0.50	40 000.00	214 050.00	—	—	—	—	—	—	374 850.00
中筋面粉	3.70	—	—	—	—	—	—	0.56	33 600.00	124 320.00	1.00	55 000.00	203 889.34	328 309.84
鸡蛋	6.72	0.24	12 000.00	80 640.00	0.074	5 920.00	39 782.40	0.12	7 200.00	48 382.60	—	—	—	168 805.00
白砂糖	11.85	0.09	4 500.00	53 325.00	0.118	9 440.00	111 864.00	0.09	5 400.00	63 891.00	—	—	—	229 080.00
调味品	5.28	0.004	200.00	1 056.00	0.006	480.00	2 534.40	—	—	—	0.006	330.00	1 744.60	5 335.00
奶油	27.03	—	—	—	0.44	35 200.00	951 456.00	0.20	12 000.00	324 360.00	—	—	—	1 275 816.00
黄油	80.58	0.06	3 000.00	241 740.00	0.01	800.00	64 464.00	0.32	19 200.00	1 547 136.00	—	—	—	1 853 340.00
酵母	35.77	0.008	400.00	14 308.00	0.006	480.00	17 169.60	—	—	—	0.004	220.00	7 869.40	39 347.00
食品添加剂	102.86	0.002	100.00	10 286.00	0.002	160.00	16 457.60	0.002	120.00	12 343.20	0.002	110.00	11 313.20	50 400.00
纯牛奶	20.48	0.24	12 000.00	245 760.00	0.16	12 800.00	262 020.00	—	—	—	—	—	—	507 780.00
合计				807 915.00			1 679 798.00			2 120 432.80			224 817.04	4 832 962.84

审核：米才经　　　　　　　　　　　　　　　　　　　制单：张无铭

图 3-152　材料费用分配表

【任务描述】2020 年 11 月 30 日，苏州宝青食品有限公司本月牛油面包投产 50 000 kg，奶油面包投产 80 000 kg、鸳鸯饼干投产 60 000 kg，苏打饼干投产 55 000 kg。四种产品共同耗用上述材料，按产品的定额消耗量标准分配材料费用。

【任务处理】

记账凭证

2020 年 11 月 30 日　　　　　　　　　　　　　　　　　　　　记字 40 号

摘要	会计科目	借方金额	贷方金额	√
生产产品领用材料	生产成本——牛油面包——直接材料	807 915.00		
	生产成本——奶油面包——直接材料	1 679 798.00		
	生产成本——鸳鸯饼干——直接材料	2 120 432.80		
	生产成本——苏打饼干——直接材料	224 817.04		
	原材料——高筋面粉		374 850.00	
	原材料——中筋面粉		328 209.84	
	原材料——鸡蛋		168 805.00	
	原材料——白砂糖		229 080.00	
	原材料——调味品		5 335.00	
	原材料——奶油		1 275 816.00	
	原材料——黄油		1 853 340.00	
	原材料——酵母		39 347.00	
	原材料——食品添加剂		50 400.00	
	原材料——纯牛奶		507 780.00	
合计		￥4 832 962.84	￥4 832 962.84	

附单据 3 张

财务主管：　　　　记账：　　　　出纳：　　　　审核：　　　　制单：罗红梅

图 3-153　记账凭证

【工作任务——核算周转材料费用的归集与分配业务】

【例 3-30】（领用周转材料）本例涉及的资料如图 3-154～图 3-159 所示。

【任务资料】

领料单

领料部门：生产车间

用途：牛油面包　　　　　　　　2020 年 11 月 01 日　　　　　　　　第 LL11005 号

| 材料编号 | 材料名称 | 规格 | 计量单位 | 数量 | | 实际成本 | |
				请收	实发	单价	总价
3001	牛油面包袋		个	1 000 000	1 000 000	0.02	20 000.00
3005	牛油面包纸箱		个	50 000	50 000	1.20	60 000.00

部门经理：赵晓峰　　　会计：张无铭　　　仓库：柯大云　　　经办人：王远山

图 3-154　领料单

领料单

领料部门：生产车间

用途：奶油面包　　　　　　　　2020 年 11 月 01 日　　　　　　　　第 LL11006 号

| 材料编号 | 材料名称 | 规格 | 计量单位 | 数量 | | 实际成本 | |
				请收	实发	单价	总价
3002	奶油面包袋		个	1 600 000	1 600 000	0.02	32 000.00
3006	奶油面包纸箱		个	80 000	80 000	1.20	96 000.00

部门经理：赵晓峰　　　会计：张无铭　　　仓库：柯大云　　　经办人：王远山

图 3-155　领料单

领料单

领料部门：生产车间
用途：鸳鸯饼干　　　　　　　　　　2020 年 11 月 01 日　　　　　　　　　第 LL11007 号

材料编号	材料名称	规格	计量单位	数量		实际成本	
				请收	实发	单价	总价
3003	鸳鸯饼干袋		个	1 200 000	1 200 000	0.02	24 000.00
3007	鸳鸯饼干纸箱		个	60 000	60 000	1.20	72 000.00

部门经理：赵晓峰　　　　会计：张无铭　　　　仓库：柯大云　　　　经办人：王远山

图 3-156　领料单

领料单

领料部门：生产车间
用途：苏打饼干　　　　　　　　　　2020 年 11 月 01 日　　　　　　　　　第 LL11008 号

材料编号	材料名称	规格	计量单位	数量		实际成本	
				请收	实发	单价	总价
3004	苏打饼干袋		个	1 100 000	1 100 000	0.02	22 000.00
3008	苏打饼干纸箱		个	55 000	55 000	1.20	66 000.00

部门经理：赵晓峰　　　　会计：张无铭　　　　仓库：柯大云　　　　经办人：王远山

图 3-157　领料单

【任务描述】2020 年 11 月 1 日，苏州宝青食品有限公司生产产品领用一批包装材料。

【任务处理】

记账凭证
2020 年 11 月 01 日　　　　　　　　　　　　　　　　　　　记字 08 1/2 号

摘要	会计科目	借方金额	贷方金额	√
生产产品领用包装材料	生产成本——牛油面包——直接材料	80 000.00		
	生产成本——奶油面包——直接材料	128 000.00		
	周转材料——牛油面包袋		20 000.00	
	周转材料——牛油面包纸箱		60 000.00	
	周转材料——奶油面包袋		32 000.00	
	周转材料——奶油面包纸箱		96 000.00	
合计		￥208 000.00	￥208 000.00	

附单据 2 张

财务主管：　　　记账：　　　出纳：　　　审核：　　　制单：罗红梅

图 3-158　记账凭证

记账凭证
2020 年 11 月 01 日　　　　　　　　　　　　　　　　　　　记字 08 2/2 号

摘要	会计科目	借方金额	贷方金额	√
生产产品领用包装材料	生产成本——鸳鸯饼干——直接材料	96 000.00		
	生产成本——苏打饼干——直接材料	88 000.00		
	周转材料——鸳鸯饼干袋		24 000.00	
	周转材料——鸳鸯饼干纸箱		72 000.00	
	周转材料——苏打饼干袋		22 000.00	
	周转材料——苏打饼干纸箱		66 000.00	
合计		￥184 000.00	￥184 000.00	

附单据 2 张

财务主管：　　　记账：　　　出纳：　　　审核：　　　制单：罗红梅

图 3-159　记账凭证

【例 3-31】（共同领用周转材料）本例涉及的资料如图 3-160～图 3-162 所示。

【任务资料】

领料单

领料部门：生产车间
用途：共同领用　　　　　　　　2020 年 11 月 15 日　　　　　　　　第 LL11009 号

材料编号	材料名称	规格	计量单位	数量		实际成本	
				请收	实发	单价	总价
4001	面包模具		个	480	480	130.00	62 400.00
4002	饼干模具		个	345	345	110.00	37 950.00

部门经理：赵晓峰　　　　会计：张无铭　　　　仓库：柯大云　　　　经办人：王远山

图 3-160　领料单

周转材料费用分配单
2020 年 11 月 30 日

产品名称		牛油面包	奶油面包	鸳鸯饼干	苏打饼干	合计
本月投产量		50 000	80 000	60 000	55 000	
材料名称	分配率	分配额	分配额	分配额	分配额	
面包模具	0.48	24 000.00	38 400.00			62 400.00
饼干模具	0.33			19 800.00	18 150.00	37 950.00
合计		24 000.00	38 400.00	19 800.00	18 150.00	100 350.00

审核：米才经　　　　　　　　　　　　　　　　　　制单：张无铭

图 3-161　周转材料费用分配单

【任务描述】 2020 年 11 月 30 日，苏州宝青食品有限公司本月牛油面包投产 50 000kg，奶油面包投产 80 000kg，鸳鸯饼干投产 60 000kg，苏打饼干投产 55 000kg。四种产品共同耗用上述周转材料，按产品的本月投产量分配周转材料费用。

【任务处理】

记账凭证
2020 年 11 月 30 日　　　　　　　　　　　　　　　　　　　记字 41 号

摘要	会计科目	借方金额	贷方金额	√	
生产产品领用周转材料	生产成本——牛油面包——直接材料	24 000.00			附单据2张
	生产成本——奶油面包——直接材料	38 400.00			
	生产成本——鸳鸯饼干——直接材料	19 800.00			
	生产成本——苏打饼干——直接材料	18 150.00			
	周转材料——面包模具		62 400.00		
	周转材料——饼干模具		37 950.00		
合计		¥100 350.00	¥100 350.00		

财务主管：　　　记账：　　　出纳：　　　审核：　　　制单：罗红梅

图 3-162　记账凭证

【工作任务——核算外购水费的归集和分配业务】

【例 3-32】 本例涉及的资料如图 3-163～图 3-166 所示。

【任务资料】

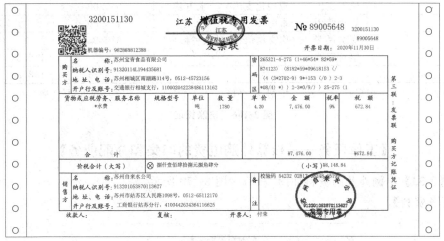

图 3-163 增值税专用发票(发票联)

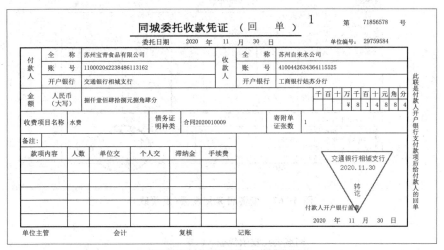

图 3-164 同城委托收款凭证

外购水费分配单
2020 年 11 月 30 日

受益对象	耗用量/吨	分配率	分配金额/元
生产车间	1 530	4.20	6 426.00
研发部	150	4.20	630.00
管理部门	100	4.20	420.00
合计	1 780	4.20	7 476.00

审核:米才经　　　　　　　　　　　　　　　　　　　制单:张无铭

图 3-165 外购水费分配单

【任务描述】 2020 年 11 月 30 日,苏州宝青食品有限公司支付并分配外购水费。

【任务处理】

记账凭证

2020 年 11 月 30 日　　　　　　　　　　　　　　　　记字 42 号

摘要	会计科目	借方金额	贷方金额	√
支付并分配水费	制造费用——水电费	6 426.00		附单据3张
	研发支出——费用化支出——水电费	630.00		
	管理费用——水电费	420.00		
	应交税费——应交增值税（进项税额）	672.84		
	银行存款		8 148.84	
合计		￥8 148.84	￥8 148.84	

财务主管：　　　记账：　　　出纳：林小倩　　　审核：　　　制单：罗红梅

图 3-166　记账凭证

【工作任务——核算外购电费的归集和分配业务】

【例 3-33】 本例涉及的资料如图 3-167～图 3-170 所示。

【任务资料】

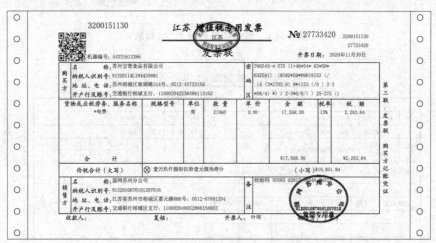

图 3-167　增值税专用发票（发票联）

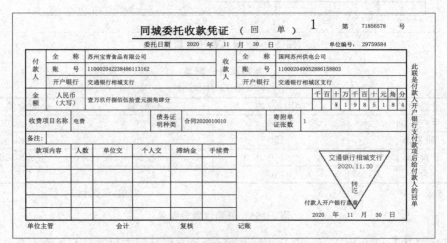

图 3-168　同城委托收款凭证

外购电费分配单

2020 年 11 月 30 日

受益对象	耗用量/(kW·h)	分配率	分配金额/元
生产车间	18 360	0.80	14 688.00
研发部	2 600	0.80	2 080.00
管理部门	800	0.80	640.00
销售部门	200	0.80	160.00
合计	21 960	0.80	17 568.00

审核：米才经　　　　　　　　　　　　　　　　　　制单：张无铭

图 3-169　外购电费分配单

【任务描述】2020 年 11 月 30 日，苏州宝青食品有限公司支付并分配外购电费。

【任务处理】

记账凭证

2020 年 11 月 30 日　　　　　　　　　　　　　　　　　记字 43 号

摘要	会计科目	借方金额	贷方金额	√
支付并分配电费	制造费用——水电费	14 688.00		
	研发支出——费用化支出——水电费	2 080.00		
	管理费用——水电费	640.00		
	销售费用——水电费	160.00		
	应交税费——应交增值税（进项税额）	2 283.84		
	银行存款		19 851.84	
合计		¥19 851.84	¥19 851.84	

附单据 3 张

财务主管：　　　记账：　　　出纳：林小倩　　　审核：　　　制单：罗红梅

图 3-170　记账凭证

【工作任务——核算职工薪酬的归集与分配业务】

【例 3-34】（支付职工薪酬）本例涉及的资料如图 3-171～图 3-174 所示。

【任务资料】

工资结算汇总表

2020 年 10 月 31 日　　　　　　　　　　　　　　　　　　　　　金额单位：元

部门		短期薪酬		代扣工资					小计	实发金额
		应付工资	三险一金基数	养老保险 8.00%	失业保险 0.20%	医疗保险 2%+3	住房公积金 12.00%	个人所得税		
生产车间	生产工人	299 960.43	280 500.00	22 440.00	561.00	5 775.00	33 660.00		62 436.00	237 524.43
	管理人员	38 720.00	23 200.00	1 856.00	46.40	476.00	2 784.00	253.42	5 415.82	33 304.18
管理部门		73 920.00	74 400.00	5 952.00	148.80	1 524.00	8 928.00	743.21	17 296.01	56 623.99
研发部门		42 240.00	37 200.00	2 976.00	74.40	762.00	4 464.00	492.60	8 769.00	33 471.00
销售部门		76 320.00	63 800.00	5 104.00	127.60	1 309.00	7 656.00	844.84	15 041.44	61 278.56
合计		531 160.43	479 100.00	38 328.00	958.20	9 846.00	57 492.00	2 334.07	108 958.27	422 202.16

审核：米才经　　　　　　　　　　　　　　　　　　　　　　　　　制单：罗红梅

图 3-171　工资结算汇总表

特色业务交通银行相城支行批量代付清单

机构代码：289　　　　机构名称：交通银行相城支行　　　　入账日期：2020年11月15日

账号	姓名	金额
6222024100029501483	孔诶没	4500.92
6222024100039291462	李占苞	4400.13
6222024100027139182	文焯鸤	4500.07
6222024100018696304	沈励鸠	5048.4
6227001935260700505	陈高鑫	5208.36
6222024100018696799	曾淡雅	5208.16
……	……	……
合计		422202.16

图 3-172　银行工资代付清单

交通银行电子回单凭证

回单编号：818422353381	回单类型：网银业务	业务名称：
凭证种类：	凭证号码：	借贷标志：借记　回单格式码：S
账号：110002042238486113162	开户行名称：交通银行相城支行	
户名：苏州宝青食品有限公司		
对方账号：110002042238486113162	开户行名称：交通银行相城支行	
对方户名：苏州宝青食品有限公司		
币种：CNY	金额：422202.16	金额大写：肆拾贰万贰仟贰佰零贰元壹角陆分
兑换信息：兑换信息	币种：	金额：0.00　牌价：0.00 金额：0.00
摘要：工资		
附加信息：		

图 3-173　银行电子回单

【任务描述】2020年11月15日，苏州宝青食品有限公司支付上月职工工资。

【任务处理】

记账凭证
2020年11月15日　　　　　　　　　　　　　　　　　　记字23号

摘要	会计科目	借方金额	贷方金额	√
支付上月工资	应付职工薪酬——短期薪酬——工资	422 202.16		
	银行存款		422 202.16	
合计		￥422 202.16	￥422 202.16	

附单据3张

财务主管：　　　记账：　　　出纳：林小倩　　　审核：　　　制单：罗红梅

图 3-174　记账凭证

【例3-35】（支付职工培训费）本例涉及的资料如图3-175～图3-177所示。

【任务资料】

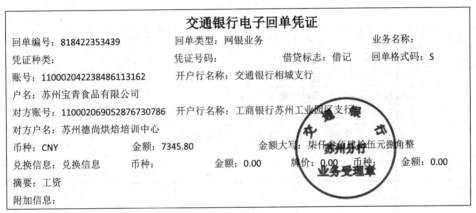

图 3-175　增值税专用发票（发票联）

交通银行电子回单凭证

回单编号：818422353439	回单类型：网银业务		业务名称：
凭证种类：	凭证号码：	借贷标志：借记	回单格式码：S
账　号：11000204223848613162	开户行名称：交通银行相城支行		
户　名：苏州宝青食品有限公司			
对方账号：11000206905287673786	开户行名称：工商银行苏州工业园区支行		
对方户名：苏州德尚烘焙培训中心			
币种：CNY	金额：7345.80	金额大写：柒仟叁佰肆拾伍元捌角整	
兑换信息：兑换信息	币种：	金额：0.00	牌价：0.00　币种：　金额：0.00
摘要：工资			
附加信息：			

图 3-176　银行电子回单

【任务描述】2020 年 11 月 22 日，苏州宝青食品有限公司支付职工培训费。

【任务处理】

记账凭证

2020 年 11 月 22 日　　　　　　　　　　　　　　　　　　　　　　　记字 29 号

摘要	会计科目	借方金额	贷方金额	√
支付本月职工培训费	应付职工薪酬——短期薪酬——职工教育经费	6 930.00		
	应交税费——应交增值税（进项税额）	415.80		
	银行存款		7 345.80	
合计		¥7 345.80	¥7 345.80	

附单据 2 张

财务主管：　　　记账：　　　出纳：林小倩　　　审核：　　　制单：罗红梅

图 3-177　记账凭证

【例 3-36】（分配职工培训费）本例涉及的资料如图 3-178 和图 3-179 所示。
【任务资料】

职工教育经费分配单
2020 年 11 月 30 日

受益对象	分配标准(人数)	分配率	分配金额
车间管理人员	4	210	840.00
管理部门	12	210	2 520.00
研发部	6	210	1 260.00
销售部门	11	210	2 310.00
合计	33	210	6 930.00

审核：米才经　　　　　　　　　　　　　　　　　　　制单：张无铭

图 3-178　职工教育经费分配单

【任务描述】 2020 年 11 月 30 日，苏州宝青食品有限公司分配职工培训费。
【任务处理】

记账凭证
2020 年 11 月 30 日　　　　　　　　　　　　　　　　　记字 44 号

摘要	会计科目	借方金额	贷方金额	√
分配职工培训费	制造费用——职工教育经费	840.00		
	研发支出——费用化支出——职工教育经费	1 260.00		
	管理费用——职工教育经费	2 520.00		
	销售费用——职工教育经费	2 310.00		
	应付职工薪酬——短期薪酬——职工教育经费		6 930.00	
合计		¥6 930.00	¥6 930.00	

附单据 1 张

财务主管：　　记账：　　出纳：　　审核：　　制单：罗红梅

图 3-179　记账凭证

【例 3-37】（分配本月职工薪酬）本例涉及的资料如图 3-180～图 3-182 所示。
【任务资料】

职工薪酬汇总单
2020 年 11 月 30 日　　　　　　　　　　　　　　　　　　　金额单位：元

部门		短期薪酬							离职后福利		小计	代扣工资				小计	实发工资
		应付工资	五险一金基数	医疗保险 10%	工伤保险 0.20%	生育保险 0.80%	住房公积金 12%	工会经费 2%	养老保险 16%	失业保险 0.80%		住房公积金 12%	社保费	所得税	小计		
生产车间	生产工人	327019.90	280500.00	28050.00	561.00	2244.00	33660.00	6540.40	44880.00	2244.00	445199.30	33660.00	28614.00	0.00	62274.00		264745.90
	管理人员	44632.39	23200.00	2320.00	46.40	185.60	2784.00	892.65	3712.00	185.60	54758.64	2784.00	2369.40	453.42	5606.82		39025.57
管理部门		86188.24	74400.00	7440.00	148.80	595.20	8928.00	1723.76	11904.00	595.20	117523.20	8928.00	7591.80	943.21	17463.01		68725.23
研发部门		49094.12	37200.00	3720.00	74.40	297.60	4464.00	981.88	5952.00	297.60	64881.60	4464.00	3797.40	763.91	9025.31		40068.81
销售部门		89876.47	63800.00	6380.00	127.60	510.40	7656.00	1797.53	10208.00	510.40	117066.40	7656.00	6510.60	1244.84	15411.44		74465.03
合计		596811.12	479100.00	47910.00	958.20	3832.80	57492.00	11936.22	76656.00	3832.80	799429.14	57492.00	48883.20	3405.38	109780.58		487030.54

图 3-180　职工薪酬汇总单

职工薪酬分配单
2020 年 11 月 30 日

受益对象	分配标准(产量)/元		分配率	分配金额/元
生产车间	牛油面包	50 000.00	1.817 1	90 855.00
	奶油面包	80 000.00	1.817 1	145 368.00
	鸳鸯饼干	60 000.00	1.817 1	109 026.00
	苏打饼干	55 000.00	1.817 1	99 950.30
	小计	245 000.00		445 199.30
车间管理人员				54 758.64
管理部门				117 523.20
研发部				64 881.60
销售部门				117 066.40
合计				799 429.14

审核:米才经 制单:张无铭

图 3-181 职工薪酬分配单

【任务描述】2020 年 11 月 30 日,苏州宝青食品有限公司分配本月职工薪酬。

【任务处理】

记账凭证
2020 年 11 月 30 日   记字 45 号

摘要	会计科目	借方金额	贷方金额	√
分配本月职工薪酬	生产成本——牛油面包——直接人工	90 855.00		
	生产成本——奶油面包——直接人工	145 368.00		
	生产成本——鸳鸯饼干——直接人工	109 026.00		
	生产成本——苏打饼干——直接人工	99 950.30		
	制造费用——职工薪酬	54 758.64		
	研发支出——费用化支出——工资	49 094.12		
	研发支出——费用化支出——五险一金	14 805.60		
	研发支出——费用化支出——工会会费	981.88		
	管理费用——职工薪酬	117 523.20		
	销售费用——职工薪酬	117 066.40		
	应付职工薪酬——短期薪酬——工资		596 811.12	
	应付职工薪酬——短期薪酬——医疗保险		47 910.00	
	应付职工薪酬——短期薪酬——工伤保险		958.20	
	应付职工薪酬——短期薪酬——生育保险		3 832.80	
	应付职工薪酬——短期薪酬——住房公积金		57 492.00	
	应付职工薪酬——短期薪酬——工会经费		11 936.22	
	应付职工薪酬——离职后福利——养老保险		76 656.00	
	应付职工薪酬——离职后福利——失业保险		3 832.80	
合计		¥799 429.14	¥799 429.14	

附单据 2 张

财务主管: 记账: 出纳: 审核: 制单:罗红梅

图 3-182 记账凭证

【工作任务——核算管理费用业务】

【例 3-38】(报销差旅费)本例涉及的资料如图 3-183~图 3-189 所示。

【任务资料】

差旅费报销单

2020年11月6日　　　　　　　　　　　　　　　　　　　　单据及附件5张

所属部门				管理部门	姓名	林娜	出差事由	商务洽谈
出发		到达		起止地点	交通费	住宿费	伙食补助	交通补助
月	日	月	日					
11	3	11	3	苏州—上海	39.50			
11	3	11	3	上海—北京	930.00	848.00	300.00	160.00
11	5	11	5	北京—上海	930.00			
11	5	11	5	上海—苏州	39.50			
合计				大写金额：叁仟贰佰肆拾柒元整		预支旅费：0	退回金额：0 补付金额：3 247.00	

总经理：胡国明　　财务经理：米才经　　会计：罗红梅　　出纳：林小倩　　部门经理：陈德文　　报销人：林娜

（现金付讫）

图 3-183　差旅费报销单

航空运输电子客票行程单
ITINERARY/RECEIPT OF E-TICKET
FOR A/R TRANSPORT

印刷序号 SERIAL NUMBER：76212486452

旅客姓名 NAME OF PASSENGER：林娜
有效身份证件号码 ID. NO.：110105197202312528
签注 ENDORSEMENTS/RESTRICTIONS (CARBON)：不得签转

承运人 CARRIER	航班号 FLIGFT	座位等级 CLASS	日期 DATE	时间 TIME	客票级别/客票类别 FARE BASIS	客票生效日期 NOTVALIDBEFORE	有效截至日期 NOTVALID AFTER	免费行李 ALLOW
TY	MU4129		2020-11-03	10:55				20KG

自FROM 上海　至TO 北京

票价 FARE CNY ¥830.00　机场建设费 AIRPORT TAX CN ¥50.00　燃油附加费 FUELSURCHARGE YQ ¥50.00　其他税费 OTHER TAXS　合计 TOTAL CNY ¥930.00

电子客票号码 E-TICKETNO. 4719372891059　验证码 CK.
提示信息 INFORMATION　保险费 INSURANCE

销售单位代号 AGENTCODE FU01381947192　填开单位 ISSUEDBY 上海捷达航空服务有限公司　填开日期 DATE OF ISSUE 2020年11月03日

验证网址：WWW.TRAVELSKY.COM　服务热线：400-815-8888　短信验真：发送JP至1066001××

图 3-184　飞机票行程单

航空运输电子客票行程单
ITINERARY/RECEIPT OF E-TICKET
FOR A/R TRANSPORT

印刷序号 SERIAL NUMBER：76212486452

旅客姓名 NAME OF PASSENGER：林娜
有效身份证件号码 ID. NO.：110105197202312528
签注 ENDORSEMENTS/RESTRICTIONS (CARBON)：不得签转

承运人 CARRIER	航班号 FLIGFT	座位等级 CLASS	日期 DATE	时间 TIME	客票级别/客票类别 FARE BASIS	客票生效日期 NOTVALIDBEFORE	有效截至日期 NOTVALID AFTER	免费行李 ALLOW
TY	MU4129		2020-11-05	15:10				20KG

自FROM 北京　至TO 上海

票价 FARE CNY ¥830.00　机场建设费 AIRPORT TAX CN ¥50.00　燃油附加费 FUELSURCHARGE YQ ¥50.00　其他税费 OTHER TAXS　合计 TOTAL CNY ¥930.00

电子客票号码 E-TICKETNO. 4719372890164　验证码 CK.
提示信息 INFORMATION　保险费 INSURANCE

销售单位代号 AGENTCODE FU01382947885　填开单位 ISSUEDBY 北京捷达航空服务有限公司　填开日期 DATE OF ISSUE 2020年11月05日

验证网址：WWW.TRAVELSKY.COM　服务热线：400-815-8888　短信验真：发送JP至1066001××

图 3-185　飞机票行程单

项目三 处理会计凭证

图 3-186 高铁票

图 3-187 高铁票

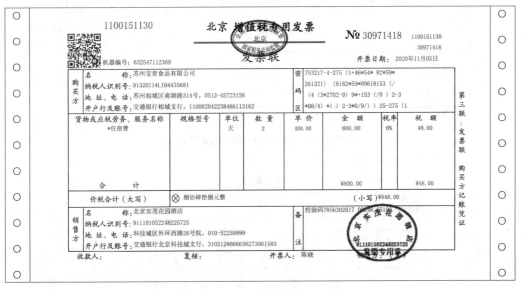

图 3-188 增值税专用发票(发票联)

【任务描述】2020年11月6日,苏州宝青食品有限公司林娜报销差旅费。本业务航空旅客运输进项税额=(票价+燃油附加费)÷(1+9%)×9%,即(830+50)÷(1+9%)×9%×2=145.32(元),铁路旅客运输进项税额=票面金额÷(1+9%)×9%,即39.5÷(1+9%)×9%×2=6.52(元),本业务共可抵扣的进项税额=145.32+6.52+48=199.84(元)。

【任务处理】

<u>记账凭证</u>
2020 年 11 月 06 日　　　　　　　　　　记字 12 号

摘要	会计科目	借方金额	贷方金额	√
报销差旅费	管理费用——差旅费	3 047.16		附单据6张
	应交税费——应交增值税(进项税额)	199.84		
	库存现金		3 247.00	
合计		¥3 247.00	¥3 247.00	

财务主管：　　　记账：　　　出纳：林小倩　　　审核：　　　制单：罗红梅

图 3-189　记账凭证

【例 3-39】（支付网络通信费）本例涉及的资料如图 3-190～图 3-193 所示。

【任务资料】

图 3-190　同城特约委托收款凭证

图 3-191　增值税专用发票（发票联）

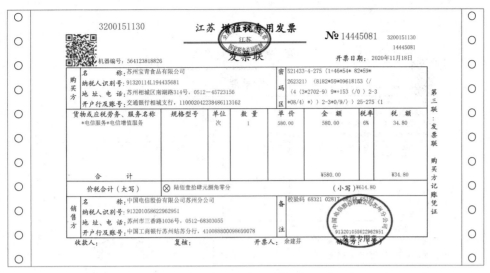

图 3-192　增值税专用发票(发票联)

【任务描述】2020 年 11 月 18 日，苏州宝青食品有限公司支付网络通信费。

【业务处理】

记账凭证

2020 年 11 月 18 日　　　　　　　　　　　　　　　记字 26 号

摘要	会计科目	借方金额	贷方金额	√
支付网络通信费	管理费用——通信费	2 960.00		
	应交税费——应交增值税(进项税额)	249.00		
	银行存款		3 209.00	
合计		¥3 209.00	¥3 209.00	

附单据 3 张

财务主管：　　　　记账：　　　　出纳：林小倩　　　　审核：　　　　制单：罗红梅

图 3-193　记账凭证

【例 3-40】(报销招待费)本例涉及的资料如图 3-194～图 3-196 所示。

【任务资料】

报销申请单

2020 年 11 月 22 日

姓名	李格	所属部门	行政部
报销项目	摘要	金额	备注：
招待费		1 908.00	
			现金付讫
合计		¥1 908.00	
金额大写：壹仟玖佰零捌元整			

报销人：李梅　　　部门审核：张天南　　　财务审核：米才经　　　审批：胡国明

图 3-194　报销申请单

3200191120

江苏 增值税专用发票

№ 86962366

3200191120
86962366

发票联

机器编号：654231412388

开票日期：2020年11月22日

购买方	名称：苏州宝青食品有限公司 纳税人识别号：91320114L194435681 地址、电话：苏州相城区南湖路314号，0512—45723156 开户行及账号：交通银行相城支行，110002042238486113162				密码区	587192-4-275〈1+46*54* 82*59* 561421〉〈8182*59*09618153〈/ 〈4〈3*2702-9〉9*+153〈/0 〉2-3 *08/4〉*〉〉2-3*0/9/〉〉25-275〈1		
货物或应税劳务、服务名称	规格型号	单位	数量	单价	金额	税率	税额	
*餐饮服务*餐费			1	1,800.00	1,800.00	6%	108.00	
合计					¥1,800.00		¥108.00	
价税合计（大写）	⊗壹仟玖佰零捌元整				（小写）¥1,908.00			
销售方	名称：苏州九龙珠餐饮管理有限公司 纳税人识别号：91320010189373522448 地址、电话：苏州市吴中区九盛港路20号，0512-66990833 开户行及账号：交通银行苏州吴中支行，110002069052786280577				备注	校验码35134 02817 08248 65199		

收款人： 复核： 开票人：李浩 销售方：（章）

第三联：发票联 购买方记账凭证

图 3-195 增值税专用发票（发票联）

【任务描述】2020 年 11 月 22 日，苏州宝青食品有限公司行政部报销招待费。

【业务务处理】

记账凭证

2020 年 11 月 22 日 记字 30 号

摘要	会计科目	借方金额	贷方金额	√
报销招待费	管理费用——招待费	1 908.00		
	库存现金		1 908.00	
合计		¥1 908.00	¥1 908.00	

附单据 2 张

财务主管： 记账： 出纳： 审核： 制单：罗红梅

图 3-196 记账凭证

【**例 3-41**】（结转本月研发费用）本例所涉及的资料，如图 3-139、图 3-166、图 3-170、图 3-179、图 3-182 和图 3-197 所示。

【任务资料】查阅图 3-139、图 3-166、图 3-170、图 3-179 和图 3-182。

【任务描述】2020 年 11 月 30 日，苏州宝青食品有限公司根据本月研发部发生的费用结转研发费用。

【任务处理】

记账凭证

2020 年 11 月 30 日　　　　　　　　　　　　　　　　　　记字 46 号

摘要	会计科目	借方金额	贷方金额	√
结转本月研发费用	管理费用——研发支出	69 341.20		
	研发支出——费用化支出——折旧费		489.60	
	研发支出——费用化支出——水电费		2 710.00	
	研发支出——费用化支出——工资		49 094.12	
	研发支出——费用化支出——五险一金		14 805.60	
	研发支出——费用化支出——工会会费		981.88	
	研发支出——费用化支出——职工教育经费		1 260.00	
合计		￥69 341.20	￥69 341.20	

附单据 0 张

财务主管：　　　记账：　　　出纳：　　　审核：　　　制单：罗红梅

图 3-197　记账凭证

【工作任务——核算制造费用的归集和分配业务】

【例 3-42】（支付车间办公费）本例涉及的资料如图 3-198～图 3-201 所示。

【任务资料】

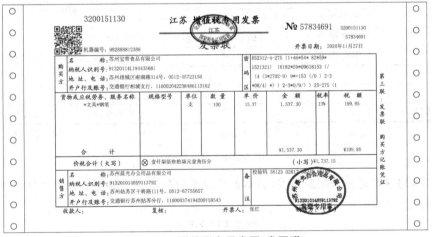

图 3-198　增值税专用发票（发票联）

图 3-199　付款申请书

交通银行电子回单凭证

回单编号：451222354637	回单类型：网银业务	业务名称：
凭证种类：	凭证号码：	借贷标志：借记　回单格式码：S
账号：110002042238486113162	开户行名称：交通银行相城支行	
户名：苏州宝青食品有限公司		
对方账号：110000374194209158543	开户行名称：交通银行苏州姑办分行	
对方户名：苏州晨光办公用品有限公司		
币种：CNY	金额：1737.15	金额大写：壹仟柒佰叁拾柒元壹角伍分
兑换信息：兑换信息	币种：　金额：0.00	牌价：0.00　币种：　金额：0.00
摘要：工资		
附加信息：		

图 3-200　银行电子回单

【任务描述】2020 年 11 月 27 日，通过银行转账支付车间办公费。
【任务处理】

记账凭证

2020 年 11 月 27 日　　　　　　　　　记字 35 号

摘要	会计科目	借方金额	贷方金额	√
支付车间办公费	制造费用——办公费	1 537.30		
	应交税费——应交增值税（进项税额）	199.85		
	银行存款		1 737.15	
合计		1 737.15	1 737.15	

附单据 3 张

财务主管：　　记账：　　出纳：林小倩　　审核：　　制单：罗红梅

图 3-201　记账凭证

【例 3-43】（归集并分配制造费用）本例涉及的资料汇总后如图 3-202 和图 3-203 所示。
【任务资料】

制造费用分配表

2020 年 11 月 30 日

受益对象	分配标准(产量)	分配率	分配金额
生产车间	牛油面包　50 000kg	0.358 9	17 945.00
	奶油面包　80 000kg	0.358 9	28 712.00
	鸳鸯饼干　60 000kg	0.358 9	21 534.00
	苏打饼干　55 000kg	0.358 9	19 748.54
	小计　　　245 000kg	0.358 9	87 939.54

审核：米才经　　　　　　　　　　　　　　制单：张无铭

图 3-202　制造费用分配表

【任务描述】2020 年 11 月 30 日，根据图 3-139、图 3-166、图 3-170、图 3-179 和图 3-182 归集本月发生的制造费用，并进行分配。

【任务处理】

记账凭证

2020 年 11 月 30 日　　　　　　　　　　　　　　　记字 47 号

摘要	会计科目	借方金额	贷方金额	√
分配制造费用	生产成本——牛油面包——制造费用	17 945.00		
	生产成本——奶油面包——制造费用	28 712.00		
	生产成本——鸳鸯饼干——制造费用	21 534.00		
	生产成本——苏打饼干——制造费用	19 748.54		
	制造费用		87 939.54	
合计		¥87 939.54	¥87 939.54	

附单据 1 张

财务主管：　　　记账：　　　出纳：　　　审核：　　　制单：罗红梅

图 3-203　记账凭证

【工作任务——计算并结转入库产品成本】

【例 3-44】本例涉及的资料如图 3-204～图 3-208 所示。

【任务资料】

产品成本计算单

2020 年 11 月 30 日

产品名称	成本项目	期初在产品成本	本期发生费用	生产费用合计	期末在产品约当产量	完工产品成本	单位成本
牛油面包 （完工 50 000kg）	直接材料	0	911 915.00	911 915.00	0	911 915.00	18.24
	直接人工	0	90 855.00	90 855.00	0	90 855.00	1.82
	制造费用	0	17 945.00	17 945.00	0	17 945.00	0.36
	小计		1 020 715.00	1 020 715.00		1 020 715.00	20.42
奶油面包 （完工 80 000kg）	直接材料	0	2 047 798.00	2 047 798.00	0	2 047 798.00	25.60
	直接人工	0	145 368.00	145 368.00	0	145 368.00	1.82
	制造费用	0	28 712.00	28 712.00	0	28 712.00	0.36
	小计		2 221 878.00	2 221 878.00		2 221 878.00	27.78
鸳鸯饼干 （完工 60 000kg）	直接材料	0	2 236 232.80	2 236 232.80	0	2 236 232.80	37.27
	直接人工	0	109 026.00	109 026.00	0	109 026.00	1.82
	制造费用	0	21 534.00	21 534.00	0	21 534.00	0.36
	小计		2 366 792.80	2 366 792.80		2 366 792.80	39.45
苏打饼干 （完工 55 000kg）	直接材料	0	562 473.04	562 473.04	0	562 473.04	10.23
	直接人工	0	99 950.30	99 950.30	0	99 950.30	1.82
	制造费用	0	19 748.54	19 748.54	0	19 748.54	0.36
	小计		682 171.88	682 171.88		682 171.88	12.41

审核：米才经　　　　　　　　　　　　　　　　　　　　　　　制单：张无铭

图 3-204　产品成本计算单

【任务描述】2020 年 11 月 30 日，根据图 3-147、图 3-149、图 3-153、图 3-158、图 3-159、图 3-162、图 3-182 和图 3-203 归集本月发生的生产费用，并计算完工产品成本。本期所有产品均无期初和期末在产品，即完工产品成本等于本期发生费用。

【任务处理】

记账凭证
2020 年 11 月 30 日　　　　　　　　　　　　　　　　记字 48 1/4 号

摘要	会计科目	借方金额	贷方金额	√
结转入库产品成本	库存商品——牛油面包	1 020 715.00		
	生产成本——牛油面包——直接材料		911 915.00	
	生产成本——牛油面包——直接人工		90 855.00	
	生产成本——牛油面包——制造费用		17 945.00	
	合计	¥1 020 715.00	¥11 020 715.00	

附单据 1 张

财务主管：　　　记账：　　　出纳：　　　审核：　　　制单：罗红梅

图 3-205　记账凭证

记账凭证
2020 年 11 月 30 日　　　　　　　　　　　　　　　　记字 48 2/4 号

摘要	会计科目	借方金额	贷方金额	√
结转入库产品成本	库存商品——奶油面包	2 221 878.00		
	生产成本——奶油面包——直接材料		2 047 798.00	
	生产成本——奶油面包——直接人工		145 368.00	
	生产成本——奶油面包——制造费用		28 712.00	
	合计	¥2 221 878.00	¥2 221 878.00	

附单据 0 张

财务主管：　　　记账：　　　出纳：　　　审核：　　　制单：罗红梅

图 3-206　记账凭证

记账凭证
2020 年 11 月 30 日　　　　　　　　　　　　　　　　记字 48 3/4 号

摘要	会计科目	借方金额	贷方金额	√
结转入库产品成本	库存商品——鸳鸯饼干	2 366 792.80		
	生产成本——鸳鸯饼干——直接材料		2 236 232.80	
	生产成本——鸳鸯饼干——直接人工		109 026.00	
	生产成本——鸳鸯饼干——制造费用		21 534.00	
	合计	¥2 366 792.80	¥2 366 792.80	

附单据 0 张

财务主管：　　　记账：　　　出纳：　　　审核：　　　制单：罗红梅

图 3-207　记账凭证

记账凭证
2020 年 11 月 30 日　　　　　　　　　　　　　　　　记字 48 4/4 号

摘要	会计科目	借方金额	贷方金额	√
结转入库产品成本	库存商品——苏打饼干	682 171.88		
	生产成本——苏打饼干——直接材料		562 473.04	
	生产成本——苏打饼干——直接人工		99 950.30	
	生产成本——苏打饼干——制造费用		19 748.54	
	合计	¥682 171.88	¥682 171.88	

附单据 0 张

财务主管：　　　记账：　　　出纳：　　　审核：　　　制单：罗红梅

图 3-208　记账凭证

（五）生产过程业务核算账务处理归纳

生产过程业务核算账务处理归纳如表 3-3 所示。

表 3-3　生产过程业务核算账务处理

典型业务	业务细分	会计分录	备注
领用材料成本核算	生产产品领用材料	借：生产成本——××产品（直接材料） 　　　　　　——××产品（直接材料） 　贷：原材料——××材料 　　　　　——××材料	当几种产品共同领用某种材料时，需要按一定的分配方法将共同领用的材料费用在几种产品之间进行分配
	生产车间领用材料	借：制造费用 　贷：原材料——××材料 　　　　　——××材料	
	行政部门领用材料	借：管理费用 　贷：原材料——××材料 　　　　　——××材料	
职工薪酬核算	分配产品生产人员工资	借：生产成本——××产品（直接人工） 　　　　　　——××产品（直接人工） 　贷：应付职工薪酬——短期薪酬（工资）	如某些工人同时生产几种产品，需要按一定的分配方法将共同发生的人工费用在几种产品之间进行分配
	分配车间管理人员工资	借：制造费用 　贷：应付职工薪酬——短期薪酬（工资）	
	分配行政部门人员工资	借：管理费用 　贷：应付职工薪酬——短期薪酬（工资）	
计提折旧核算	生产车间资产折旧	借：制造费用 　贷：累计折旧	
	行政部门资产折旧	借：管理费用 　贷：累计折旧	
其他费用核算	生产车间其他费用	借：制造费用 　贷：银行存款等	
	行政部门其他费用	借：管理费用 　贷：银行存款等	
制造费用分配		借：生产成本——××产品（制造费用） 　　　　　　——××产品（制造费用） 　贷：制造费用	期末归结"制造费用"的全部借方发生额后进行分配，分配后"制造费用"账户期末一般无余额
完工产品成本结转		借：库存商品——××产品 　　　　　　——××产品 　贷：生产成本——××产品 　　　　　　——××产品	

五、销售业务的账务处理

产品销售是企业生产经营过程的最后阶段,也是产品价值实现的阶段。销售过程的主要核算内容是企业售出产品,按照销售价格结算产品价款,确认销售收入,计算产品的销售成本,支付各种销售费用如运输费、包装费、广告费等,使企业的成本和费用从销售收入中得到补偿。此外,企业还需要按照国家税法交纳相关税费。

(一)商品销售收入的确认与计量

企业销售商品收入的确认,必须同时符合以下条件。
(1)企业已将商品所有权上的主要风险和报酬转移给购货方。
(2)企业既没有保留通常与商品所有权相联系的继续管理权,也没有对已售出的商品实施控制。
(3)收入的金额能够可靠地计量。
(4)相关的经济利益很可能流入企业。
(5)相关的已发生或将发生的成本能够可靠地计量。

(二)账户设置

为了正确反映产品销售收入、销售税费、销售成本和往来结算业务,需要设置和运用以下几个账户。

1."主营业务收入"账户

"主营业务收入"账户属于损益类账户中的收入类账户,用于核算企业根据收入准则确认的销售商品、提供劳务等主营业务的收入,其结构如图3-209所示。

借方	主营业务收入	贷方
本期转销额: 因销售退回或折让冲减的主营业务收入 期末结转至"本年利润"账户的数额		本期增加额:企业销售商品或提供劳务实现的收入

图3-209 "主营业务收入"账户结构

本账户按照主营业务的种类进行明细核算,例如"主营业务收入——商务拉杆箱"。

2."主营业务成本"账户

"主营业务成本"账户属于损益类账户中的费用类账户,用于核算企业根据收入准则确认销售商品、提供劳务等主营业务收入时应结转的产品生产成本,其结构如图3-210所示。

借方	主营业务成本	贷方
本期增加额: 已销商品的生产成本		本期减少(转销)额: 销售退回的商品成本 期末结转至"本年利润"账户的数额

图3-210 "主营业务成本"账户结构

本账户按照主营业务的种类进行明细核算,例如"主营业务成本——旅行拉杆箱"。

3. "其他业务收入"账户

"其他业务收入"账户属于损益类账户中的收入类账户,用于核算企业确认的除主营业务活动以外的其他经营活动实现的收入,包括工业企业销售材料、出租固定资产、出租无形资产、出租包装物等实现的收入,其结构如图 3-211 所示。

借方	其他业务收入	贷方
本期转销额: 期末结转至"本年利润"账户的数额		本期增加额: 企业实现的其他业务收入

图 3-211 "其他业务收入"账户结构

该账户可按其他业务的种类设置明细账户,进行明细分类核算。例如"其他业务收入——租金收入"。

4. "其他业务成本"账户

"其他业务成本"账户属于损益类账户中的费用类账户,用于核算企业确认的除主营业务活动以外的其他经营活动所发生的支出,包括销售材料的成本、出租固定资产的折旧额、出租无形资产的摊销额、出租包装物的成本或摊销额等,其结构如图 3-212 所示。

借方	其他业务成本	贷方
本期增加额: 其他业务发生的成本		本期转销额: 结转至"本年利润"账户的数额

图 3-212 "其他业务成本"账户结构

该账户可按其他业务的种类设置明细账户,进行明细分类核算,例如"其他业务成本——高筋面粉"。

5. "应收账款"账户

"应收账款"账户属于资产类账户,用于核算企业因销售商品、产品、提供劳务等经营活动应收取而未收取的款项,其结构如图 3-213 所示。

借方	应收账款	贷方
期初余额:企业尚未收回的应收账款 本期增加额:企业发生应收款的实际应收金额		本期减少额:企业应收账款实际收回的金额
或期末余额:企业尚未收回的应收账款		

图 3-213 "应收账款"账户结构

该账户应当按照债务人进行明细核算,例如"应收账款——上海精益食品有限公司"。

6. "应收票据"账户

"应收票据"账户属于资产类账户,用于核算企业因销售商品、产品、提供劳务等而收到的商业汇票,包括银行承兑汇票和商业承兑汇票,其结构如图 3-214 所示。

借方	应收票据	贷方
期初余额：企业持有的尚未到期期初商业汇票的票面价值		
本期增加额：企业收到已签发并承兑的商业汇票的面额		本期减少额：企业到期收回的应收票据和企业向银行办理贴现的应收票据的面值值等
或期末余额：企业持有的尚未到期期末商业汇票的票面价值		

图 3-214 "应收票据"账户结构

该账户应当按照开出、承兑商业汇票的单位进行明细核算，例如"应收票据——上海精益食品有限公司"。

7. "预收账款"账户

"预收账款"账户属于负债类账户，用于核算企业按照合同规定向购货单位预收的款项，其结构如图 3-215 所示。

借方	预收账款	贷方
本期减少额： 　　销售实现时，实现的收入和应交的增值税销项税额 　　购货单位多付的款项		期初余额：企业向购货单位预收的款项 本期增加额： 　　企业根据合同向购货单位预收的款项 　　购货单位补货的款项
或期末余额：企业应收的，由购货单位补付的款项		期末余额：企业向购货单位预收的款项

图 3-215 "预收账款"账户结构

该账户应按购货单位进行明细核算。预收账款情况不多的，也可将预收款项业务并入"应收账款"账户核算。

8. "销售费用"账户

"销售费用"账户属于损益类账户中的费用类账户，用于核算企业销售商品和材料、提供劳务过程中发生的各种费用，包括保险费、包装费、展览费和广告费等以及为销售本企业商品而专设的销售机构（含销售网点、售后服务网点等）的职工薪酬、业务费、折旧费等经营费用。"销售费用"账户结构如图 3-216 所示。

借方	销售费用	贷方
本期增加额： 　　企业发生的各项销售费用		本期转销额： 　　结转至"本年利润"账户的销售费用余额

图 3-216 "销售费用"账户结构

该账户应当按照费用项目进行明细核算，例如"销售费用——广告费"。

9. "税金及附加"账户

"税金及附加"账户属于损益类账户中的费用类账户，用于核算企业经营活动发生的消费税、城市维护建设税和教育费附加等相关税费，其结构如图 3-217 所示。

借方	税金及附加	贷方
本期增加额： 　　企业按规定计算确定的与经营活动相关的税费		本期转销额： 　　结转至"本年利润"账户的税费总额

图 3-217　"税金及附加"账户结构

（三）业务核算

【工作任务——核算产品销售收入业务】

【例 3-45】（赊销业务）本例涉及的资料如图 3-218～图 3-221 所示。

【任务资料】

购销合同

合同编号：XSW002190

供货单位（甲方）：上海精益食品有限公司
购货单位（乙方）：苏州宝青食品有限公司

根据《中华人民共和国合同法》及国家相关法律、法规之规定，甲乙双方本着平等互利的原则，就甲方购买乙方货物一事达成以下协议。

一、货物的名称、数量及价格：

货物名称	规格型号	单位	数量	单价	金额	税率	价税合计
牛油面包		kg	9000	36.00	324,000.00	13%	366,120.00
奶油面包		kg	8000	49.00	392,000.00	13%	442,960.00
鸳鸯饼干		kg	6000	56.00	336,000.00	13%	379,680.00
苏打饼干		kg	10000	25.00	250,000.00	13%	282,500.00

合计（大写）　壹佰肆拾柒万壹仟贰佰陆拾元整　　　　　　　　　　　¥1,471,260.00

二、交货方式和费用承担：交货方式：销货方送货　　　　，交货时间：2020年11月04日　　前，
交货地点：上海市静安区镇宁路67号　　　　，运费由　卖方　承担。

三、付款时间与付款方式：　自收到货后，一个月内支付货款　　　　　　　　　　　　　　　　　　　。

四、质量异议期：订货方对供货方的货物质量有异议时，应在收到货物后　15　日内提出，逾期视为货物质量合格。

五、未尽事宜经双方协商可作补充协议，与本合同具有同等效力。

六、本合同自双方签字、盖章之日起生效；本合同壹式贰份，甲乙双方各执壹份。

甲方（签章）：　　　　　　　　　　　　　　乙方（签章）：
授权代表：　　　　　　　　　　　　　　　　授权代表：
地　　址：　　　　　　　　　　　　　　　　地　　址：
电　　话：　　　　　　　　　　　　　　　　电　　话：
日　　期：　2020 年 11 月 01 日　　　　　　日　　期：　2020 年 11 月 01 日

图 3-218　购销合同

销售单

编码	产品名称	规格	单位	单价	数量	金额	备注
4001	牛油面包		kg	36.00	9000	324,000.00	不含税金额
4002	奶油面包		kg	49.00	8000	392,000.00	
4003	鸳鸯饼干		kg	56.00	6000	336,000.00	
4004	苏打饼干		kg	25.00	10000	250,000.00	
合计	人民币（大写）： 壹佰叁拾万贰仟元整					¥1,302,000.00	

购货单位：上海精益食品有限公司　地址和电话：上海市静安区镇宁路67号，021-13961798　单据编号：202011002
纳税识别号：913101069612318463　开户行及账号：交通银行上海静安支行，41932132213671　制单日期：2020年11月04日
总经理：胡国明　销售经理：陈德文　经手人：王远山　会计：罗红梅　签收人：黄雪菲

图 3-219　销售单

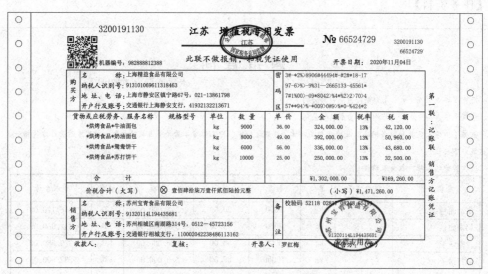

图 3-220　增值税专用发票（记账联）

【任务描述】2020年11月4日，苏州宝青食品有限公司向上海精益食品有限公司销售产品一批，货款尚未收到。

【任务处理】

记账凭证

2020年11月04日　　　　　　　　　　　记字 10 号

摘要	会计科目	借方金额	贷方金额	√
赊销产品	应收账款——上海精益食品有限公司	1 471 260.00		
	主营业务收入——牛油面包		324 000.00	
	主营业务收入——奶油面包		392 000.00	
	主营业务收入——鸳鸯饼干		336 000.00	
	主营业务收入——苏打饼干		250 000.00	
	应交税费——应交增值税（销项税额）		169 260.00	
合计		¥1 471 260.00	¥1 471 260.00	

附单据 3 张

财务主管：　　　记账：　　　出纳：　　　审核：　　　制单：罗红梅

图 3-221　记账凭证

项目三 处理会计凭证

【例 3-46】 本例涉及的资料如图 3-222～图 3-225 所示。

【任务资料】

购 销 合 同

合同编号：XSW002191

供货单位（甲方）： 广东莱福食品有限公司
购货单位（乙方）： 苏州宝青食品有限公司

根据《中华人民共和国合同法》及国家相关法律、法规之规定，甲乙双方本着平等互利的原则，就甲方购买乙方货物一事达成以下协议：

一、货物的名称、数量及价格：

货物名称	规格型号	单位	数量	单价	金额	税率	价税合计
牛油面包		kg	6000	36.00	216,000.00	13%	244,080.00
奶油面包		kg	7500	49.00	367,500.00	13%	415,275.00
鸳鸯饼干		kg	6300	56.00	352,800.00	13%	398,664.00
苏打饼干		kg	8000	25.00	200,000.00	13%	226,000.00
合计（大写）	壹佰贰拾捌万肆仟零壹拾玖元整						¥1,284,019.00

二、交货方式和费用承担：交货方式： 销货方送货 ，交货时间：2020年11月10日 前，交货地点： 广东省江门市江海区张中街周春路49号 ，运费由 卖方 承担。

三、付款时间与付款方式： 自收到货后，一个月内支付货款

四、质量异议期：订货方对供货方的货物质量有异议时，应在收到货物后 15 日内提出，逾期视为货物质量合格。

五、未尽事宜经双方协商可作补充协议，与本合同具有同等效力。

六、本合同自双方签字、盖章之日起生效，本合同壹式贰份，甲乙双方各执壹份。

甲方（签章）：（广东莱福食品有限公司） 乙方（签章）：（苏州宝青食品有限公司）
授权代表：   授权代表：
地   址：   地   址：
电   话：   电   话：
日   期： 2020 年 11 月 02 日   日   期： 2020 年 11 月 02 日

图 3-222 购销合同

销 售 单

| 购货单位： | 广东莱福食品有限公司 | 地址和电话： | 广东省江门市江海区张中街周春路49号，0750-19386692 | 单据编号： | 202011003 |
| 纳税识别号： | 914407043663079967 | 开户行及账号： | 交通银行江门江海支行，410024996724996735600 | 制单日期： | 2020年11月10日 |

编码	产品名称	规格	单位	单价	数量	金额	备注
4001	牛油面包		kg	36.00	6000	216,000.00	不含税金额
4002	奶油面包		kg	49.00	7500	367,500.00	
4003	鸳鸯饼干		kg	56.00	6300	352,800.00	
4004	苏打饼干		kg	25.00	8000	200,000.00	
合计	人民币（大写）： 壹佰壹拾叁万陆仟叁佰元整					¥1,136,300.00	

总经理： 胡国明   销售经理： 陈德文   经手人： 王远山   会计： 罗红梅   签收人： 黄雪菲

图 3-223 销售单

江苏 增值税专用发票　№ 66524730

货物或应税劳务、服务名称	规格型号	单位	数量	单价	金额	税率	税额
*烘烤食品*牛油面包		kg	6000	36.00	216 000.00	13%	28 080.00
*烘烤食品*奶油面包		kg	7500	49.00	367 500.00	13%	47 775.00
*烘烤食品*鸳鸯饼干		kg	6300	56.00	352 800.00	13%	45 864.00
*烘烤食品*苏打饼干		kg	8000	25.00	200 000.00	13%	26 000.00
合　计					¥1 136 300.00		¥147 719.00
价税合计（大写）		壹佰贰拾捌万肆仟零壹拾玖元整			（小写）¥1 284 019.00		

购买方：广东莱福食品有限公司
纳税人识别号：914407043663079957
地址、电话：广东省江门市江海区张中街周春路49号，0750-19393392
开户行及账号：交通银行江门江海支行，41002499672499673660

销售方：苏州宝青食品有限公司
纳税人识别号：91320114L194435681
地址、电话：苏州相城区南湖路314号，0512-45723156
开户行及账号：交通银行相城支行，11000204223848613162

开票人：罗红梅

图 3-224　增值税专用发票（记账联）

【任务描述】2020年11月10日，苏州宝青食品有限公司向广东莱福食品有限公司销售产品一批，货款尚未收到。

【任务处理】

记账凭证

2020 年 11 月 10 日　　　　　　　　　　　记字 19 号

摘要	会计科目	借方金额	贷方金额	√
赊销产品	应收账款——广东莱福食品有限公司	1 284 019.00		
	主营业务收入——牛油面包		216 000.00	
	主营业务收入——奶油面包		367 500.00	
	主营业务收入——鸳鸯饼干		352 800.00	
	主营业务收入——苏打饼干		200 000.00	
	应交税费——应交增值税（销项税额）		147 719.00	
合计		¥1 284 019.00	¥1 284 019.00	

附单据 3 张

财务主管：　　记账：　　出纳：　　审核：　　制单：罗红梅

图 3-225　记账凭证

【例 3-47】本例涉及的资料如图 3-226～图 3-229 所示。

【任务资料】

购 销 合 同

合同编号： XSW002192

供货单位（甲方）： 北京兴旺食品有限公司
购货单位（乙方）： 苏州宝青食品有限公司

根据《中华人民共和国合同法》及国家相关法律、法规之规定，甲乙双方本着平等互利的原则，就甲方购买乙方货物一事达成以下协议。

一、货物的名称、数量及价格：

货物名称	规格型号	单位	数量	单价	金额	税率	价税合计
牛油面包		kg	7000	36.00	252,000.00	13%	284,760.00
奶油面包		kg	8600	49.00	421,400.00	13%	476,182.00
鸳鸯饼干		kg	8800	56.00	492,800.00	13%	556,864.00
苏打饼干		kg	9600	25.00	240,000.00	13%	271,200.00
合计（大写）	壹佰伍拾捌万玖仟零陆元整						¥1,589,006.00

二、交货方式和费用承担：交货方式： 销货方送货 ，交货时间： 2020年11月17日 前，交货地点： 北京市西城区张天街122号 ，运费由 卖方 承担。

三、付款时间与付款方式： 自收到货后，一个月内支付货款 。

四、质量异议期：订货方对供货方的货物质量有异议时，应在收到货物后 15 日内提出，逾期视为货物质量合格。

五、未尽事宜经双方协商可作补充协议，与本合同具有同等效力。

六、本合同自双方签字、盖章之日起生效；本合同壹式贰份，甲乙双方各执壹份。

甲方（签章）：　　　　　　　　　　　　　乙方（签章）：
授权代表：　　　　　　　　　　　　　　　授权代表：
地　　址：　　　　　　　　　　　　　　　地　　址：
电　　话：　　　　　　　　　　　　　　　电　　话：
日　　期： 2020 年 11 月 10 日　　　　　日　　期： 2020 年 11 月 10 日

图 3-226　购销合同

销 售 单

购货单位： 北京兴旺食品有限公司　　地址和电话： 北京市西城区张天街122号，010-82162509　　单据编号： 202011004
纳税识别号： 911101027983721312　　开户行及账号： 交通银行北京西城支行，410073243448021123324　　制单日期： 2020年11月17日

编码	产品名称	规格	单位	单价	数量	金额	备注
4001	牛油面包		kg	36.00	7000	252,000.00	不含税金额
4002	奶油面包		kg	49.00	8600	421,400.00	
4003	鸳鸯饼干		kg	56.00	8800	492,800.00	
4004	苏打饼干		kg	25.00	9600	240,000.00	
合计	人民币（大写）： 壹佰肆拾万陆仟贰佰元整					¥1,406,200.00	

总经理： 胡国明　　销售经理：　　　经手人：　　　会计：　　　签收人： 黄雪菲

图 3-227　销售单

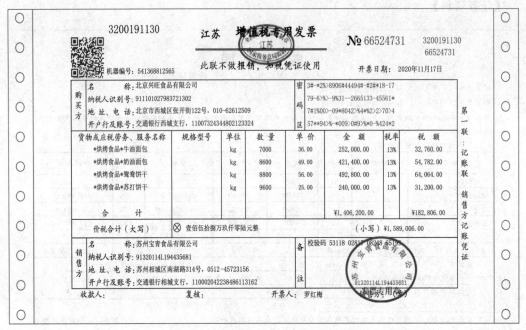

图 3-228 增值税专用发票（记账联）

【任务描述】2020年11月17日，苏州宝青食品有限公司向北京兴旺食品有限公司销售产品一批，货款尚未收到。

【任务处理】

记账凭证

2020年11月17日　　　　　　　　　　　　　　　记字 25 号

摘要	会计科目	借方金额	贷方金额	√
赊销产品	应收账款——北京兴旺食品有限公司	1 589 006.00		
	主营业务收入——牛油面包		252 000.00	
	主营业务收入——奶油面包		421 400.00	
	主营业务收入——鸳鸯饼干		492 800.00	
	主营业务收入——苏打饼干		240 000.00	
	应交税费——应交增值税（销项税额）		182 806.00	
合计		¥1 589 006.00	¥1 589 006.00	

财务主管：　　　记账：　　　出纳：　　　审核：　　　制单：罗红梅

附单据 3 张

图 3-229　记账凭证

【例 3-48】本例涉及的资料如图 3-230～图 3-233 所示。

【任务资料】

购 销 合 同

合同编号：13039237

供货单位（甲方）：北京多乐食品有限公司
购货单位（乙方）：苏州宝青食品有限公司

根据《中华人民共和国合同法》及国家相关法律、法规之规定，甲乙双方本着平等互利的原则，就甲方购买乙方货物一事达成以下协议。

一、货物的名称、数量及价格：

货物名称	规格型号	单位	数量	单价	金额	税率	价税合计
牛油面包		kg	11000	36.00	396,000.00	13%	447,480.00
奶油面包		kg	26000	49.00	1,274,000.00	13%	1,439,620.00
鸳鸯饼干		kg	23000	56.00	1,288,000.00	13%	1,455,440.00
苏打饼干		kg	18000	25.00	450,000.00	13%	508,500.00
合计（大写）	叁佰捌拾伍万壹仟零肆拾元整						¥3,851,040.00

二、交货方式和费用承担：交货方式：购货方自行提货，交货时间：2020年11月26日 前，
交货地点：北京市朝阳区王连街梁永路33号，运费由 买方 承担。

三、付款时间与付款方式：自收到货后，一个月内支付货款。

四、质量异议期：订货方对供货方的货物质量有异议时，应在收到货物后 15 日内提出，逾期视为货物质量合格。

五、未尽事宜经双方协商可作补充协议，与本合同具有同等效力。

六、本合同自双方签字、盖章之日起生效。本合同壹式贰份，甲乙双方各执壹份。

甲方（签章）：	乙方（签章）：
授权代表：	授权代表：
地　址：	地　址：
电　话：	电　话：
日　期：2020 年 11 月 04 日	日　期：2020 年 11 月 04 日

图 3-230　购销合同

销 售 单

购货单位：北京多乐食品有限公司　　地址和电话：北京市朝阳区王连街梁永路33号 010-71324772　　单据编号：202011005
纳税识别号：911101051891169255　　开户行及账号：交通银行北京朝阳支行，110073124192499692191　　制单日期：2020年11月26日

编码	产品名称	规格	单位	单价	数量	金额	备注
4001	牛油面包		kg	36.00	11000	396,000.00	不含税金额
4002	奶油面包		kg	49.00	26000	1,274,000.00	
4003	鸳鸯饼干		kg	56.00	23000	1,288,000.00	
4004	苏打饼干		kg	25.00	18000	450,000.00	
合计	人民币（大写）：叁佰肆拾万捌仟元整					¥3,408,000.00	

总经理：胡国明　　销售经理：　　经手人：　　会计：　　签收人：黄雪菲

图 3-231　销售单

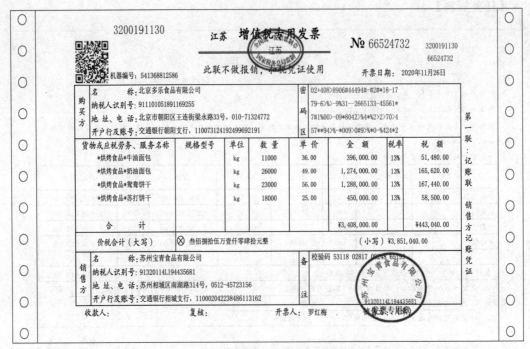

图 3-232 增值税专用发票（记账联）

【任务描述】2020年11月26日，苏州宝青食品有限公司向北京多乐食品有限公司销售产品一批，货款尚未收到。

【任务处理】

记账凭证

2020年11月26日   记字32号

摘要	会计科目	借方金额	贷方金额	√
赊销产品	应收账款——北京多乐食品有限公司	3 851 040.00		
	主营业务收入——牛油面包		396 000.00	
	主营业务收入——奶油面包		1 274 000.00	
	主营业务收入——鸳鸯饼干		1 288 000.00	
	主营业务收入——苏打饼干		450 000.00	
	应交税费——应交增值税（销项税额）		443 040.00	
合计		¥3 851 040.00	¥3 851 040.00	

附单据3张

财务主管：　　记账：　　出纳：　　审核：　　制单：罗红梅

图 3-233 记账凭证

【例3-49】（现销业务）本例涉及的资料如图3-234～图3-237所示。

【任务资料】

江苏 增值税专用发票

3200191130　　№ 66524733　　3200191130
　　　　　　　　　　　　　　　　　　　66524733

机器编号：541368812987　　此联不做报销，扣税凭证使用　　开票日期：2020年11月30日

	购买方	
名　称：	苏州奥加食品有限公司	
纳税人识别号：	91320158288454504504	
地　址、电　话：	苏州市相城区太湖路33号，0512-65594411	
开户行及账号：	工商银行相城支行，110000374194209217828	

密码区：06+308>8906#44494#-#2#*18-17 56-6)%>-9%31--2665133-45561* 7#1%00>-09*8042)%4*%2)2>70)4 57**94)%-*009)0#9)%%*0-%424*2

货物或应税劳务、服务名称	规格型号	单位	数量	单价	金额	税率	税额
*烘烤食品*牛油面包		kg	100	10.00	1,000.00	13%	130.00
*烘烤食品*奶油面包		kg	50	10.00	500.00	13%	65.00
*烘烤食品*鸳鸯饼干		kg	60	10.00	600.00	13%	78.00
*烘烤食品*苏打饼干		kg	120	10.00	1,200.00	13%	156.00
合　　计					¥3,300.00		¥429.00

价税合计（大写）　叁仟柒佰贰拾玖元整　　（小写）¥3,729.00

	销售方	
名　称：	苏州宝青食品有限公司	
纳税人识别号：	91320114L194435681	
地　址、电　话：	苏州相城区南湖路314号，0512-45723156	
开户行及账号：	交通银行相城支行，110002042238486113162	

备注：校验码 53118 02811 08248 65199

收款人：　　　复核：　　　开票人：罗红梅

第一联：记账联 销售方记账凭证

图 3-234　增值税专用发票（记账联）

销售单

购货单位：	苏州奥加食品有限公司	地址和电话：	苏州市相城区太湖路22号，0512-65594411	单据编号：	202011010
纳税识别号：	苏州奥加食品有限公司	开户行及账号：	工商银行相城支行，110000374194209217828	制单日期：	2020年11月30日

编码	产品名称	规格	单位	单价	数量	金额	备注
4001	牛油面包		kg	10.00	100	1,000.00	不含税金额
4002	奶油面包		kg	10.00	50	500.00	
4003	鸳鸯饼干		kg	10.00	60	600.00	
4004	苏打饼干		kg	10.00	120	1,200.00	
合计	人民币（大写）叁仟叁佰元整					¥3,300.00	

总经理：胡国明　　销售经理：陈德文　　经手人：王远山　　会计：罗红梅　　签收人：黄雪菲

图 3-235　销售单

交通银行电子回单凭证

回单编号：818422353388	回单类型：网银业务	业务名称：
凭证种类：	凭证号码：	借贷标志：借记　　回单格式码：S

账号：110002042238486113162　　开户行名称：交通银行相城支行
户名：苏州宝青食品有限公司
对方账号：110000374194209217828　　开户行名称：工商银行相城支行
对方户名：苏州奥加食品有限公司
币种：CNY　　金额：3729.00　　金额大写：叁仟柒佰贰拾玖元整
兑换信息：兑换信息　　币种：　　金额：0.00　　牌价：0.00　　币种：　　金额：0.00
摘要：工资
附加信息：

图 3-236　银行电子回单

【任务描述】2020年11月30日,苏州宝青食品有限公司向北京奥加有限公司销售过期产品一批,货款已收。

【任务处理】

记账凭证

2020年11月30日　　　　　　　　　　　　　　　记字49号

摘要	会计科目	借方金额	贷方金额	√
现销过期产品	银行存款	3 729.00		
	主营业务收入——牛油面包		1 000.00	
	主营业务收入——奶油面包		500.00	
	主营业务收入——苏打饼干		600.00	
	主营业务收入——鸳鸯饼干		1 200.00	
	应交税费——应交增值税(销项税额)		429.00	
合计		¥3 729.00	¥3 729.00	

附单据3张

财务主管：　　　记账：　　　出纳:林小倩　　　审核：　　　制单:罗红梅

图3-237　记账凭证

【工作任务——核算收回货款业务】

【例3-50】本例涉及的资料如图3-238和图3-239所示。

【任务资料】

交通银行电子回单凭证

回单编号:818422353390	回单类型:网银业务	业务名称:
凭证种类:	凭证号码:	借贷标志:借记　回单格式码:S
账号:110020422384861113162	开户行名称:交通银行相城支行	
户名:苏州宝青食品有限公司		
对方账号:410024996724996735560	开户行名称:交通银行江门江海支行	
对方户名:广东莱福食品有限公司		
币种:CNY	金额:2618500.00	金额大写:贰佰陆拾壹万捌仟伍佰元整
兑换信息:兑换信息	币种:　金额:0.00	牌价:0.00　金额:0.00
摘要:工资		
附加信息:		

图3-238　银行电子回单

【任务描述】2020年11月5日,苏州宝青食品有限公司收回广东莱福食品有限公司上月货款。

【任务处理】

记账凭证

2020 年 11 月 05 日　　　　　　　　　　记字 11 号

摘要	会计科目	借方金额	贷方金额	√	附单据1张
收回货款	银行存款	2 618 500.00			
	应收账款——广东莱福食品有限公司		2 618 500.00		
合计		¥2 618 500.00	¥2 618 500.00		

财务主管：　　　　记账：　　　　出纳：林小倩　　　　审核：　　　　制单：罗红梅

图 3-239　记账凭证

【例 3-51】本例涉及的资料如图 3-240 和图 3-241 所示。

【任务资料】

交通银行电子回单凭证

回单编号：818422353394	回单类型：网银业务		业务名称：	
凭证种类：	凭证号码：	借贷标志：借记	回单格式码：S	
账号：1100020422384 86113162	开户行名称：交通银行相城支行			
户名：苏州宝青食品有限公司				
对方账号：1100732434480212333249	开户行名称：交通银行北京朝阳支行			
对方户名：北京兴旺食品有限公司				
币种：CNY	金额：1618000.00	金额大写：壹佰陆拾壹万捌仟元整		
兑换信息：兑换信息	币种：	金额：0.00	牌价：0.00	金额：0.00
摘要：工资				
附加信息：				

图 3-240　银行电子回单

【任务描述】2020 年 11 月 20 日，苏州宝青食品有限公司收回北京兴旺食品有限公司上月货款。

【任务处理】

记账凭证

2020 年 11 月 20 日　　　　　　　　　　记字 28 号

摘要	会计科目	借方金额	贷方金额	√	附单据1张
收回货款	银行存款	1 618 000.00			
	应收账款——北京兴旺食品有限公司		1 618 000.00		
合计		¥1 618 000.00	¥1 618 000.00		

财务主管：　　　　记账：　　　　出纳：林小倩　　　　审核：　　　　制单：罗红梅

图 3-241　记账凭证

【工作任务——核算材料销售收入业务】

【例 3-52】本例涉及的资料如图 3-242~图 3-245 所示。

【任务资料】

图 3-242 增值税专用发票（记账联）

图 3-243 销售单

图 3-244 银行电子回单

【任务描述】2020 年 11 月 30 日，苏州宝青食品有限公司向苏州奥加食品有限公司销售多余材料。

【任务处理】

记账凭证
2020 年 11 月 30 日　　　　　　　　　　　记字 50 号

摘要	会计科目	借方金额	贷方金额	√
销售材料	银行存款	3 729.00		附单据3张
	其他业务收入——高筋面粉		2 068.00	
	其他业务收入——中筋面粉		1 232.00	
	应交税费——应交增值税(销项税额)		429.00	
合计		￥3 729.00	￥3 729.00	

财务主管：　　　　记账：　　　　出纳：　　　　审核：　　　　制单：罗红梅

图 3-245　记账凭证

【工作任务——核算结转产品销售成本业务】

【例 3-53】本例涉及的资料如图 3-246～图 3-252 所示。

【任务资料】

出 库 单

出货单位：苏州宝青食品有限公司　　日期：2020年11月04日　　单号：CK20201101

提货单位（部门）：上海精益食品有限公司　　销售单号：XSW002190　　发货仓库：成品库　　出库日期：2020年11月04日

编码	名称	规格	单位	数量		单价	金额	
				应发	实发			
4001	牛油面包		kg	9000	9000	36.00	324,000.00	会计联
4002	奶油面包		kg	8000	8000	49.00	392,000.00	
4003	鸳鸯饼干		kg	6000	6000	56.00	336,000.00	
4004	苏打饼干		kg	10000	10000	25.00	250,000.00	
合计	人民币（大写）：壹佰叁拾万贰仟元整						￥1,302,000.00	

部门经理：陈德文　　会计：罗红梅　　仓库：柯大云　　经办人：王远山

图 3-246　出库单

出 库 单

出货单位：苏州宝青食品有限公司　　日期：2020年11月10日　　单号：CK20201102

提货单位（部门）：广东莱福食品有限公司　　销售单号：XSW002191　　发货仓库：成品库　　出库日期：2020年11月10日

编码	名称	规格	单位	数量		单价	金额	
				应发	实发			
4001	牛油面包		kg	6000	6000	36.00	216,000.00	会计联
4002	奶油面包		kg	7500	7500	49.00	367,500.00	
4003	鸳鸯饼干		kg	6300	6300	56.00	352,800.00	
4004	苏打饼干		kg	8000	8000	25.00	200,000.00	
合计	人民币（大写）：壹佰壹拾叁万陆仟叁佰元整						￥1,136,300.00	

部门经理：陈德文　　会计：罗红梅　　仓库：柯大云　　经办人：王远山

图 3-247　出库单

出 库 单

出货单位：苏州宝青食品有限公司　　日期：2020年11月17日　　单号：CK20201103

提货单位（部门）：北京兴旺食品有限公司　　销售单号：XSW002192　　发货仓库：成品库　　出库日期：2020年11月17日

编码	名称	规格	单位	数量		单价	金额
				应发	实发		
4001	牛油面包		kg	7000	7000	36.00	252,000.00
4002	奶油面包		kg	8600	8600	49.00	421,400.00
4003	鸳鸯饼干		kg	8800	8800	56.00	492,800.00
4004	苏打饼干		kg	9600	9600	25.00	240,000.00
合计	人民币（大写）：	壹佰肆拾万陆仟贰佰元整					¥1,406,200.00

部门经理：陈德文　　会计：罗红梅　　仓库：柯大云　　经办人：王远山

会计联

图 3-248　出库单

出 库 单

出货单位：苏州宝青食品有限公司　　日期：2020年11月26日　　单号：CK20201104

提货单位（部门）：北京多乐食品有限公司　　销售单号：13039237　　发货仓库：成品库　　出库日期：2020年11月26日

编码	名称	规格	单位	数量		单价	金额
				应发	实发		
4001	牛油面包		kg	11000	11000	36.00	396,000.00
4002	奶油面包		kg	26000	26000	49.00	1,274,000.00
4003	鸳鸯饼干		kg	23000	23000	56.00	1,288,000.00
4004	苏打饼干		kg	18000	18000	25.00	450,000.00
合计	人民币（大写）：	叁佰肆拾万捌仟元整					¥3,408,000.00

部门经理：陈德文　　会计：罗红梅　　仓库：柯大云　　经办人：王远山

会计联

图 3-249　出库单

出 库 单

出货单位：苏州宝青食品有限公司　　日期：2020年11月30日　　单号：CK20201105

提货单位（部门）：苏州奥加食品有限公司　　销售单号：202011010　　发货仓库：成品库　　出库日期：2020年11月30日

编码	名称	规格	单位	数量		单价	金额
				应发	实发		
4001	牛油面包		kg	100	100	10.00	1,000.00
4002	奶油面包		kg	50	50	10.00	500.00
4003	鸳鸯饼干		kg	60	60	10.00	600.00
4004	苏打饼干		kg	120	120	10.00	1,200.00
合计	人民币（大写）：	叁仟叁佰元整					¥3,300.00

部门经理：陈德文　　会计：罗红梅　　仓库：柯大云　　经办人：王远山

会计联

图 3-250　出库单

销售产品成本计算单

2020 年 11 月 30 日

产品名称	期初结存		本期完工		本期销售数量/kg	期末结存数量/kg	单位加权成本/元	销售成本/元	期末结存成本/元
	数量/kg	金额/元	数量/kg	金额/元					
牛油面包	9 000	188 010.00	50 000	1 020 715.00	33 100	25 900	20.48	677 888.00	530 837.00
奶油面包	19 900	562 971.00	80 000	2 221 878.00	50 150	48 850	28.13	1 410 719.50	1 374 129.50
鸳鸯饼干	6 280	245 673.60	60 000	2 366 792.80	44 160	22 120	39.42	1 740 787.20	871 679.20
苏打饼干	12 100	149 072.00	55 000	682 171.88	45 720	21 380	12.39	566 470.80	264 773.08
合计		1 145 726.60		6 291 557.68				4 395 865.50	3 041 418.78

审核：米才经　　　　　　　　　　　　　　　　　　　　　　　　　　　制单：罗红梅

图 3-251　销售产品成本计算单

【任务描述】2020 年 11 月 30 日，苏州宝青食品有限公司计算已销产品成本。

【任务处理】

记账凭证

2020 年 11 月 30 日　　　　　　　　　　　　　　　　　　　　　　　　　记字 51 号

摘要	会计科目	借方金额	贷方金额	√
结转完工产品成本	主营业务成本——牛油面包	677 888.00		
	主营业务成本——奶油面包	1 410 719.50		
	主营业务成本——鸳鸯饼干	1 740 787.20		
	主营业务成本——苏打饼干	566 470.80		
	库存商品——牛油面包		677 888.00	
	库存商品——奶油面包		1 410 719.50	
	库存商品——鸳鸯饼干		1 740 787.20	
	库存商品——苏打饼干		566 470.80	
合计		¥4 395 865.50	¥4 395 865.50	

附单据 6 张

财务主管：　　　　记账：　　　　出纳：　　　　审核：　　　　制单：罗红梅

图 3-252　记账凭证

【工作任务——核算结转材料销售成本业务】

【例 3-54】本例涉及的资料如图 3-253～图 3-255 所示。

【任务资料】

出库单

出货单位：苏州宝青食品有限公司　　日期：2020年11月30日　　单号：CK20201106

提货单位（部门）：苏州奥加食品有限公司　　销售单号：202011011　　发货仓库：原材料库　　出库日期：2020年11月30日

编码	名称	规格	单位	数量		单价	金额
				应发	实发		
1101	高筋面焙		kg	400	400	5.17	2,068.00
1102	中筋面粉		kg	320	320	3.85	1,232.00
合计	人民币（大写）：叁仟叁佰元整						¥3,300.00

部门经理：陈德文　　会计：罗红梅　　仓库：柯大云　　经办人：王远山

会计联

图 3-253　出库单

其他业务成本计算单

2020 年 11 月 30 日

材料名称	数量/kg	单位成本/元	总成本/元
高筋面粉	400	5.25	2 100.00
中筋面粉	320	3.78	1 209.60

图 3-254 其他业务成本计算单

【任务描述】2020 年 11 月 30 日,苏州宝青食品有限公司结转已销材料成本。

【任务处理】

记账凭证

2020 年 11 月 30 日   记字 52 号

摘要	会计科目	借方金额	贷方金额	√
结转完工产品成本	其他业务成本——高筋面粉	2 100.00		
	其他业务成本——中筋面粉	1 209.60		
	原材料——高筋面粉		2 100.00	
	原材料——中筋面粉		1 209.60	
合计		¥3 309.602	¥3 309.60	

附单据 1 张

财务主管:　　　记账:　　　出纳:　　　审核:　　　制单:罗红梅

图 3-255 记账凭证

【工作任务——核算销售费用业务】

1. 支付运输费用

【例 3-55】本例涉及的资料如图 3-256～图 3-260 所示。

【任务资料】

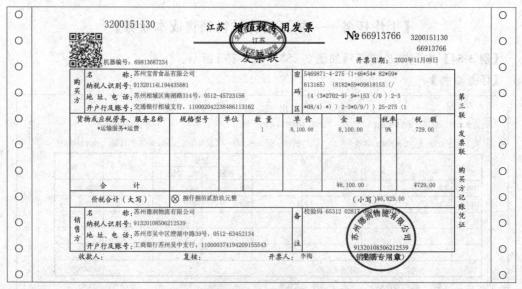

图 3-256 增值税专用发票(发票联)

付款申请书

2020 年 11 月 08 日填 　　　　字　　号

收款单位	苏州德润物流有限公司	付款原因
账　号	110000374194209158543	支付运费
开户行	工商银行苏州吴中支行	
金　额	零佰零拾零万捌仟捌佰贰拾玖元零角零分	
附件　　　张	金额(小写)　¥8,829.00	
审批	财务	

财务主管 米才经　　记账 罗红梅　　复核　　出纳 林小倩　　制单 王虹

图 3-257　付款申请书

图 3-258　转账支票存根

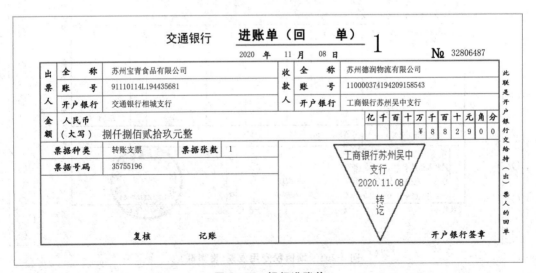

图 3-259　银行进账单

【任务描述】2020年11月8日,苏州宝青食品有限公司支付苏州德润物流有限公司运输费。

【任务处理】

记账凭证

2020年11月08日　　　　　　　　　　　　　　　　　　记字13号

摘要	会计科目	借方金额	贷方金额	√
支付运输费	销售费用——物流费	8 100.00		
	应交税费——应交增值税(进项税额)	729.00		
	银行存款		8 829.00	
合计		¥8 829.00	¥8 829.00	

附单据4张

财务主管：　　　记账：　　　出纳：林小倩　　　审核：　　　制单：罗红梅

图 3-260　记账凭证

2. 支付广告费用

【例3-56】本例涉及的资料如图3-261~图3-265所示。

【任务资料】

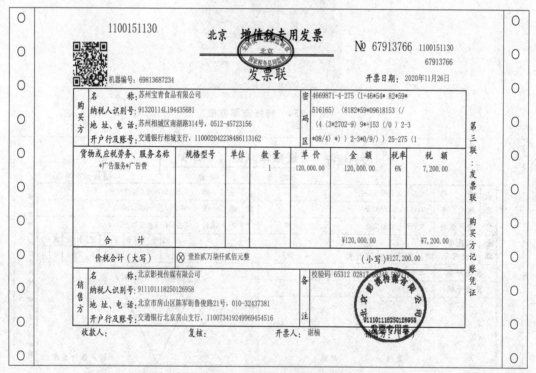

图 3-261　增值税专用发票(发票联)

付款申请书

2020 年 11 月 26 日填　　　　字　　号

收款单位	北京影视传媒有限公司		付款原因
账　号	110073419249969454516		支付广告费
开户行	交通银行北京房山支行		
金　额	零佰壹拾贰万柒仟贰佰零拾零元零角零分		
附　件	张	金额(小写) ¥127,200.00	
审批		财务	

财务主管 米才经　　记账 罗红梅　　复核　　　出纳 林小倩　　制单 谈晓晓

图 3-262　付款申请书

图 3-263　转账支票存根

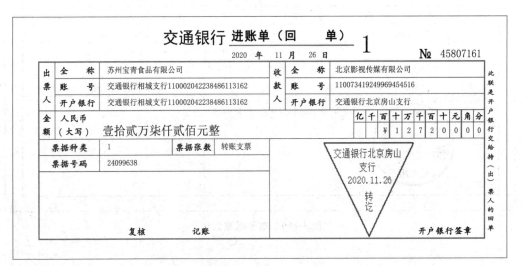

图 3-264　进账单回单联

【任务描述】2020年11月26日,苏州宝青食品有限公司支付北京影视传媒有限公司广告费。

【任务处理】

记账凭证

2020年11月26日　　　　　　　　　　　　　　　　　　记字33号

摘要	会计科目	借方金额	贷方金额	√
支付广告费	销售费用——业务宣传费	120 000.00		
	应交税费——应交增值税——进项税额	7 200.00		
	银行存款		127 200.00	
合计		¥127 200.00	¥127 200.00	

附单据4张

财务主管：　　　记账：　　　出纳：林小倩　　　审核：　　　制单：罗红梅

图 3-265　记账凭证

【工作任务——核算各项税费业务】

【例3-57】(缴纳上月税费)本例涉及的资料如图3-266~图3-269所示。

【任务资料】

电子缴款凭证

打印日期：2020年11月15日　　　国 303859908440

纳税人识别号	91320114L194435681		税务征收机关	国家税务总局苏州相城区税务局		
纳税人全称	苏州宝青食品有限公司		开户银行	交通银行相城支行		
			银行账号	110002042238486113162		
系统税票号	征(费)种	税(品)目	所属时期起	所属时期止	实缴金额	缴款日期	备注
	城市维护建设税		2020年10月01日	2020年10月31日	15,953.81	2020年11月15日	
	教育费附加		2020年10月01日	2020年10月31日	6,837.35	2020年11月15日	
	地方教育费附加		2020年10月01日	2020年10月31日	4,558.23	2020年11月15日	
金额合计	(大写)贰万柒仟叁佰肆拾玖元叁角玖分				¥27,349.39		

本缴款凭证仅作为纳税人记账核算凭证使用，电子缴税的需与银行对账单电子划缴记录核对一致方有效。纳税人如需汇总开具正式完税证明，请凭税务登记证或身份证明到主管税务机关开具。

国家税务总局苏州相城区税务局
税务机关（电子章）
征税专用章

图 3-266　电子缴款凭证

电子缴款凭证

打印日期：2020年11月15日　　国 303859908441

纳税人识别号	91320114L194435681			税务征收机关		国家税务总局苏州相城区税务局		
纳税人全称	苏州宝青食品有限公司			开户银行		交通银行相城支行		
				银行账号		110002042238486113162		
系统税票号	征（费）种	税（品）目	所属时期起	所属时期止	实缴金额	缴款日期	备注	
	个人所得税		2020年10月01日	2020年10月31日	2,334.07	2020年11月15日		
金额合计	（大写）贰仟叁佰叁拾肆元零柒分					￥2,334.07		
本缴款凭证仅作为纳税人记账核算凭证使用，电子缴款的需与银行对账单电子划缴记录核对一致方有效。纳税人如需开具正式完税证明，请凭税务登记证或身份证明到主管税务机关开具。								

图 3-267　电子缴款凭证

电子缴款凭证

打印日期：2020年11月15日　　国 303859908442

纳税人识别号	91320114L194435681			税务征收机关		国家税务总局苏州相城区税务局		
纳税人全称	苏州宝青食品有限公司			开户银行		交通银行相城支行		
				银行账号		110002042238486113162		
系统税票号	征（费）种	税（品）目	所属时期起	所属时期止	实缴金额	缴款日期	备注	
	增值税		2020年10月01日	2020年10月31日	227,911.60	2020年11月15日		
金额合计	（大写）贰拾贰万柒仟玖佰壹拾壹元陆角整					￥227,911.60		
本缴款凭证仅作为纳税人记账核算凭证使用，电子缴款的需与银行对账单电子划缴记录核对一致方有效。纳税人如需开具正式完税证明，请凭税务登记证或身份证明到主管税务机关开具。								

图 3-268　电子缴款凭证

【任务描述】2020年11月15日，苏州宝青食品有限公司支付上月各项附加税。

【任务处理】

记账凭证

2020 年 11 月 15 日　　　　　　　　　　　　　　　记字 24 号

摘要	会计科目	借方金额	贷方金额	√
缴纳税费	应交税费——应交城市维护建设税	15 953.81		
	应交税费——应交教育费附加	6 837.35		
	应交税费——应交地方教育费附加	4 558.23		
	应交税费——未交增值税	227 911.60		
	应交税费——应交个人所得税	2 334.07		
	银行存款		257 595.06	
合计		￥257 595.06	￥257 595.06	

附单据 3 张

财务主管：　　　记账：　　　出纳：林小倩　　　审核：　　　制单：罗红梅

图 3-269　记账凭证

【例3-58】（结转未交增值税）本例涉及的资料如图3-270和图3-271所示。

【任务资料】

未交增值税计算单

2020年11月30日　　　　　　　　　　　　　　　　　　　　　　　　　单位：元

项目	进项税额	销项税额	进项税额转出	本月应交增值税
增值税	739 785.37	943 683.00	0	203 897.63

审核：米才经　　　　　　　　　　　　　　　　　　　　　　　　　制单：罗红梅

图3-270　未交增值税计算单

【任务描述】2020年11月30日，苏州宝青食品有限公司增值税进行项税额根据图3-86、图3-98、图3-99、图3-108、图3-123、图3-128、图3-129、图3-137、图3-170、图3-177、图3-189、图3-193、图3-201、图3-260和图3-265汇总，增值税销项税额根据图3-221、图3-225、图3-229、图3-233、图3-237和图3-245汇总，转出本月未交增值税。

【任务处理】

记账凭证

2020年11月30日　　　　　　　　　　　　　　　　　　　　　　　　　记字53号

摘要	会计科目	借方金额	贷方金额	√
转出未交增值税	应交税费——应交增值税（转出未交增值税）	203 897.63		附单据1张
	应交税费——未交增值税		203 897.63	
合计		¥203 897.63	¥203 897.63	

财务主管：　　　　记账：　　　　出纳：　　　　审核：　　　　制单：罗红梅

图3-271　记账凭证

【例3-59】（计提城市维护建设税及教育费附加）本例涉及的资料如图3-272和图3-273所示。

【任务资料】

应交城市维护建设税与教育费附加计算单

2020年11月30日

税种	计税金额/元	税率/%	应纳税额/元
城市维护建设税	203 897.63	7	14 272.83
教育费附加	203 897.63	3	6 116.93
地方教育费	203 897.63	2	4 077.95
合计			24 467.71

审核：米才经　　　　　　　　　　　　　　　　　　　　　　　　　制单：罗红梅

图3-272　附加税计算单

【任务描述】2020年11月30日，苏州宝青食品有限公司计提城市维护建设税及教育费附加。

【任务处理】

记账凭证

2020 年 11 月 30 日　　　　　　　　　　　　　　　　　　　　　　　　记字 54 号

摘要	会计科目	借方金额	贷方金额	√	
计提城市维护建设税及教育费附加	税金及附加——城市维护建设税	14 272.83			附单据1张
	税金及附加——教育费附加	6 116.93			
	税金及附加——地方教育费附加	4 077.95			
	应交税费——应交城市维护建设税		14 272.83		
	应交税费——应交教育费附加		6 116.93		
	应交税费——应交地方教育费附加		4 077.95		
合计		￥24 467.71	￥24 467.71		

财务主管：　　　　记账：　　　　出纳：　　　　审核：　　　　制单：罗红梅

图 3-273　记账凭证

（四）销售过程业务核算账务处理归纳

销售过程业务核算账务处理归纳如表 3-4 所示。

表 3-4　销售过程业务核算账务处理

典型业务	业务细分		会计分录	备注
收入确认	现销		借：银行存款 　贷：主营业务收入——××产品 　　（其他业务收入——××材料） 　　应交税费——应交增值税（销项税额）	
	赊销	销售发生	借：应收账款/应收票据等 　贷：主营业务收入——××产品 　　（其他业务收入——××材料） 　　应交税费——应交增值税（销项税额）	
		收回欠款	借：银行存款 　贷：应收账款/应收票据等	
	预收销售	收到预收款	借：银行存款 　贷：预收账款——××单位	
		销售产品	借：预收账款——××单位 　贷：主营业务收入——××产品 　　应交税费——应交增值税（销项税额）	
		收到余款	借：银行存款 　贷：预收账款——××单位	
		退回余款	借：预收账款——××单位 　贷：银行存款	
成本结转			借：主营业务成本——××产品 　　（其他业务成本——××材料） 　贷：库存商品——××产品 　　原材料——××材料	

续表

典型业务	业务细分	会计分录	备注
主税及附加费确认		借：税金及附加 　　贷：应交税费——应交消费税 　　　　　　　——应交城市维护建设税 　　　　　　　——应交教育费附加 　　　　　　　——应交地方教育费附加	
销售费用结算		借：销售费用 　　贷：银行存款等	

六、利润形成与分配业务核算

（一）利润形成业务核算

1. 利润的构成

利润是指企业在一定会计期间（月度、季度、年度）从事生产经营活动所取得的盈利或发生的亏损。它是反映企业工作质量的一个重要指标，包括收入减去费用后的净额、直接计入当期损益的利得和损失等。

利润由营业利润、利润总额和净利润三个层次构成。

1) 营业利润

营业利润主要由企业的日常经营活动形成，是企业利润最主要、最稳定的来源。这一指标能够比较恰当地反映企业管理者的经营业绩，其计算公式为

营业利润＝营业收入－营业成本－税金及附加－期间费用－资产减值损失＋
　　　　公允价值变动收益－公允价值变动损失＋资产处置收益－资产处置损失＋
　　　　投资收益－投资损失

其中，

营业收入＝主营业务收入＋其他业务收入

营业成本＝主营业务成本＋其他业务成本

期间费用＝销售费用＋管理费用＋财务费用

期间费用是指企业日常活动中不能直接归属于某个特定成本核算对象的，即不能计入"生产成本"和"制造费用"账户，在发生时直接计入当期损益，即"本年利润"账户的各种费用，包括销售费用、管理费用和财务费用。

投资收益是指企业对外投资分得的利润或者股利及债券投资的利息收入。投资损失是指企业转让、出售股票、债券，其收回资金小于投出资金数额的差额。

2) 利润总额

利润总额又称税前会计利润，是指营业利润加上营业外收入，减去营业外支出后的金额，其计算公式为

利润总额＝营业利润＋营业外收入－营业外支出

营业外收入是指与企业生产经营无直接关系的各项收入，主要包括债务重组利得、与企

业日常活动无关的政府补助、盘盈利得、捐赠利得（企业接受股东或股东的子公司直接或间接的捐赠,经济实质属于股东对企业的资本性投入的除外）等。

营业外支出是指与企业生产经营无直接关系的各项支出,主要包括非流动资产处置损失、公益性捐赠支出、盘亏损失、非常损失、罚款支出等。

3) 净利润

净利润又称税后利润,是指利润总额减去企业所得税费用后的净额,其计算公式为

$$净利润＝利润总额－所得税费用$$

其中,

$$应交所得税＝应纳税所得额×适用所得税税率$$

特别说明,在会计的初步学习阶段,为了简化计算,假设企业税前会计利润与税法计算所得税的所得额无差异,两者金额相等,无纳税调整事项。此时,净利润计算公式简化为

$$净利润＝利润总额－利润总额×25\%$$

2. 账户设置

1) "本年利润"账户

"本年利润"账户属于所有者权益类账户,用于核算企业当年实现的净利润（或发生的净亏损）。它是由企业利润组成内容计算确定的,是企业从公历年1月至12月逐步累计而形成的动态指标。本年利润是一个汇总类账户,其贷方登记企业当期实现的各项收入,包括主营业务收入、其他业务收入、投资收益、补贴收入、营业外收入等;借方登记企业当期发生的各项费用与支出,包括主营业务成本、主营业务税金及附加、其他业务支出、营业费用、管理费用、财务费用、投资收益（净损失）、营业外支出、所得税等。该账户1月至11月可以出现借方或贷方余额,年度终了,应将本年利润净额或亏损净额结转至"利润分配"账户,结转后,本账户应无余额,其结构如图3-274所示。

借方	本年利润	贷方
或期初余额:本年累计实现的净利润		期初余额:本年累计实现的净利润
本期减少额: 　从损益类费用等账户转入的金额		本期增加额: 　从损益类收入等账户转入的金额
	年末结转后无余额	

图 3-274 "本年利润"账户结构

该账户无明细核算。

2) "投资收益"账户

"投资收益"账户属于损益类账户中的收入类账户,用于核算企业因为购买股票、债券、基金等有价证券而取得的收益或发生的损失,其结构如图3-275所示。

借方	投资收益	贷方
本期减少额: 　①发生的对外投资损失 　②期末转入"本年利润"账户的净收益		本期增加额: 　①取得的对外投资收益额 　②期末转入"本年利润"账户的净损失

图 3-275 "投资收益"账户结构

该账户按投资项目进行明细核算,例如"投资收益——长虹股票"。

3)"营业外收入"账户

"营业外收入"账户属于损益类账户中的收入类账户,用于核算企业发生的、与其经营活动无直接关系的各项收入,主要包括接受捐赠、非货币性资产交换利得、债务重组利得、罚没利得、确实无法支付而按规定程序经批准后转作营业外收入的应付款项等,其结构如图 3-276 所示。

借方	营业外收入	贷方
本期减少额: 　　期末转入"本年利润"账户的营业外收入数额		本期增加额: 　　企业确认的直接计入当期利润的利得

图 3-276 "营业外收入"账户结构

该账户按营业外收入项目进行明细核算,例如"营业外收入——捐赠所得"。

4)"营业外支出"账户

"营业外支出"账户属于损益类账户中的费用类账户,用于核算企业发生的与其经营活动无直接关系的各项净支出,包括处置非流动资产损失、非货币性资产交换损失、债务重组损失、罚款支出、捐赠支出、非常损失等,其结构如图 3-277 所示。

借方	营业外支出	贷方
本期增加额: 　　企业确认的直接计入当期利润的损失		本期减少额: 　　期末转入"本年利润"账户的营业外支出数额

图 3-277 "营业外支出"账户结构

该账户按照支出项目进行明细核算,例如"营业外支出——非常损失"。

5)"所得税费用"账户

"所得税费用"账户属于损益类账户中的费用类账户,用于核算企业根据所得税准则确认的、应从当期利润总额中扣除的所得税费用,其结构如图 3-278 所示。

借方	所得税费用	贷方
本期增加额: 　　资产负债表日,企业确认的所得税的费用		本期减少额: 　　期末转入"本年利润"账户的所得税费用数额

图 3-278 "所得税费用"账户结构

3. 业务核算

【工作任务——核算存款利息收入业务】

【例 3-60】本例涉及的资料如图 3-279~图 3-281 所示。

【任务资料】

图 3-279　存款利息清单

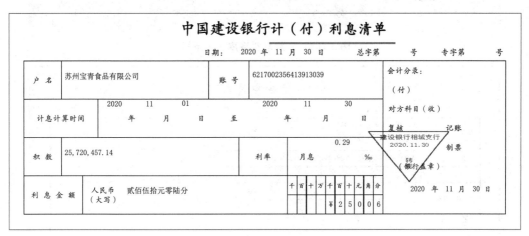

图 3-280　存款利息清单

【任务描述】2020 年 11 月 30 日，苏州宝青食品有限公司收到银行存款利息。

【任务处理】

记账凭证

2020 年 11 月 30 日　　　　　　　　　　　　　　　　　　　记字 55 号

摘要	会计科目	借方金额	贷方金额	√
收到存款利息	银行存款——交通银行相城支行	747.00		
	银行存款——建设银行相城支行	205.06		
	财务费用——利息收入		952.06	
合计		¥952.06	¥952.06	

财务主管：　　　　记账：　　　　出纳：林小倩　　　　审核：　　　　制单：罗红梅

附单据 2 张

图 3-281　记账凭证

【工作任务——核算捐赠支出业务】

【例3-61】本例涉及的资料如图3-282～图3-286所示。

【任务资料】

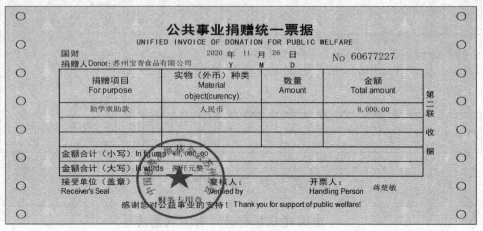

图3-282 公益事业捐赠统一票据

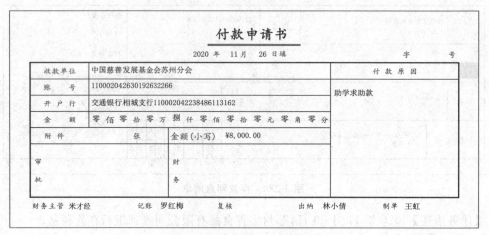

图3-283 付款申请书

图3-284 转账支票存根

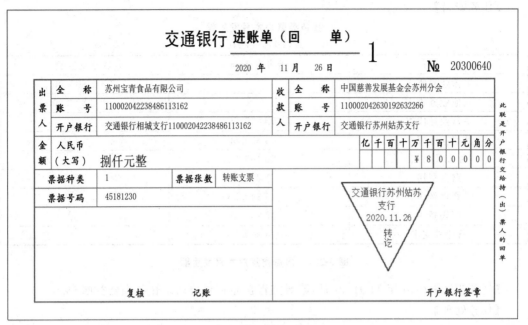

图 3-285 进账单回单联

【任务描述】2020 年 11 月 26 日,苏州宝青食品有限公司向中国慈善发展基金会北京分会捐资。

【任务处理】

记账凭证
2020 年 11 月 26 日　　　　　　　　　　记字 34 号

摘要	会计科目	借方金额	贷方金额	√
捐赠	营业外支出——捐赠支出	8 000.00		
	银行存款		8 000.00	
合计		￥8 000.00	￥8 000.00	

财务主管：　　　记账：　　　出纳：林小倩　　　审核：　　　制单：罗红梅

图 3-286　记账凭证

【工作任务——结转各项收入费用业务】

【例 3-62】本例涉及的资料如图 3-287~图 3-289 所示。

【任务资料】

损益类账户本月发生额
2020 年 11 月

账户名称	借方发生额	贷方发生额
主营业务收入		7 255 800.00
其他业务收入		3 300.00
主营业务成本	4 395 865.50	
其他业务成本	3 309.60	
税金及附加	24 467.71	
财务费用	1 250.00	952.06
管理费用	219 343.56	
销售费用	247 956.40	
营业外支出	8 000.00	

图 3-287 损益类账户本月发生额

【任务描述】2020 年 11 月 30 日,苏州宝青食品有限公司结转各损益类账户。

【任务处理】

记账凭证
2020 年 11 月 30 日　　　　　　　　　记字 56 1/2 号

摘要	会计科目	借方金额	贷方金额	√
结转收入类账户	主营业务收入	7 255 800.00		
	其他业务收入	3 300.00		
	本年利润		7 259 100.00	
合计		¥7 259 100.00	¥7 259 100.00	

附单据 1 张

财务主管：　　　记账：　　　出纳：　　　审核：　　　制单:罗红梅

图 3-288 记账凭证

记账凭证
2020 年 11 月 30 日　　　　　　　　　记字 56 2/2 号

摘要	会计科目	借方金额	贷方金额	√
结转费用类账户	本年利润	4 899 240.71		
	主营业务成本		4 395 865.50	
	其他业务成本		3 309.60	
	税金及附加		24 467.71	
	财务费用		297.94	
	管理费用		219 343.56	
	销售费用		247 956.40	
	营业外支出		8 000.00	
合计		¥4 899 240.71	¥4 899 240.71	

财务主管：　　　记账：　　　出纳：　　　审核：　　　制单:罗红梅

图 3-289 记账凭证

11月营业利润=(7 255 800.00+3 300.00)-(4 395 865.50+3 309.60)-24 467.71-297.94-219 343.56-247 956.40=2 367 859.29(元)

11月利润总额=2 367 859.29-8 000.00=2 359 859.29(元)

【工作任务——计提企业所得税】

【例3-63】本例涉及的资料如图3-290~图3-292所示。

【任务资料】

所得税费用计算单
2020年11月30日

应税项目	应纳税额	税率	应交所得税税额	备注
税前会计利润	2 367 859.29	25%	589 964.82	无纳税调整项目
合计			589 964.82	

审核:米才经　　　　　　　　　　　　　　　　　制单:罗红梅

图3-290　所得税费用计算单

【任务描述】2020年3月31日,苏州宝青食品有限公司按税法规定计算和结转企业所得税。

【任务处理】

记账凭证
2020年11月30日　　　　　　　　　　　　　　　记字57 1/2号

摘要	会计科目	借方金额	贷方金额	√
计提企业所得税	所得税费用	589 964.82		
	应交税费——应交企业所得税		589 964.82	
合计		¥589 964.82	¥589 964.82	

附单据1张

财务主管:　　　记账:　　　出纳:　　　审核:　　　制单:罗红梅

图3-291　记账凭证

记账凭证
2020年11月30日　　　　　　　　　　　　　　　记字57 2/2号

摘要	会计科目	借方金额	贷方金额	√
结转企业所得税	本年利润	589 964.82		
	所得税费用		589 964.82	
合计		¥589 964.82	¥589 964.82	

附单据0张

财务主管:　　　记账:　　　出纳:　　　审核:　　　制单:罗红梅

图3-292　记账凭证

(二)利润分配的业务核算

利润分配是指企业根据国家有关规定和企业章程、投资者协议等,对企业当年可供分配利润，指定其特定用途分配给投资者的行为。利润分配的过程和结果不仅关系到每个股东的合法权益是否得到保障，而且关系到企业的未来发展。

1. 利润分配的顺序

企业向投资者分配利润，应按一定的顺序进行。按照《中华人民共和国公司法》（以下简称《公司法》）的有关规定，利润分配应按下列顺序进行。

1) 计算可供分配的利润

企业在利润分配前，应根据本年净利润（或亏损）与年初未分配利润（或亏损）、其他转入的金额（如盈余公积弥补的亏损）等项目，计算可供分配的利润，即

可供分配的利润＝净利润（或亏损）＋年初未分配利润－弥补以前年度的亏损＋其他转入的金额

如果可供分配的利润为负数（即累计亏损），则不能进行后续分配；如果可供分配利润为正数（即累计盈利），则可进行后续分配。例如，若公司年初未分配利润为10万元，本年实现净利润200万元，可供分配的利润＝10＋200＝210（万元）；若公司年初未分配利润为－10万元，本年实现净利润200万元，可供分配的利润＝（－10）＋200＝190（万元）。这两种情况下，可供分配利润为正数（累计盈利），可以进行分配。若公司年初未分配利润为－310万元，本年实现净利润200万元，则可供分配利润为负数（即累计亏损），不进行分配。

2) 提取法定盈余公积

按照《公司法》的有关规定，法定盈余公积的提取以国家的法律或行政规章为依据，公司应当按照当年净利润（抵减年初累计亏损后）的10%提取法定盈余公积，可以用于弥补公司亏损，也可以用于扩大公司生产经营。

提取的法定盈余公积累计额超过注册资本50%以上的，可以不再提取。例如，上例中若公司年初未分配利润为10万元，本年实现净利润200万元，则按本年净利润200万元为基数进行分配；若公司年初未分配利润为－10万元，本年实现净利润200万元，则本年净利润＝200－10＝190（万元），以此为基数进行分配。

3) 提取任意盈余公积

公司提取法定盈余公积后，经股东会或者股东大会决议，还可以从净利润中提取任意盈余公积。任意盈余公积金属于合法权益，计提的目的是减少以后年度可供分配的利润，其主要用途是为了扩大再生产。任意盈余公积金计提标准由股东大会确定，如确因需要，经股东大会同意后，也可用于分配。

4) 向投资者分配利润（或股权）

企业可供分配的利润扣除提取的盈余公积后，形成可供投资者分配的利润，即

可供投资者分配的利润＝可供分配的利润－提取的盈余公积

企业可采用现金股利、股票股利和财产股利等形式向投资者分配利润（或股利）。

未分配的利润＝可供投资者分配的利润－向投资者分配的利润

未分配的利润是企业留待以后年度进行分配的利润或等待分配的利润，相对于所有者权益的其他部分而言，企业对于未分配利润的使用有较大的自主权。

2. 账户设置

1) "利润分配"账户

"利润分配"账户属于所有者权益类账户，用于核算企业利润的分配（或亏损的弥补）和

历年分配(或弥补亏损)后的结存余额,其结构如图3-293所示。

借方	利润分配	贷方
或期初余额:企业累计未弥补的亏损 本期减少额: 　　由"本年利润"账户转入的本年发生的净亏损 　　提取的盈余公积 　　分配给投资者的利润		期初余额:企业累计未分配的利润 本期增加额: 　　由"本年利润"账户转入的本年实现的净利润
或期末余额:企业累计未弥补的亏损		期末余额:企业累计未分配的利润

图3-293 "利润分配"账户结构

该账户分别设置"提取法定盈余公积""提取任意盈余公积""应付现金股利或利润""盈余公积补亏""转作股本的股利"和"未分配利润"等进行明细核算,以详细表示利润分配的过程,但年末应将"利润分配"账户下的其他明细账户的余额全部转入"未分配利润"明细账户,结转后,除"未分配利润"明细账户可能有余额外,其他各个明细账户均无余额。

2)"盈余公积"账户

"盈余公积"账户属于所有者权益类账户,用于核算企业从净利润中提取的盈余公积,其结构如图3-294所示。

借方	盈余公积	贷方
本期减少额: 　　用盈余公积弥补亏损 　　转增资本的数额		期初余额:企业累计提取的盈余公积 本期增加额: 　　按规定从税后净利润中提取的盈余公积
		期末余额:盈余公积的结存数额

图3-294 "盈余公积"账户结构

该账户分别设置"法定盈余公积""任意盈余公积"等进行明细核算。

3)"应付股利"账户

"应付股利"账户属于负债类账户,用于核算企业分配的现金股利或利润,其结构如图3-295所示。

借方	应付股利	贷方
本期减少额: 　　实际支付的现金股利或利润		期初余额:企业应付未付的现金股利或利润 本期增加额: 　　根据利润分配方案,企业应支付现金股利或利润
		期末余额:企业应付未付的现金股利或利润

图3-295 "应付股利"账户结构

该账户可按投资者进行明细核算,例如"应付股利——红星公司"。

3. 业务核算

本部分工作任务是核算苏州宝青食品有限公司2019年12月的净利润结转业务、利润分配及结转已分配利润业务,本任务所涉及的记账凭证单独编号。

【工作任务——核算结转本年净利润业务】

【例 3-64】本例涉及的资料,如图 3-296 所示。

【任务资料】2019 年 12 月 31 日,苏州宝青食品有限公司将本年实现净利润 15 650 000 元转入"利润分配"账户。

【任务处理】

记账凭证
2019 年 12 月 31 日　　　　　　　　　　　　　　　　　　记字 01 号

摘要	会计科目	借方金额	贷方金额	√
结转本年净利润	本年利润	15 650 000.00		
	利润分配——未分配利润		15 650 000.00	
合计		¥15 650 000.00	¥15 650 000.00	

附单据 0 张

财务主管：　　记账：　　出纳：　　审核：　　制单:罗红梅

图 3-296　记账凭证

【工作任务——核算提取盈余公积业务】

【例 3-65】本例涉及的资料,如图 3-297 和图 3-298 所示。

【任务资料】

利润分配单
2019 年 12 月 31 日

项目	分配率	金额
本年实现净利润		15 650 000.00
提取法定盈余公积金	10%	1 565 000.00
向投资者分配利润	30%	4 695 000.00
未分配利润		9 390 000.00

图 3-297　利润分配单

【任务描述】2019 年 12 月 31 日,苏州宝青食品有限公司按净利润的 10% 计提法定盈余公积金。

【任务处理】

记账凭证
2019 年 12 月 31 日　　　　　　　　　　　　　　　　　　记字 02 号

摘要	会计科目	借方金额	贷方金额	√
计提法定盈余公积金	利润分配——提取法定盈余公积	1 565 000.00		
	盈余公积——法定盈余公积		1 565 000.00	
合计		¥1 565 000.00	¥1 565 000.00	

附单据 1 张

财务主管：　　记账：　　出纳：　　审核：　　制单:罗红梅

图 3-298　记账凭证

【工作任务——核算向投资者分配利润业务】

【例 3-66】本例涉及的资料，如图 3-299 所示。

【任务描述】2019 年 12 月 31 日，苏州宝青食品有限公司按净利润的 30% 向投资者分配利润。

【任务处理】

记账凭证
2019 年 12 月 31 日   记字 03 号

摘要	会计科目	借方金额	贷方金额	√
计提法定盈余公积金	利润分配——应付利润	4 695 000.00		
	应付利润		4 695 000.00	
合计		¥4 695 000.00	¥4 695 000.00	

附单据 0 张

财务主管：　　　记账：　　　出纳：　　　审核：　　　制单：罗红梅

图 3-299　记账凭证

【工作任务——核算结转已分配利润业务】

【例 3-67】本例涉及的资料，如图 3-300 所示。

【任务描述】2019 年 12 月 31 日，苏州宝青食品有限公司结转已分配利润。

【任务处理】

记账凭证
2019 年 12 月 31 日   记字 04 号

摘要	会计科目	借方金额	贷方金额	√
结转已分配利润	利润分配——未分配利润	6 260 000.00		
	利润分配——提取法定盈余公积		1 565 000.00	
	利润分配——应付利润		4 695 000.00	
合计		¥6 260 000.00	¥6 260 000.000	

附单据 0 张

财务主管：　　　记账：　　　出纳：　　　审核：　　　制单：罗红梅

图 3-300　记账凭证

（三）利润形成及分配业务核算账务处理归纳

利润形成及分配业务核算账务处理归纳如表 3-5 所示。

表 3-5　利润形成及分配业务核算账务处理

典型业务	业务细分	会计分录
	确认营业外收入	借：相关科目 　贷：营业外收入
	确认营业外支出	借：营业外支出 　贷：相关科目

续表

典型业务	业务细分	会计分录
确认投资收益		借:相关科目 　　贷:投资收益
结转损益类账户	结转收入类账户	借:主营业务收入 　　其他业务收入 　　投资收益 　　营业外收入 　　贷:本年利润
	结转费用类账户	借:本年利润 　　贷:主营业务成本 　　其他业务成本 　　税金及附加 　　财务费用 　　管理费用 　　销售费用 　　资产减值损失 　　信用减值损失 　　营业外支出
计提所得税,并结转所得税		借:所得税费用 　　贷:应交税费——应交所得税 借:本年利润 　　贷:所得税费用
结转税后利润至"利润分配"账户		借:本年利润 　　贷:利润分配——未分配利润
税后利润分配	提取盈余公积	借:利润分配——提取法定盈余公积 　　　　　　——提取任意盈余公积 　　贷:盈余公积——法定盈余公积
	向投资者分配利润	借:利润分配——应付利润(股利) 　　贷:应付利润(股利)
	年终结转利润分配明细账户	借:利润分配——未分配利润 　　贷:利润分配——提取法定盈余公积 　　　　　　——提取任意盈余公积 　　　　　　应付利润(股利)
支付税款		借:应交税费——应交所得税 　　　　　　——未交增值税 　　　　　　——应交消费税 　　　　…… 　　贷:银行存款

【实操训练——根据发生的经济业务编制会计分录】

某企业 2019 年 12 月发生业务资料如下。

(1) 收到 A 公司的货币资金 300 000 元,款项已存入开户银行。

(2) 向工商银行借入期限为 1 年的借款 200 000 元,年利率为 6%。款项已划入存款账户。

(3) 从华龙公司购入丙材料 60 吨,单价 1 500 元,价款 90 000 元,增值税 11 700 元,价税款用银行存款支付,材料尚未验收入库。

(4) 上题从华龙公司购入的丙材料 60 吨如数验收入库。

(5) 用银行存款归还前欠华伟公司货款 20 000 元。

(6) 材料仓库发出原材料一批,共计 568 000 元,其中生产甲产品耗用 A 材料 200 000 元,B 材料 100 000 元;生产乙产品耗用 A 材料 90 000 元,B 材料 60 000 元;生产车间一般耗用 B 材料 48 000 元;厂部行政部门耗用 B 材料 70 000 元。

(7) 分配本月职工工资费用 198 000 元,其中生产甲产品的工人工资 80 000 元,生产乙产品工人工资 48 000 元,车间管理人员工资 10 000 元,行政管理部门人员工资 60 000 元。

(8) 向民生公司出售甲产品 1 700 件,单价 300 元,乙产品 1 200 件,单价 200 元,增值税 97 500 元。商品已经发出并开具发票,货款暂未收到。

(9) 结转本月销售甲、乙产品的产品成本。甲、乙产品的单位成本分别为 200 元和 120 元。

(10) 销售原材料一批,价款 18 000 元,增值税 2 340 元,货款收存银行。结转本题销售原材料的实际成本 15 000 元。

(11) 计算本月应交增值税,按 7% 的税率计算应交城市维护建设税,按 3% 的征收率计算应交教育费附加。

(12) 以银行存款支付产品广告费 20 000 元。

(13) 从被投资单位分得现金股利 30 000 元,存入银行。

(14) 以银行存款向有关慈善机构捐赠 36 000 元。

(15) 计提本月应付短期借款利息 2 750 元。

(16) 将本期各项收入及费用结转到"本年利润"账户。

(17) 根据本期利润总额,按照 25% 的税率计算本期应交所得税,将本期所得税费用结转到"本年利润"账户。

(18) 将"本年利润"账户余额结转到"利润分配"账户。

(19) 按本期净利润的 10% 计提法定盈余公积,按本期净利润的 60% 计提应向投资者分配的利润。

(20) 结转"利润分配"明细账户。

要求:根据以上业务编制会计分录。

任务四　传递与保管会计凭证

一、会计凭证传递

会计凭证的传递是指会计凭证从取得或者填制时起,经过审核、记账、装订至归档保管的全过程。会计凭证是由会计部门和各业务部门分散办理的,除作为记账依据外,还有其他用途。会计凭证的传递要满足传递程序合理、传递时间及时的要求。正确、合理地组织会计凭证的传递,对于及时处理和登记经济业务,协调单位内部各部门、各环节的工作,加强经营管理的岗位责任制,实行会计监督,具有重要的作用。会计凭证传递组织工作一般包括以下三个方面的内容。

1. 确定会计凭证的传递路线

各单位应根据经济业务的特点、机构设置、人员分工情况,以及经营管理上的需要,明确规定会计凭证的格式、联次及传递流程,既要使会计凭证经过必要的审核和处理,满足会计核算的要求,也要兼顾计划、统计、管理上的需要,还要避免会计凭证在不必要的环节停留,从而保证会计凭证沿着最简捷、最合理的路线传递。

2. 规定会计凭证的传递时间

会计凭证的传递时间是指各种凭证在各环节停留的最长时间,应根据各部门和有关人员在正常情况下办理经济业务所需时间合理确定。传递时间既要保证业务手续的完成,又要防止拖延和积压会计凭证,保证会计工作的正常秩序,提高工作效率。一切会计凭证的传递和处理,都应在报告期内完成,否则将会影响会计核算的及时性。

3. 明确会计凭证的传递手续

会计凭证的传递手续是指在凭证传递过程中的衔接手续。会计手续应该既完备严密,又简便易行。凭证的收发、交接都应按一定的手续制度办理,以保证会计凭证的安全和完整。

会计凭证的传递路线、传递时间和传递手续,还应根据实际情况的变化及时加以修改,以确保会计凭证传递的科学化、制度化。

二、会计凭证保管

会计凭证的保管是指会计凭证在登记入账后的整理、装订和归档备查。会计凭证是主要的会计核算资料,同时也是重要的经济档案和历史资料,各单位必须妥善保管,不得丢失或任意销毁,以备日后查阅。

(一) 会计凭证的日常保管

根据《会计基础工作规范要求》,会计凭证日常保管应做到如下要求。

(1) 会计凭证应当及时传递,不得积压。

(2) 会计凭证登记完毕后,应当按照分类和编号顺序保管,不得散乱丢失。

(3) 记账凭证应当连同所附的原始凭证或者原始凭证汇总表,按照编号顺序,折叠整齐,按期装订成册,并加具封面,注明单位名称、年度、月份和起讫日期、凭证种类、起讫号码,由装订人在装订线封签外签名或者盖章。对于数量过多的原始凭证,可以单独装订保管,在封面上注明记账凭证日期、编号、种类,同时在记账凭证上注明"附件另订"和原始凭证名称及编号。各种经济合同、存出保证金收据以及涉外文件等重要原始凭证,应当另编目录,单独登记保管,并在有关的记账凭证和原始凭证上相互注明日期和编号。

（4）原始凭证不得外借，其他单位如因特殊原因需要使用原始凭证时，经本单位会计机构负责人、会计主管人员批准，可以复制。向外单位提供的原始凭证复制件，应当在专设的登记簿上登记，并由提供人员和收取人员共同签名或者盖章。

（5）从外单位取得的原始凭证如有遗失，应当取得原开出单位盖有公章的证明，并注明原来凭证的号码、金额和内容等，由经办单位会计机构负责人、会计主管人员和单位领导人批准后，才能代作原始凭证。如果确实无法取得证明的，如火车、轮船、飞机票等凭证，由当事人写出详细情况，由经办单位会计机构负责人、会计主管人员和单位领导人批准后，代作原始凭证。

（二）会计凭证归档、查阅

日常管理过程中，应将装订成册的会计凭证交专人负责保管，年终决算后，则须将全年凭证移交档案室造册登记，归档集中保管。查阅档案室保管的凭证，应履行一定的审批手续，详细登记调阅凭证的名称、调阅日期、调阅人员的姓名、工作单位及调阅理由等，一般就地查阅。

（三）会计凭证销毁

会计凭证的保管期限及销毁手续，应严格按照《会计档案管理办法》的规定执行。原始凭证和记账凭证的保管期限均为30年。保管期未满，任何人不得随意销毁会计凭证。企业需定期对已到保管期限的会计档案进行鉴定，并形成会计档案鉴定意见书。对保管期满，确无保存价值的会计档案，可以销毁。

会计档案鉴定工作应当由单位档案管理机构牵头，组织单位会计、审计、纪检监察等机构或人员共同进行。可以销毁的会计档案，应当按照以下程序销毁：①单位档案管理机构编制会计档案销毁清册，列明拟销毁会计档案的名称、卷号、册数、起止年度、档案编号、应保管期限、已保管期限和销毁时间等内容；②单位负责人、档案管理机构负责人、会计管理机构负责人、档案管理机构经办人、会计管理机构经办人在会计档案销毁清册上签署意见；③单位档案管理机构负责组织会计档案销毁工作，并与会计管理机构共同派员监销。监销人在会计档案销毁前，应当按照会计档案销毁清册所列内容进行清点核对，在会计档案销毁后，应当在会计档案销毁清册上签名或盖章。

电子会计档案的销毁还应当符合国家有关电子档案的规定，并由单位档案管理机构、会计管理机构和信息系统管理机构共同派员监销。

保管期满但未结清的债权债务会计凭证和涉及其他未了事项的会计凭证不得销毁，纸质会计档案应当单独抽出立卷，电子会计档案单独转存，保管到未了事项完结时为止。单独抽出立卷或转存的会计档案，应当在会计档案鉴定意见书、会计档案销毁清册和会计档案保管清册中列明。

项目四 处理会计账簿

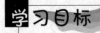

价值目标

1. 坚持会计信息的真实性、及时性、准确性；
2. 培养会计账簿设置登记的科学性和系统性；
3. 遵守对账工作规范，养成账实核对的习惯。

能力目标

1. 能够根据企业的规模大小、业务多少等确定账务处理程序；
2. 能够熟练登记各种账簿；
3. 能够熟练进行错账的更正；
4. 能够熟练进行账证、账账、账实的核对；
5. 能够运用恰当的方法进行财产清查，并完成财产清查的账务处理；
6. 能够按要求进行月末、季末和年末结账。

知识目标

1. 掌握账簿登记的规则；
2. 掌握各种账簿的设置和登记方法；
3. 掌握错账的更正技术以及对账和结账的技术方法；
4. 掌握财产清查的方法及财产清查结果的账务处理；
5. 了解账簿的更换和保管方法。

任务一 确定账务处理程序

实际会计工作中，一个单位要进行会计核算，及时、可靠、高效地提供财务信息，就必须按一定的路径将其会计凭证、会计账簿和会计报告等会计核算工作有机结合起来。而每个单位在规模大小、业务多少等方面都有所区别，需要根据自己的特点，设置不同的凭证、账簿和报表组织体系，并按不同的路径将它们结合起来，这样就形成了各种不同账务处理程序。

一、认识账务处理程序

(一) 账务处理程序的概念与意义

1. 账务处理程序的概念

账务处理程序,又称会计核算组织程序或会计核算形式,是指在会计循环中,会计凭证、会计账簿、会计报表相结合的方式,包括由填制和审核原始凭证到编制记账凭证,再到登记日记账、各类明细账和总分类账,最后编制财务报表的工作程序和方法。

账务处理程序主要包括凭证组织、账簿组织和记账程序三个部分。其中,凭证组织是指所运用的会计凭证的种类、格式以及不同凭证之间的相互关系;账簿组织是指账簿的种类、格式,以及各账簿之间的相互制约关系;记账程序是指由填制、审核原始凭证到填制、审核记账凭证、登记日记账、明细分类账和总分类账,编制财务报表的工作程序和方法。综合而言,账务处理程序是通过凭证、账簿、报表组织体系,按一定的步骤将三者有机结合起来,最终产生并提供相关的会计信息的过程。

2. 账务处理程序的意义

科学合理地选择适用于某一单位的账务处理程序,对于提高会计核算工作效率,保证会计核算工作的质量,有效组织会计核算等方面都具有重要意义。

(1) 有利于规范会计工作,保证会计信息加工过程的严密性,提高会计信息的质量。

(2) 有利于保证会计记录的完整性、准确性,增强会计信息的可靠性。

(3) 有利于减少不必要的会计核算环节,提高会计工作效率,保证会计信息的及时反映。

各单位在设计与选择账务处理程序时,要注意与本单位的业务性质、规模大小、经营管理等的要求和特点相适应。

目前,我国各经济单位通常采用的账务处理程序有三种,包括记账凭证账务处理程序、汇总记账凭证账务处理程序和科目汇总表账务处理程序。这三种账务处理程序的主要区别是登记总账的依据和方法不同。

(二) 记账凭证账务处理程序

记账凭证账务处理程序是指对发生的经济业务,先根据原始凭证或汇总原始凭证填制记账凭证,再直接根据记账凭证逐笔登记总分类账的一种账务处理程序。这是一种基本的账务处理程序,其他的账务处理程序都是在这种账务处理程序上发展起来的。其记账程序如图 4-1 所示。

记账凭证账务处理程序一般如下。

(1) 根据原始凭证编制汇总原始凭证。

(2) 根据原始凭证或汇总原始凭证,编制记账凭证。

(3) 根据收款凭证、付款凭证(或通用的记账凭证)逐笔登记库存现金日记账和银行存款日记账。

(4) 根据原始凭证、汇总原始凭证和记账凭证,登记各种明细分类账。

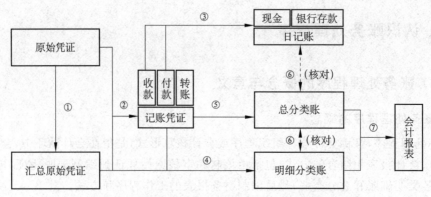

图 4-1 记账凭证账务处理程序的记账程序图

(5) 根据记账凭证逐笔登记总分类账。

(6) 会计期末,将库存现金日记账、银行存款日记账和明细分类账的余额同有关总分类账的余额核对相符。

(7) 会计期末,根据总分类账和明细分类账的记录及其他有关资料,编制会计报表。

(三) 汇总记账凭证账务处理程序

汇总记账凭证账务处理程序是指先根据原始凭证或汇总原始凭证填制记账凭证,定期根据记账凭证编制汇总记账凭证(汇总收款凭证、汇总付款凭证、汇总转账凭证),再根据汇总记账凭证登记总分类账的一种账务处理程序。与记账凭证账务处理程序相比,这种账务处理程序增加了一步编制汇总记账凭证,其记账程序如图 4-2 所示。

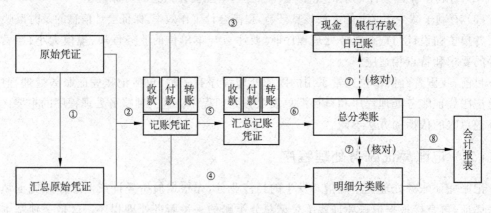

图 4-2 汇总记账凭证账务处理程序的记账程序图

1. 汇总记账凭证账务处理程序

(1) 根据原始凭证编制汇总原始凭证。

(2) 根据原始凭证或汇总原始凭证,编制记账凭证。

(3) 根据收款凭证、付款凭证(或通用的记账凭证)逐笔登记库存现金日记账和银行存款日记账。

(4) 根据原始凭证、汇总原始凭证和记账凭证,登记各种明细分类账。

(5) 根据记账凭证编制汇总收款凭证、汇总付款凭证和汇总转账凭证。

（6）定期或月末根据汇总记账凭证登记总分类账。

（7）会计期末，将库存现金日记账、银行存款日记账和明细分类账的余额同有关总分类账的余额核对相符。

（8）会计期末，根据总分类账和明细分类账的记录及其他有关资料，编制会计报表。

2. 汇总记账凭证的编制

汇总记账凭证是指对一段时期内同类记账凭证进行定期汇总而编制的记账凭证。汇总记账凭证可以分为汇总收款凭证、汇总付款凭证和汇总转账凭证，三种凭证有着不同的编制方法。

（1）汇总收款凭证的编制。汇总收款记账凭证根据现金和银行存款收款凭证汇总编制而成，按"库存现金"和"银行存款"账户的借方设置，并按其对应的贷方账户归类汇总。根据单位业务量的大小，可以 5 天、10 或 15 天、1 个月汇总一次，业务量越大则汇总的期间越短。其格式如图 4-3 所示。

汇总收款凭证

借方科目：库存现金（银行存款）　　　　年　月　日　　　　　　　　汇收字第　号

贷方科目	金额			合计	总账页数	
	1日至10日 现（银）收凭证 第 号至第 号	11日至20日 现（银）收凭证 第 号至第 号	21日至31日 现（银）收凭证 第 号至第 号		借方	贷方
合计						

会计主管：　　　　　　记账：　　　　　　审核：　　　　　　制单：

图 4-3　汇总收款凭证

（2）汇总付款凭证的编制。汇总付款记账凭证根据现金和银行存款付款凭证汇总编制而成，按"库存现金"和"银行存款"账户的贷方设置，并按其对应的借方账户归类汇总。根据单位业务量的大小，可以 5 天、10 或 15 天、1 个月汇总一次，业务量越大则汇总的期间越短。其格式如图 4-4 所示。

汇总付款凭证

贷方科目：库存现金（银行存款）　　　　年　月　日　　　　　　　　汇付字第　号

借方科目	金额			合计	总账页数	
	1日至10日 现（银）付凭证 第 号至第 号	11日至20日 现（银）付凭证 第 号至第 号	21日至31日 现（银）付凭证 第 号至第 号		借方	贷方
合计						

会计主管：　　　　　　记账：　　　　　　审核：　　　　　　制单：

图 4-4　汇总付款凭证

> **温馨提示**
>
> 在填制时,应当注意现金和银行存款之间的相互划转业务,前面已述为防止重复记账,从银行提取现金,只填制银行存款的付款凭证;而将现金送存银行,只填制库存现金的付款凭证。对这样的业务,以付款凭证为依据进行汇总。

(3)汇总转账凭证的编制。汇总转账凭证是根据转账凭证汇总编制而成的。编制时,汇总转账凭证按照除"库存现金"和"银行存款"账户以外的每一个贷方设置,并按照对应的借方账户归类汇总。根据单位业务量的大小,可以 5 天、10 或 15 天、1 个月汇总一次,业务量越大则汇总的期间越短。其格式如图 4-5 所示。

汇总转款凭证

贷方科目: 　　　　　　　　　　年　月　日　　　　　　　　汇转字第　号

借方科目	金额			合计	总账页数	
	1日至10日 转账凭证 第　号至第　号	11日至20日 转账凭证 第　号至第　号	21日至31日 转账凭证 第　号至第　号		借方	贷方
合计						

会计主管:　　　　　　记账:　　　　　　审核:　　　　　　制单:

图 4-5　汇总转款凭证

> **温馨提示**
>
> 汇总转账凭证按每一账户的贷方设置,为了便于汇总转账凭证的编制,平时编制转账凭证时,贷方账户必须唯一,借方账户可一个或多个,即应当编制"一借一贷"或"多借一贷"的记账凭证,不能编制"一借多贷"和"多借多贷"的记账凭证。

(四)科目汇总表账务处理程序

科目汇总表账务处理程序又称记账凭证汇总表账务处理程序,是指根据记账凭证定期编制科目汇总表(记账凭证汇总表),再根据科目汇总表登记总分类账的一种账务处理程序。与记账凭证账务处理程序相比,这种账务处理程序增加了一步编制科目汇总表。其记账程序如图 4-6 所示。

1. 科目汇总表账务处理程序

(1)根据原始凭证编制汇总原始凭证。

(2)根据原始凭证或汇总原始凭证,编制记账凭证。

(3)根据收款凭证、付款凭证(或通用的记账凭证)逐笔登记库存现金日记账和银行存款日记账。

(4)根据原始凭证、汇总原始凭证和记账凭证,登记各种明细分类账。

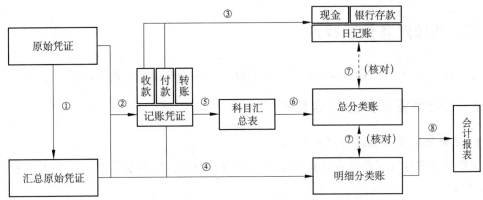

图 4-6 科目汇总表账务处理程序的记账程序图

(5) 根据记账凭证编制科目汇总表。编制时间间隔可以是 10 天,也可以是 15 天或者是 1 个月。

(6) 定期或月末根据科目汇总表登记总分类账。

(7) 会计期末,将库存现金日记账、银行存款日记账和明细分类账的余额同有关总分类账的余额核对相符。

(8) 会计期末,根据总分类账和明细分类账的记录及其他有关资料,编制会计报表。

2. 科目汇总表的编制

科目汇总表的编制方法是将一定时期内的全部记账凭证,按相同的会计科目进行归类,汇总计算出每一个总账科目的本期借方发生额和贷方发生额,填写在科目汇总表的相关栏内。科目汇总表可以 1 个月编制一次,也可以按每 10 天或每 15 天汇总,具体根据当月业务量的大小而定,业务量越大,则汇总期应越短。其格式如图 4-7 和图 4-8 所示。

科目汇总表
年　月

会计科目	本期发生额		总账页码
	借方	贷方	
合　计			

图 4-7 科目汇总表(格式一)

科目汇总表
年　月

会计科目	账页	1日—15日发生额		16日—31日发生额		本月合计		总账页码
		借方	贷方	借方	贷方	借方	贷方	
合计								

图 4-8 科目汇总表(格式二)

二、选择账务处理程序

在会计实务中,可根据企业经营情况和各账务处理程序的特点进行选择。

(一)记账凭证账务处理程序

1. 记账凭证账务处理程序的特点

记账凭证账务处理程序直接根据记账凭证登记总账。同时也是其他账务处理程序的基础。

2. 记账凭证账务处理程序的优缺点

记账凭证账务处理程序优点是简单明了,易于操作和掌握;总账能详细反映经济业务情况,方便会计核对和查账。其缺点是如果单位业务量大,则登记总账的工作量很大。

3. 记账凭证账务处理程序的适用范围

记账凭证账务处理程序适用于规模小、业务量较少的单位。

(二)汇总记账凭证账务处理程序

1. 汇总记账凭证账务处理程序的特点

汇总记账凭证账务处理程序是在记账凭证账务处理程序的基础上发展而来的一种账务处理程序,其特点是先将记账凭证进行定期汇总,编制汇总记账凭证(包括汇总收款凭证、汇总付款凭证和汇总转账凭证),然后再根据汇总记账凭证定期登记总分类账。

2. 汇总记账凭证账务处理程序的优缺点

汇总记账凭证账务处理程序的优点,一是大幅减少了登记总账的工作量,提高了会计工作效率;二是根据科目的对应关系汇总编制的汇总记账凭证,能够明确反映账户之间的对应关系,有利于了解经济业务的来龙去脉,方便查对账目。

汇总记账凭证账务处理程序的缺点,一是当转账凭证较多时,编制汇总转账凭证的工作量较大;二是按每一贷方账户编制转账凭证,不利于会计核算的日常分工。

3. 汇总记账凭证账务处理程序的适用范围

汇总记账凭证账务处理程序一般适用于规模较大、业务量较多的单位。

(三)科目汇总表账务处理程序

1. 科目汇总表账务处理程序的特点

科目汇总表账务处理程序是在记账凭证账务处理程序的基础上发展而来的一种账务处理程序,其特点是先将记账凭证进行定期汇总,编制某一期间的科目汇总表,然后再根据科目汇总表定期汇总,登记总分类账。

2. 科目汇总表账务处理程序的优缺点

科目汇总表账务处理程序的优点,一是大幅减少了登记总账的工作量;二是方法简单,易于理解,方便学习;三是汇总全部账户的借方发生额和贷方发生额,能够检验试算平衡,检查总账工作的正确性。

科目汇总表账务处理程序的缺点是不能反映账户的对应关系,不便于查对账目。

3. 科目汇总表账务处理程序的适用范围

科目汇总表账务处理程序一般适用于经济业务较多的单位。

任务二　登记会计账簿

一、会计账簿登记要求

会计账簿是编制会计报表,进行会计分析和检查的重要依据,其登记必须符合相关法律、行政法规和国家统一的会计准则制度的规定。会计账簿的登记要求主要包括以下几点。

1. 准确完整

登记会计账簿应以审核无误的会计凭证为依据,应当将会计凭证日期、编号、业务内容摘要、金额和其他有关资料逐项记入账内,做到数字准确,摘要清楚,登记及时,字迹工整。

2. 注明记账符号

账簿登记完毕后,要在记账凭证上签名或者盖章,并注明已经登账的符号,如画"√",表示已经记账,以免重记或漏记。

3. 书写留空

账簿中书写的文字和数字应紧靠底线书写,上面要留有适当空格,不要写满格,一般应占格距的1/2。这样,在发生登记错误时,能比较容易地进行更正,方便查账工作。

4. 正常记账使用蓝黑墨水

正常记账使用蓝黑墨水或者碳素墨水,不得使用圆珠笔(银行的复写账簿除外)或者铅笔书写。因为蓝黑墨水和碳素墨水可以保持账簿记录的持久性,也可防止涂改。

5. 特殊记账使用红墨水

下列情况可以用红色墨水记账。

(1) 按照红字冲账的记账凭证,冲销错误记录。

(2) 在不设借贷等栏的多栏式账页中,登记减少数。

(3) 三栏式账户的余额栏前未印明余额方向时,在余额栏内登记负数余额。

(4) 根据国家统一会计制度的规定可以用红字登记的其他会计记录。

由于会计中的红字表示负数,因而除上述情况外,不得使用红字记录。

6. 顺序连续登记

各种账簿按页次顺序连续登记,不得跳行、隔页。如果发生跳行、隔页,应当将空行,空页划线注销,或者注明"此行空白""此页空白"字样,并由记账人员签名或者盖章。

7. 结出余额

凡需要结出余额的账户,结出余额后,应当在"借或贷"等栏内写明"借"或"贷"字样,表明余额的方向。没有余额的账户,应当在"借或贷"等栏内写"平"字,并在余额栏内用"0"表示。

8. 过次承前

每一账页登记完毕结转下页时,应当结出本页合计数及余额,写在本页最后一行和下页第一行有关栏内,并在摘要栏内注明"过次页"和"承前页"字样。也可以将本页合计数及金额只写在下页第一行有关栏内,并在摘要栏内注明"承前页"字样,以保持账簿记录的连续性,便于对账和结账。

需要注意的是,对需要结计本月累计发生额的账户,结计"过次页"的本页合计数应当为自本月初起至本页末止的发生额合计数。对需要结计本年累计发生额的账户,结计"过次页"的本页合计数应当为自年初起至本页末止的累计数。对既不需要结计本月发生额,也不需要结计本年累计发生额的账户,如原材料明细账等,可以只将每页末的余额结转次页。

9. 不得涂改、刮擦、挖补

账簿记录发生错误时,不得涂改、挖补、刮擦或者用药水消除字迹,不得重新抄写,必须根据错误的具体情况,采用正确的方法予以更正。

10. 账簿建立原则

各单位的账簿建立,要在符合国家统一会计制度规定的前提下,根据本单位经济业务的特点和管理的需要,遵照以下原则进行。

(1)账簿的建立要组织严密,能够全面、分类、序时地反映和监督经济业务活动情况,便于提供全面、系统的核算资料。

(2)科学划分账簿的核算范围及层次,账簿之间既要互相联系,能清晰地反映账户间的对应关系,又要防止相互重叠,避免重复记账。

(3)账页格式要符合所记录的经济业务的内容要求,力求简明实用,既要防止过于烦琐,又要避免过于简单,以至于不能满足日常管理和编制报表的资料需求。

二、会计账簿的登记方法

(一)日记账的登记方法

在我国,大多数企业一般只设库存现金日记账和银行存款日记账,二者登记方法如下。

1. 现金日记账的登记方法

(1)登记"日期"栏,按照交易或事项发生时间的先后顺序逐项登记,年度登记在日期栏的上方,月、日记入会计分录的第一行。

(2)登记"凭证号数"栏,登记入账的收付款凭证的种类和号数。

(3)登记"摘要"栏,简要说明交易或事项的内容。

(4)登记"对方科目"栏,登记现金收入的来源项目或支出的用途到相应科目。

(5)登记"收入""支出""结余"栏,登记现金实际收付的金额及当期结余额。

(6)日清月结。每日终了,应分别计算当日现金收入和现金支出的合计数,结出余额,同时将余额与出纳员的库存现金核对,即"日清"。如账款不符,应查明原因,并记录备案。月终同样要计算现金收、付和结余的合计数,即"月结"。

2. 银行存款日记账的登记方法

银行存款日记账的登记方法与现金日记账的登记方法基本相同。银行存款日记账每日终了，应结出账面余额，并定期同银行转来的对账单逐笔核对，每月至少核对一次。月份终了，如果核对不符，应及时查明原因进行处理，予以更正。核对银行存款余额时，需要时应按月编制"银行存款余额调节表"调整未达账项。

什么是日清月结制度？日清月结制度就是出纳员办理现金出纳业务，必须做到按日清理，按月结账。按日清理是指出纳员应当对当日的经济业务进行清理，全部登记到日记账，结出库存现金账面余额，并与库存现金实地盘点数核对相符。

【工作任务——登记现金日记账和银行存款日记账】

【例 4-1】 根据项目三案例企业苏州宝青食品有限公司 2020 年 11 月发生与现金和银行存款相关的经济业务，登记现金日记账和银行存款日记账（见图 4-9 和图 4-10）。

1. 登记现金日记账

现金日记账

2020 年		凭证号数	摘要	对方科目	收入	付出	结余
月	日						
11	1		期初余额		48 000.00	48 527.00	9 154.00
11	6	记 12	报销差旅费	管理费用		3 047.16	6 106.84
11	6	记 12	报销差旅费	应交税费——应交增值税		199.84	5 907.00
11	6		本日合计		0	3 247.00	5 907.00
11	22	记 30	报销招待费	管理费用		1 908.00	3 999.00
11	22		本日合计		0	1 908.00	3 999.00
11	31		本月合计		0	5 155.00	3 999.00
11	31		本年累计		48 000.00	53 682.00	3 999.00

图 4-9 现金日记账

2. 登记银行存款日记账

银行存款日记账

2020 年		凭证号数	摘要	对方科目	收入	付出	结余
月	日						
11	1		期初余额		8 835 920.51	8 275 432.73	2 774 322.97
	1	记 01	收到苏州美佳公司投资	略	500 000.00		3 274 322.97
	1	记 03	收到苏州达利公司投资		160 000.00		3 434 322.97
	1	记 04	借入短期借款		150 000.00		3 584 322.97
	1	记 05	购入固定资产			5 650.00	3 578 672.97
	1		本日合计		810 000.00	5 650.00	3 578 672.97
	1		过次页		810 000.00	5 650.00	3 578 672.97

图 4-10 银行存款日记账

2020年		凭证号数	摘要	对方科目	收入	付出	结余
月	日						
11	1		承前页		810 000.00	5 650.00	3 578 672.97
	3	记09	借入长期借款		600 000.00		4 178 672.97
	3		本日合计		600 000.00	0	4 178 672.97
	5	记11	收回货款		2 618 500.00		6 797 172.97
	5		本日合计		2 618 500.00	0	6 797 172.97
	8	记13	支付运输费			8 829.00	6 788 343.97
	8		本日合计		0	8 829.00	6 788 343.97
	9	记14	购入面粉款			718 746.00	6 069 597.97
	9	记17	预付货款			200 000.00	5 869 597.97
	9		本日合计		0	918 746.00	5 869 597.97
	15	记23	支付上月工资			422 202.16	5 447 395.81
	15	记24	缴纳上月税费			257 595.06	5 189 800.75
	15		本日合计		0	679 797.22	5 189 800.75
	18	记26	支付网络通信费			3 209.00	5 186 591.75
	18		本日合计		0	3 209.00	5 186 591.75
	19	记27	支付材料款			892 080.00	4 294 511.75
	19		本日合计		0	892 080.00	4 294 511.75
	20	记28	收回货款		1 618 000.00		5 912 511.75
	20		本日合计		1 618 000.00	0	5 912 511.75
	22	记29	支付职工培训费			7 345.80	5 905 165.95
	22		本日合计		0	7 345.80	5 905 165.95
	25	记31	归还上月材料款			230 000.00	5 675 165.95
	25		本日合计		0	230 000.00	5 675 165.95
	26	记33	支付广告费			127 200.00	5 547 965.95
	26	记34	捐赠支出			8 000.00	5 539 965.95
	26		本日合计		0	135 200.00	5 539 965.95
	27	记35	支付车间办公费			1 737.15	5 538 228.80
	27		本日合计		0	1 737.15	5 538 228.80
	30	记37	归还借款本息			101 500.00	5 436 728.80
	30	记38	结清预付款余款			5 094.40	5 431 634.40
	30	记42	支付水费			8 148.84	5 423 485.56
	30	记43	支付电费			19 851.84	5 403 633.72
	30	记49	现销过期产品		3 729.00		5 407 362.72
	30	记50	销售库存多余材料		3 729.00		5 411 091.72
	30	记55	存款利息收入		952.06		5 412 043.78
	30		本日合计		8 410.06	134 595.08	5 412 043.78
	30		本月合计		5 654 910.06	3 017 189.25	5 412 043.78
			本年累计		14 490 830.57	11 292 621.98	5 412 043.78

图 4-10（续）

（二）明细分类账的登记方法

明细分类账的账页格式有三栏式、多栏式、数量金额式等多种，具体登记方法如下。

1. 三栏式明细分类账的登记方法

三栏式明细分类账的登记要点如下。

（1）将记账凭证的日期和编号记入相应账户的"年、月、日"栏和"凭证号数"栏。

（2）填写"摘要"栏。

（3）把应借、应贷的金额记入该账户的"借方"或"贷方"栏。

（4）每笔经济业务登记完毕后应结出余额，并判断余额性质是借还是贷，填到"借或贷"栏。

【工作任务——登记应付账款明细分类账】

【例 4-2】根据项目三案例企业苏州宝青食品有限公司 2020 年 11 月发生与苏州晨光农产品贸易有限公司相关的经济业务，登记"应付账款——苏州晨光农产品贸易有限公司"明细账，如图 4-11 所示。

应付账款明细账

明细科目：苏州晨光农产品贸易有限公司

2020 年		凭证号数	摘要	借方	贷方	借或贷	余额
月	日						
11	1		期初余额			贷	1 122 000.00
11	9	记15	赊购鸡蛋		179 200.00	贷	1 301 200.00
11	25	记31	归还上月材料款	230 000.00		贷	1 071 200.00
11	31		本月合计	230 000.00	179 200.00	贷	1 071 200.00

图 4-11 应付账款明细账

2. 数量金额式明细分类账的登记方法

数量金额式明细分类账的登记要点如下。

（1）将记账凭证的日期和编号记入相应账户的"年、月、日"栏和"凭证号数"栏。

（2）填写"摘要"栏。

（3）在借方栏记入增加的数量、单价和金额，在贷方栏记入减少的数量、单价（取决于发出存货的计价方法）和金额。

（4）每笔经济业务登记完毕后应结出余额，分别计算结存的数量、单价和金额。

【工作任务——登记原材料明细分类账】

【例 4-3】根据项目三案例企业苏州宝青食品有限公司 2020 年 11 月发生与原材料相关的经济业务，登记"原材料——高筋面粉"明细账，如图 4-12 所示。

存货明细账

存货编号:1101　　　　　　　　　　　　　　　　　　　　　　　　　计量单位:千克
存货类别:主要材料　　　　　　　　　　　　　　　　　　　　　　　　最高存量:
品名及规格:高筋面粉　　　　　　　　　　　　　　　　　　　　　　　　最低存量:

2020年		凭证号数	摘要	借方			贷方			余额		
月	日			数量	单价	金额	数量	单价	金额	数量	单价	金额
11	1		期初余额							21 000	5.25	110 250.00
11	10	18	面粉入库	68 000	5.25	357 000.00				89 000	5.25	467 250.00
11	15	22	面粉入库	20 000	5.25	105 000.00				109 000	5.25	572 250.00
11	30	40	领用材料				71 400	5.25	374 850.00	37 600	5.25	197 400.00
11	30		销售材料				400	5.25	2 100.00	37 200	5.25	195 300.00
11	30		本月发生额及余额	88 000	5.25	462 000.00	71 800	5.25	376 950.00	37 200	5.25	195 300.00

图 4-12　存货明细账

3. 多栏式明细分类账的登记方法

多栏式明细分类账不是按明细账户分设账页,而是根据经济的特点和经营管理的需要,在一张账页内记录某一账户所属的各明细账户的内容,按该总账账户的明细项目设专栏记录。

一般情况下,多栏式明细账应在"借方"和"贷方"分别按照明细项目设专栏,如"本年利润""应交税费"等明细账户。如果某明细账的贷方在月份内只登记一、两项业务时,可只按借方分设专栏,发生贷方时,在借方有关专栏内用红字登记,也可以设一个贷方总的金额栏,再设一个余额栏登记。

【工作任务——登记生产成本明细分类账】

【例 4-4】根据项目三案例企业苏州宝青食品有限公司 2020 年 11 月发生与生产产品相关的经济业务,登记"生产成本——牛油面包"明细账,如图 4-13 所示。

生产成本明细账

产品名称:牛油面包

2020年		凭证号数	摘要	成本项目			合计
月	日			直接材料	直接人工	制造费用	
11	1	08	领用周转材料	80 000.00			80 000.00
	30	40	分配材料费用	807 915.00			807 915.00
	30	41	领用周转材料	24 000.00			24 000.00
	30	45	分配职工薪酬		90 855.00		90 855.00
	30	47	分配制造费用			17 945.00	17 945.00
	30	48	结转完工产品成本	911 915.00	90 855.00	17 945.00	1 020 715.00

图 4-13　生产成本明细账

4. 横线登记式明细分类账的登记方法

横线登记式账页是采用横线登记，即将每一相关的业务登记在一行次的"借方"栏和"贷方"栏，从而可依据每一行各个栏目的登记是否齐全来判断该项业务的进展情况。横线登记式明细分类账的登记要点是，借方一般按会计凭证的编号顺序逐日、逐笔登记，贷方则不要求按会计凭证编号顺序逐日、逐笔登记，而在其借方记录的同一行内进行登记。同一行内借、贷均有记录时，表示该经济业务已处理完毕。如果有借方记录，而无贷方记录，则表示该项经济业务还未结束。横线登记式明细分类账的登记示范如图 4-14 所示。

【工作任务——登记在途物资明细分类账】

【例 4-5】根据项目三案例企业苏州宝青食品有限公司 2020 年 11 月发生与在途材料相关的经济业务，登记"在途物资——高筋面粉"明细账，如图 4-14 所示。

在途物资明细账

明细科目：高筋面粉

户名	借方				贷方					转销
	2020年		凭证号数	摘要	金额	2020年		凭证号数	摘要	金额	
	月	日				月	日				
苏州华丰食品有限公司	11	9	记14	购进	357 000	3	10	记18	入库	357 000	√

图 4-14 在途物资明细账

> **知识链接**
>
> 明细账的登记方法有逐日逐笔登记和定期汇总登记两种。固定资产、债权债务的发生频率相对而言不是太高，且单笔金额较大，其明细账有必要也有可能逐日逐笔登记；原材料、库存商品等进出频繁，可以逐笔登记，也可以定期汇总登记。

（三）总分类账的登记方法

总分类账的登记依据和方法，主要取决于所采用的账务处理程序，可以直接根据记账凭证逐笔登记，也可以将记账凭证先汇总编制成科目汇总表或汇总记账凭证，再据以登记。

1. 逐笔登记法

逐笔登记法是直接根据记账凭证逐笔登记各个账户的一种方法，其登记要点如下。

（1）将记账凭证的日期和编号记入相应账户的"年、月、日"栏和"凭证号数"栏。

（2）填写"摘要"栏。

(3) 把应借、应贷的金额记入该账户的"借方"或"贷方"栏。

(4) 每笔经济业务登记完毕后应结出余额，并判断余额性质是借还是贷，填到"借或贷"栏。

2. 汇总登记法

根据任务一可知，汇总登记总账的依据可以是汇总记账凭证或科目汇总表。

根据科目汇总表登记总账的登记要点如下。

(1) 定期编制科目汇总表。

(2) 将科目汇总表的日期和编号记入相应账户的"年、月、日"栏和"凭证号数"栏，登记日期应为汇总期间的最后一天，如按旬汇总，则登记日期分别为 10 日、20 日、30 日（或 31 日）。

(3) 填写"摘要"栏，摘要栏应注明汇总期间，如写成 1~10 日发生额。

(4) 把应借、应贷的金额记入该账户的"借方"或"贷方"栏。

(5) 每笔经济业务登记完毕后应结出余额，并判断余额性质是借还是贷，填到"借或贷"栏。

三、总分类账户与明细分类账户的平行登记

为了充分发挥总分类账户与明细分类账的统驭与补充作用，便于两者相互核对，确保核算资料的正确完整，保持总分类账户与其所属的明细分类账记录一致，必须采用平行登记的方法，在总分类账户与其所属的明细分类账户中分别进行记录。

（一）总分类账与明细分类账之间的联系

总分类账户与其所属的明细分类账既有联系，又有区别，如图 4-15 所示。

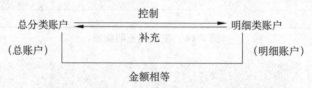

图 4-15 总分类账户与明细分类账户的关系

总分类账与明细分类账之间的内在联系体现在以下两个方面。

(1) 两者所反映的经济业务内容相同。如"原材料"总分类账户与其所属的"原材料"及"主要材料""辅助材料"等明细分类账户都是用以反映原材料的收发及结算情况。

(2) 两者的登账依据相同。

（二）总分类账与明细分类账的区别

总分类账与明细分类账的区别主要表现在以下两个方面。

(1) 反映经济内容的详尽程度不同。总账反映经济业务引起各会计要素增减变化的总括情况，提供账户的总括信息；明细账反映经济业务引起各会计要素增减变化的详细情况，提供某一具体项目的信息。有些明细账还可提供实物数量方面的信息。

(2) 作用不同。总账提供综合性信息，对所属明细账起统驭和控制作用；明细账是对总账的补充，对总账起补充说明作用，用于说明总分类账户是由哪些具体内容组成。

（三）总分类账与明细分类账的平行登记要点

为了使总分类账与其所属的明细分类账之间能够起到控制与被控制、补充与被补充的作用，便于账户核对，确保会计核算资料真实、完整，总账与其所属的各明细分类账必须采用平行登记的方法进行记录。所谓平行登记，是指经济业务发生后，应根据有关会计凭证（包括原始凭证和记账凭证），一方面要登记有关的总分类账户，另一方面要登记该总分类账户所属的各有关明细分类账户。平行登记法的要点可概括为以下三点。

1. 同时登记

同时登记即对发生的每一笔经济业务，要根据审核无误的同一会计凭证，在同一会计期间，既要在有关的总分类账中进行登记，又要在该总账所属的明细分类账中进行登记。

2. 方向相同

方向相同即对于一笔经济业务，依据同一会计凭证登记总分类账户的借贷方向与登记所属明细分类账户的借贷方向必须一致。如果总分类账记入借方，也必须记入明细分类账的借方；如果总分类账记在贷方，明细分类账也必须记入贷方。对有些经济业务涉及的账户，总分类账户在借方（或贷方）登记，而明细分类账户虽用"红字"登记在贷方（或借方），但可以理解为相同的变动方向。

3. 金额相等

金额相等即记入总账中的金额，必须与记入其所属的各明细分类账户中的金额之和相等。如果一笔经济业务同时记入几个明细分类账户，则记入总分类账户的金额，应与记入各个明细分类账户的金额之和相等。

【工作任务——练习总账与明细账的平行登记】

【例4-6】以苏州荣华食品有限公司"应收账款"账户的资料为例，说明总分类账户与明细分类账户平行登记的方法。

苏州荣华食品有限公司2019年10月初"应收账款"账户期初借方余额为

总分类账户	50 000.00 元
明细分类账户	50 000.00 元
其中：佳美食品有限公司	32 000.00 元
佳禾食品有限公司	18 000.00 元

苏州荣华食品有限公司10月份发生以下往来结算业务。

（1）10月5日，收到佳美食品有限公司归还的购货款32 000元，存入银行。

（2）10月10日，收到佳禾食品有限公司归还的前欠货款18 000元，存入银行。

（3）10月18日，向佳禾食品有限公司销售苏打饼干30 000kg，单价13元，增值税销项税额50 700元，货款尚未收到。

（4）10月26日，向佳美食品有限公司销售鸳鸯饼干20 000kg，单价20元，增值税销项税额52 000元，收到52 000元存入银行，余款尚未收到。

总分类账户与明细分类账户平行登记的步骤如下。

第一步，根据上述四笔经济业务编制会计分录。

（1）借：银行存款　　　　　　　　　　　　　　32 000.00
　　　　贷：应收账款——佳美食品有限公司　　　　32 000.00
（2）借：银行存款　　　　　　　　　　　　　　18 000.00
　　　　贷：应收账款——佳禾食品有限公司　　　　18 000.00
（3）借：应收账款——佳禾食品有限公司　　　440 700.00
　　　　贷：应交税费——应交增值税（销项税额）　50 700.00
　　　　　　主营业务收入——苏打饼干　　　　　390 000.00
（4）借：应收账款——佳美食品有限公司　　　400 000.00
　　　　　银行存款　　　　　　　　　　　　　 52 000.00
　　　　贷：主营业务收入——鸳鸯饼干　　　　　400 000.00
　　　　　　应交税费——应交增值税（销项税额）　52 000.00

第二步，根据上述资料，将期初余额、本期发生额分别记入"应收账款"总分类账户及其所属的各明细分类账户，并结出本期发生额和期末余额，见图4-16～图4-18。

总分类账

账户名称：应收账款

| 2019年 | | 凭证号数 | 摘要 | 借方 | 贷方 | 借或贷 | 余额 |
月	日						
10	1	略	期初余额			借	50 000.00
10	5		收回前欠货款		32 000.00	借	18 000.00
10	10		收回前欠货款		18 000.00	借	0.00
10	18		销售产品	440 700.00		借	440 700.00
10	26		销售产品	400 000.00		借	840 700.00
10	31		本月发生额及期末余额	840 700.00	500 000.00	借	840 700.00

图4-16　总分类账

应收账款明细账

明细科目：佳美食品有限公司

| 2019年 | | 凭证号数 | 摘要 | 借方 | 贷方 | 借或贷 | 余额 |
月	日						
10	1	略	期初余额			借	32 000.00
10	5		收回前欠货款		32 000.00	借	0.00
10	26		销售产品	440 700.00		借	440 700.00
10	31		本月发生额及期末余额	440 700.00	32 000.00	借	440 700.00

图4-17　应收账款明细账

应收账款明细账

明细科目：佳禾食品有限公司

| 2019年 | | 凭证号数 | 摘要 | 借方 | 贷方 | 借或贷 | 余额 |
月	日						
10	1	略	期初余额			借	18 000.00
10	5		收回前欠货款		18 000.00	借	0.00
10	10		销售产品	400 000.00		借	400 000.00
10	31		本月发生额及期末余额	400 000.00	18 000.00	借	400 000.00

图4-18　应收账款明细账

从以上"应收账款"总分类账户与其所属的明细分类账户平行登记的结果中可以看出,"应收账款"总分类账户的期初余额 50 000 元、借方本期发生额 840 700 元、贷方本期发生额 50 000 元、期末余额 840 700 元,分别与其所属的两个明细分类账户的期初余额之和 50 000 元(32 000+18 000)、借方本期发生额之和 840 700 元(440 700+400 000)、贷方本期发生额之和 50 000 元(32 000+18 000)、期末余额之和 840 700 元(440 700+400 000)完全相等。

以上这种金额上的关系也称为总分类账户与明细分类账户之间的勾稽关系,这一勾稽关系是总分类账与明细分类账相互核对的理论依据。

第三步,编制账户本期发生额及余额明细表。利用总分类账户与其所属的明细分类账户平行登记所形成的有关金额必然相等的关系,可以定期核对双方有关数字,检查账户记录的正确性。若通过核对发现有关数字不等,则表明账户记录必然有错,应及时查明原因,予以更正。在会计实务中,这项工作通常是采用月末编制"账户本期发生额及余额明细表"与总分类账户进行核对的。

根据上例编制"应收账款"的本期发生额及余额明细表,如图 4-19 所示。

应收账款本期发生额及余额明细账

单位:元

明细账户	期初余额	本期发生额		期末余额
		借方	贷方	
佳美食品有限公司	32 000.00	440 700.00	32 000.00	440 700.00
佳禾食品有限公司	18 000.00	400 000.00	18 000.00	400 000.00
合计	50 000.00	840 700.00	50 000.00	840 700.00

图 4-19 应收账款本期发生额及余额明细账

> **温馨提示**
>
> 打印输出的账簿,必须连续编号,且装订成册。发生收、付款业务时,在输入收款凭证和付款凭证的当天,必须打印输出库存现金日记账和银行存款日记账,并与库存现金核对。

任务三 对账

记账、对账和结账是登记账簿中三个相互联系且不可分割的工作环节。对账,即核对账目,就是对账簿和账户所记录的有关数据加以检查和核对,以保证账簿记录的真实可靠,是会计核算的一项重要内容。对账包括账簿与凭证的核对(账证核对)、账簿与账簿的核对(账账核对)、账簿与实物之间的核对(账实核对)。

一、对账的内容

(一)账证核对

账证核对是指核对会计账簿记录与原始凭证及记账凭证的时间、凭证字号、内容、金额是否一致，记账方向是否相符。

（二）账账核对

账账核对是指核对不同会计账簿之间的账簿记录是否相符。账簿之间的衔接关系称为勾稽关系。

账账核对的具体内容如下。

（1）总账有关账户的余额核对。

（2）总账与所属明细账核对。

（3）总账与序时账簿核对。

（4）明细账之间的核对，会计部门有关实物资产的明细账与财产物资保管部门、使用部门的明细账应定期核对，以检查余额是否相符。

（三）账实核对

账实核对是指各项财产物资、债权债务等账面余额与实有数额之间的核对。

账实核对的具体内容如下。

（1）库存现金日记账账面余额与库存现金实存数额是否相符。

（2）银行存款日记账账面余额与银行对账单的余额是否相符。

（3）各项财产物资明细账账面余额与财产物资的实有数额是否相符。

（4）有关债权债务明细账账面余额与对方单位的账面记录是否相符。

> **温馨提示**
>
> 如果发生额和余额都不平衡，说明账簿记录一定有问题。如果发生额和余额都平衡，却不能说账簿记录一定没有问题，因为有些错误并不影响借贷平衡关系。例如，在有关账户中重记或漏记某些经纪业务，或者将借贷记账方向写反，无法通过试算平衡发现。

二、更正错账

尽管在填制记账凭证、登记账簿之前，已经对原始凭证、记账凭证有过数次复核，但由于种种原因，账簿登记有时仍会出现错误。若账簿记录存在错误，不得涂改、挖补、刮擦或者用褪色药水消除字迹，不得重新抄写或更换账页，必须根据错账的性质和发生时间等具体情况，采用规定的方法正确地进行更正。

错账的更正方法通常有划线更正法、红字更正法和补充登记法。

（一）划线更正法

划线更正法是指对账簿记录中的错误文字和数字，划红线注销，并进行更正的一种方法。它主要适用于结账前发现账簿记录中的文字或数字有错误，而其依据的记账凭证没有错误，即纯属记账时文字或数字出现笔误的情况。

更正的方法是先在错误的文字和金额（数据）上"拦腰"划一条红色横线，予以注销，但必须使原有字迹仍可辨认，以备查考；然后在划线上方用蓝色、黑色钢笔或签字笔写上正确的文字和金额（数据），并在划线外加盖记账员的印章，以明确责任。需要注意，错误数字应全部划销，不是只划销写错的个别数码；错误文字，可只划去错误部分。

【例4-7】会计人员米才经根据审核无误的记账凭证登记应收账款总分类账时，发现在过账时误将105 300元记成103 500元，如图4-20所示。

总分类账

账户名称：应收账款

2019年		凭证号数	摘要	借方	贷方	借或贷	余额
月	日						
10	1	略	期初余额			借	30 000.00
10	5		收回前欠货款		18 000.00	借	12 000.00
10	10		收回前欠货款		12 000.00	借	0
10	10		销售产品	105 300.00 ~~103 500.00~~		借	105 300.00 ~~103 500.00~~

图4-20　总分类账

更正方法：把账簿上的"103 500.00"全部用红线划去，在其上方写上"105 300.00"，并在更正处盖章，明确米才经的责任。

（二）红字更正法

红字更正法，是指在记账以后，如果发现记账凭证中应借、应贷科目有误，或应借、应贷科目和金额同时出现错误时，用红字冲销或冲减原有的错误，予以更正或调整记账错误的方法。

红字更正法适用于以下两种情况。

（1）登账以后，发现原编制的记账凭证中应借、应贷会计科目有误，应采用红字更正法更正。

更正方法是先用红字填制一张与错误记账凭证内容完全相同的记账凭证，在其摘要栏注明"冲销某月某日某号凭证"，并据以用红字登记入账，冲销原有错误的账簿记录；再用蓝、黑字填制一张正确的记账凭证，在摘要栏内写明"更正某月某日某号凭证"，据以用蓝、黑字登记入账。

【例4-8】企业用库存现金支付购买办公用品的价款为896元。会计人员根据审核后的原始凭证编制记账凭证，并已据其入账。记账凭证如图4-21所示。

记账凭证

2019年12月03日　　　　　　　　　　　　　　记字14号

摘要	会计科目	借方金额	贷方金额	√
购买办公用品	管理费用——办公费	896.00		√
	银行存款		896.00	√
合计		¥896.00	¥896.00	

附单据2张

财务主管：　　　记账：米才经　　　出纳：林小倩　　　审核：米才经　　　制单：罗红梅

图4-21　记账凭证

本例中,会计分录编制有误,贷方科目应为"库存现金",而不是"银行存款"。

更正方法:

① 红字冲销。用红字填制一张与原错误记账内容完全相同的记账凭证,在摘要栏注明"冲销某月某日某号凭证",如图4-22所示。

记账凭证

2019年12月31日　　　　　　　　　　　　　　　　　记字63号

摘要	会计科目	借方金额	贷方金额	√
冲销12月3日记字14号凭证	管理费用——办公费	896.00		√
	银行存款		896.00	√
合计		¥896.00	¥896.00	

附单据　　张

财务主管:　　　　记账:米才经　　　　出纳:林小倩　　　　审核:米才经　　　　制单:罗红梅

图4-22　记账凭证

② 蓝、黑字补记。用蓝、黑字填制一张正确的记账凭证,在摘要栏内写明"更正某月某日某号凭证",如图4-23所示。

记账凭证

2019年12月31日　　　　　　　　　　　　　　　　　记字64号

摘要	会计科目	借方金额	贷方金额	√
更正12月3日记字14号凭证	管理费用——办公费	896.00		√
	库存现金		896.00	√
合计		¥896.00	¥896.00	

附单据　　张

财务主管:　　　　记账:米才经　　　　出纳:林小倩　　　　审核:米才经　　　　制单:罗红梅

图4-23　记账凭证

(2)登账后发现原编制的记账凭证中应借、应贷会计科目并无错误,但所记金额大于应记金额,应采用红字更正法更正。

更正方法为用红字填制一张与原错误记账凭证相同的记账凭证,在其摘要栏内写明"冲销某月某日某号凭证多记金额",并以用红字登记入账,冲销多记的金额。

【例4-9】企业用库存现金支付购买办公用品的价款为896元。会计人员根据审核后的原始凭证编制记账凭证,并据其入账,记账凭证如图4-24所示。

记账凭证

2019 年 12 月 03 日　　　　　　　　　　　　　　记字 14 号

摘要	会计科目	借方金额	贷方金额	√
购买办公用品	管理费用——办公费	986.00		√
	库存现金		986.00	√
合计		￥986.00	￥986.00	

附单据 2 张

财务主管：　　　记账：米才经　　　出纳：林小倩　　　审核：米才经　　　制单：罗红梅

图 4-24　记账凭证

查账发现该笔业务金额多记 90(986－896)元，并已据此入账。

更正方法：

红字冲销。用红字填制一张与原记账凭证应借、应贷科目完全相同的记账凭证，金额为 90 元，在摘要中注明"冲销某月某日某号记账凭证多记金额"。记账凭证如图 4-25 所示。

记账凭证

2019 年 12 月 31 日　　　　　　　　　　　　　　记字 63 号

摘要	会计科目	借方金额	贷方金额	√
冲销 12 月 3 日记字 14 号凭证	管理费用——办公费	90.00		√
	库存现金		90.00	√
合计		￥90.00	￥90.00	

附单据　张

财务主管：　　　记账：米才经　　　出纳：林小倩　　　审核：米才经　　　制单：罗红梅

图 4-25　记账凭证

（三）补充登记法

补充登记法是指记账以后，发现记账凭证中的会计科目名称及其记账方向（即应借、应贷会计科目）未错，但记账凭证上所记金额小于应记金额，用蓝、黑字编制一张补充凭证，补足账户中少记金额的方法。

更正方法是用蓝、黑字填制一张与原记账凭证应借、应贷科目完全相同，金额为少记金额的记账凭证，在摘要中注明"补记某月某日某号记账凭证少记金额"，并据以登记入账，补充登记少记金额。

【例 4-10】企业用库存现金支付购买办公用品的价款为 896 元。会计人员根据审核后的原始凭证编制记账凭证，并已据其入账。记账凭证如图 4-26 所示。

记账凭证

2019 年 12 月 03 日　　　　　　　　　　　　　记字 14 号

摘要	会计科目	借方金额	贷方金额	√
购买办公用品	管理费用——办公费	689.00		√
	库存现金		689.00	√
合计		￥689.00	￥689.00	

财务主管：　　　　记账：米才经　　　　出纳：林小倩　　　　审核：米才经　　　　制单：罗红梅

图 4-26　记账凭证

查账发现该笔业务金额少记 207(896－689)元,并已据此入账。

更正方法:用蓝、黑字编制一张与原记账凭证应借、应贷科目完全相同,金额为 207 元的记账凭证,在摘要中注明"补记某月某日某号记账凭证少记金额"。记账凭证如图 4-27 所示。

记账凭证

2019 年 12 月 31 日　　　　　　　　　　　　　记字 63 号

摘要	会计科目	借方金额	贷方金额	√
补记 12 月 3 日记字 14 号凭证	管理费用——办公费	207.00		√
	库存现金		207.00	√
合计		￥207.00	￥207.00	

财务主管：　　　　记账：米才经　　　　出纳：林小倩　　　　审核：米才经　　　　制单：罗红梅

图 4-27　记账凭证

> **温馨提示**
>
> 　　会计的错账更正应该是一种有痕迹的修改,更正后应保留原有错误清晰可见,以保证错账更正的严肃性,明确相关人员的责任。因此,不能采用涂改、刮擦、涂抹褪色药水等方法。经过改正后的记账凭证与相应的会计账簿,应保证记账凭证与相应的原始凭证核对相符,会计账簿与据以登记的记账凭证相符。

任务四　组织财产清查

一、财产清查的概述

(一)财产清查的意义

财产清查也称财产检查,是指通过对实物、现金的实地盘点和对银行存款、往来款项的核对,查明各项财产物资、货币资金、往来款项的实有数和账面数是否相符的一种会计核算的专门方法。

企业的会计工作都要通过会计凭证的填制和审核,及时地在账簿中进行连续登记。这一过程能保证账簿记录的正确性,也能真实反映企业各项财产的实有数,各项财产的账实应该是一致的。但是,在实际工作中,由于种种原因,账簿记录会发生差错,各项财产的实际结存数也会发生差错。造成账存数与实存数发生差异的原因是多方面的,一般有以下几种情况。

(1) 在收发物资中,由于计量、检验不准确而造成品种、数量或质量上的差错。
(2) 财产物资在运输、保管、收发过程中,在数量上发生自然增减变化。
(3) 在财产增减变动中,手续不齐或计算、登记上发生错误。
(4) 由于管理不善或工作人员失职,造成财产损失、变质或短缺等。
(5) 贪污盗窃、营私舞弊造成的损失。
(6) 自然灾害造成的非正常损失。
(7) 未达账项引起的账账、账实不符等。

上述种种原因都会影响账实的一致性。因此,运用财产清查的手段,对各种财产物资进行定期或不定期的核对和盘点,具有十分重要的意义。

1. 保证账实相符,使会计资料真实可靠

通过财产清查,可以确定各项财产物资的实际结存数。将账面结存数和实际结存数进行核对,可以揭示各项财产物资的溢缺情况,从而及时调整账面结存数,保证账簿记录的真实、可靠。

2. 保护财产的安全和完整

通过财产清查,可以查明企业单位财产、商品、物资是否完整,有无缺损、霉变现象,以便堵塞漏洞,改进和健全各种管理机制,切实保证财产的安全和完整。

3. 挖掘财产潜力,加速资金周转

通过财产清查,可以及时查明各种财产物资的结存和利用情况。如发现企业有闲置不用的财产物资,应及时加以处理,以充分发挥它们的效能;如发现企业有呆滞积压的财产物资,也应及时加以处理,并分析原因,采取措施,改善经营管理。这样可使财产物资得到充分、合理的利用,加速资金周转,提高企业的经济效益。

4. 保证财经纪律和结算纪律的执行

通过对财产、物资、货币资金及往来款项的清查,可以查明单位有关业务人员是否遵守财经纪律和结算纪律,有无贪污盗窃、挪用公款的情况;查明各项资金使用是否合理,是否符合党和国家的方针政策与法规,从而使工作人员遵纪守法,自觉维护和遵守财经纪律。

(二) 财产清查的种类

根据清查对象和目的不同,可选择以下不同财产清查方式。

1. 按财产清查的范围划分

按清查财产的范围不同,可分为全面清查和局部清查。

1) 全面清查

全面清查是指对所有财产进行盘点与核对。全面清查的优点是可以发现所有问题,缺点是清查耗时长、用人多、费用高。

全面清查通常适用于以下几种情况：①年终决算前；②单位撤销、合并或改变隶属关系前；③发生重大经济违法事件等。

需要进行全面清查的内容主要有：①单位的现金、银行存款和其他货币资金；②单位的固定资产、存货和工程物资；③单位的各项债权、债务、对外投资等。

2) 局部清查

局部清查也称重点清查，是指根据需要，对部分财产物资进行盘点与核对。局部清查是根据单位的管理需要进行的，其清查的对象也因管理需要而有所不同，因此，局部清查没有固定的模式。例如，在更换财产物资保管人员时，必须对更换时点的财产物资进行清点，以便分清责任。

局部清查工作量相对较小，各单位应经常对一些贵重物资、流动性大的财产物资和管理上要求严格控制的资产进行局部清查。

2. 按财产清查的时间划分

按财产清查的时间不同，可分为定期清查和不定期清查。

1) 定期清查

定期清查是指按照计划安排的时间对财产物资进行的清查。定期清查一般在期末进行，定期清查可以是全面清查，也可以是局部清查，其目的是保证会计核算资料的真实与正确。

2) 不定期清查

不定期清查是指根据实际需要对财产物资进行的临时性清查。不定期清查一般进行的都是局部清查，其目的是查清某一时点财产物资的实有数量和质量，以及账簿记录的真实性等。不定期清查一般在以下几种情况下进行：①更换现金和财产物资保管人员时；②财产物资发生意外灾害时；③配合有关部门对本单位进行会计检查时；④进行临时性清产核资时。

财产清查对象和时间不同，清查的目的和工作量也有所不同。因此，各单位要根据自身的需要和可能，采取恰当的方法进行财产清查。

（三）按财产清查的组织形式划分

按财产清查的组织形式不同，可分为内部清查和外部清查。

1) 内部清查

内部清查是单位自己根据工作需要，组织有关部门和人员对其财产进行的清查。

2) 外部清查

外部清查是指由单位外部的主管部门，以及财政、税务、审计等部门，根据有关规定和实际工作需要，对本单位实施的清查。

二、财产清查的方法

（一）财产清查的准备工作

财产清查是一项复杂细致的工作，它涉及面广、政策性强、工作量大。为了加强领导，保质保量地完成此项工作，一般应在企业单位负责人（如厂长、经理等）的领导下，由会计、业务、仓库等有关部门的人员组成财产清查的专门班子,具体负责财产清查的领导工作。在清查前,必须做好以下几项准备工作。

(1)清查小组制订财产清查计划,确定清查对象、范围,配备清查人员,明确清查任务。

(2)财务部门将总账、明细账等有关资料登记齐全,核对正确,结出余额。保管部门对所保管的各种财产物资以及账簿、账卡挂上标签,标明品种、规格、数量,以备查对。

(3)银行存款和银行借款应从银行取得对账单,以便查对。

(4)对需要使用的度量衡器,要提前校验正确,保证计量准确。对要用的所有表册都要准备妥当。

财产清查的方法包括库存现金的清查、银行存款的清查、实物资产的清查、往来款项的清查。

(二)库存现金的清查

库存现金的清查,包括人民币和各种外币的清查,都是采用实地盘点,即通过点票数来确定现金的实存数,然后以实存数与现金日记账的账面余额进行核对,以查明账实是否相符及盈亏情况。其清查的内容和方法如下。

(1)盘点前,出纳人员应将现金收、付款凭证全部登记入账,并结出余额。

(2)盘点时,出纳人员必须在场,现金应逐张清点,核实清楚。

(3)盘点中,除应查明现金的实有数额外,还应查明有无违反现金管理制度的规定,如有无"白条"抵库、有无超过库存限额等。

(4)盘点时,应根据盘点结果填制"库存现金盘点报告表",并由清查人员和出纳人员签名或盖章。

库存现金盘点报告表兼有盘存单和实存账存对比表的作用,是反映现金实有数和调整账簿记录的重要原始凭证,其一般格式如图 4-28 所示。

库存现金盘点报告表

单位名称: 　　　　　　　　　　年　　月　　日

实存金额	账存金额	对比结果		备注
		盘盈	盘亏	

盘点人(签章): 　　　　　　　　　　　　　　　　出纳员(签章):

国库券、其他金融债券、公司债券、股票等有价证券的清查方法和现金相同。

图 4-28　库存现金盘点报告表

现金管理条例规定了现金的使用范围:①职工工资、津贴;②个人劳务报酬;③根据国家规定颁发给个人的科学技术、文化艺术、体育等各种奖金;④各种劳保、福利费用以及国家规定的对个人的其他支出;⑤向个人收购农副产品和其他物资的款项;⑥出差人员必须随身携带的差旅费;⑦结算起点(1 000元人民币)以下的零星支出;⑧中国人民银行确定需要支付现金的其他支出。超出规定的范围使用现金,属于违法行为。

(三)银行存款的清查

银行存款的清查,与实物和现金的清查方法不同,它是采用与银行核对账目的方法进行的,即将企业单位的银行存款日记账与从银行取得的对账单逐笔核对,以查明银行存款的收入、付出和结余的记录是否正确。

开户银行送来的银行对账单是银行在收付企业单位存款时复写的账页,它完整地记录了企业单位存放在银行的款项增减变动情况及结存余额,是进行银行存款清查的重要依据。

在实际工作中,企业银行存款日记账余额与银行对账单余额往往不一致,其主要原因有两个,一是双方账目发生错账、漏账,因此,在与银行核对账目之前,应先仔细检查企业单位银行存款日记账的正确性和完整性,再将其与银行送来的对账单逐笔进行核对;二是正常的未达账项。

未达账项是指由于双方记账时间不一致而发生的一方已经入账,而另一方尚未入账的款项。企业单位与银行之间的未达账项,有以下几种情况。

(1)企业已入账,但银行尚未入账。包括:①企业送存银行的款项,企业已作为存款增加入账,但银行尚未入账;②企业开出支票或其他付款凭证,企业已作为存款减少入账,但银行尚未付款、未记账。

(2)银行已入账,但企业尚未入账。包括:①银行代企业收进的款项,银行已作为企业存款的增加入账,但企业尚未收到通知,因而未入账;②银行代企业收支付的款项,银行已作为企业存款的减少入账,但企业尚未收到通知,因而未入账。

上述任何一种情况的发生,都会使双方的账面存款余额不一致。因此,为了查明企业单位和银行双方账目的记录有无差错,发现未达账项,在进行银行存款清查时,必须将企业单位的银行存款日记账与银行对账单逐笔核对。核对的内容包括收付金额、结算凭证的种类和号数、收入来源、支出的用途、发生的时间、某日止的金额等。核对中如果发现企业单位有错账或漏账,应立即更正;如果发现银行有错账或漏账,应即时通知银行查明更正;如果发现有未达账项,则应据以编制银行存款余额调节表进行调节,并验证调节后余额是否相等。

【例4-11】2019年6月30日苏州荣华食品公司银行存款日记账的账面余额为31 000元,银行对账单的余额为36 000元,经逐笔核对,发现有下列未达账项。

(1)29日,企业销售产品收到转账支票一张计2 000元,将支票存入银行,银行尚未办理入账手续。

(2)29日,企业采购原材料开出转账支票一张计1 000元,企业已作为银行存款付出,银行尚未收到支票而未入账。

(3)30日,企业开出现金支票一张金额250元,银行尚未入账。

(4)30日,银行代企业收回货款8 000元,收款通知尚未到达企业,企业尚未入账。

(5)30日,银行代付电费1 750元,付款通知尚未到达企业,企业尚未入账。

(6)30日,银行代付水费500元,付款通知尚未到达企业,企业尚未入账。根据以上资料编制银行存款余额调节表如图4-29所示。

银行存款余额调节表

2019 年 6 月 30 日　　　　　　　　　　　　　　　　　　　　　　　　　　　单位：元

项目	金额	项目	金额
企业银行存款账面余额	31 000.00	银行对账单账面余额	36 000.00
加：银行已记增加，企业未记增加的账项	8 000.00	加：企业已记增加，银行未记增加的账项	2 000.00
减：银行已记减少，企业未记减少的账项	1 750.00 500.00	减：企业已记减少，银行未记减少的账项	1 000.00 250.00
调节的存款余额	36 750.00	调节的存款余额	36 750.00

图 4-29　银行存款余额调节表

若调节后双方余额相等，则说明双方记账没有差错；若不相等，则表明企业方或银行方或双方记账有差错，应进一步核对，查明原因，予以更正。

需要注意的是，对于银行已经入账而企业尚未入账的未达账项，不能根据银行存款余额调节表编制会计分录，作为记账依据，必须在收到银行的有关凭证后方可入账。另外，对于长期悬置的未达账项，应及时查明原因，予以解决。

上述银行存款的清查方法，也适用于各种银行借款的清查。但在清查银行借款时，还应检查借款是否按规定的用途使用，是否按期归还。

（四）实物资产的清查

实物资产包括存货（如原材料、包装物、低值易耗品、在产品、产成品等）和固定资产。实物资产的清查是指对存货和固定资产等的清查，清查时，不仅要将财产物资的实存数与其账面数核对，从数量上看其账实是否相符，而且应详细检查实物资产的品种、规格、型号、是否霉烂变质等质量方面的情况。由于实物资产的性质、形态、体积、重量、存放方式等的不同，因此，清查实物资产时要分别情况采用不同的方法。

存货清查方法可以采用实地盘点法、抽查法和技术推算法。

（1）实地盘点法。实地盘点法是指在财产物资存放地点，逐一清点数量或用计量仪器确定其实存数的一种方法。这种方法工作量较大，但能够得到准确、可靠的数据，因此，绝大多数财产物资的清查都采用该方法。

（2）技术推算法。技术推算法是指利用适当的技术方法推算财产物资实存数的一种方法。对于那些不便于逐一称重、计量，但存放呈一定形状或规则的财产物资，可在抽样盘点的基础上，通过一定的技术方法，推算其实有数量。这种通过计尺、量方等方法取得的财产物资实有数，虽然不如实地盘点法得到的数据准确，但省时、省力、省费用。因此，在大堆、笨重、单位价值较低的大宗物资清查时，仍是一种切实可行的方法。

（3）抽样盘点法。抽样盘点法是指通过对部分实物资产数量与质量的检查，推断总体实物资产数量与质量的方法。这种方法，适用于那些不便于逐一称量或点数、单位价值较低、重量均匀、已包装好的实物资产的数量与质量检查。

在对实物的清查过程中，实物保管人员和盘点人员必须同时在场。对于盘点结果，应如实登记盘存单，并由盘点人和实物保管人签字或盖章，以明确经济责任。盘存单既是记录盘点结果的书面证明，也是反映财产物资实存数的原始凭证，其一般格式如图 4-30 所示。

盘存单

单位名称：			盘点时间：			编号：
财产类别：			存放地点：			金额单位：
编号	名称	计量单位	数量	单价	金额	备注

盘点人(签章)： 保管人(签章)：

图 4-30 盘存单

为了查明实存数与账存数是否一致,确定盘盈或盘亏情况,会计人员应根据盘存单和有关账簿的记录,编制实存账存对比表。实存账存对比表是用以调整账簿记录的重要原始凭证,也是分析产生差异的原因、明确经济责任的依据。实存账存对比表的一般格式如图 4-31 所示。

实存账存对比表
年 月 日

编号	类别及名称	计量单位	单价	实存		账存		对比结果				备注
								盘盈		盘亏		
				数量	金额	数量	金额	数量	金额	数量	金额	

会计主管： 复核： 制表：

图 4-31 实存账存对比表

对于委托外单位加工、保管的材料、商品、物资以及在途的材料、商品、物资等,可以用询证的方法与有关单位进行核对,查明账实是否相符。

(五)往来款项的清查

往来款项的清查是指对应收账款、应付账款、预收账款及预付账款等的清查,是核实与往来单位债权债务关系的一种财产清查。

往来款项的清查,采用对方单位核对账目的方法。在检查各单位结算往来款项账目正确性和完整性的基础上,根据有关明细分类账的记录,按用户编制对账单,送交对方单位进行核对。对账单一般一式两联,其中一联作为回单,如果对方单位核对相符,应在回单上盖章后退回;如果数字不符,则应将不符的情况在回单上注明,或另抄对账单退回,以便进一步清查。在核对过程中,如果发现未达账项,双方都应采用调节账面余额的方法,核对往来款项是否相符。尤其应注意查明有无双方发生争议的款项、无法收回的款项以及无法支付的款项,以便及时采取措施处理,避免或减少坏账损失。

往来款项的清查一般采用询证核对法进行,包括发对账单询证、电话询证等。具体分为以下几个步骤。

(1)填写往来款项对账单并寄给各有关往来单位。对账单根据应收账款、应付账款、预收账款以及预付账款等账户记录,按照每一个往来单位填写往来款项对账单,寄往各有关往来单位。对账单一般一式三联,其中,一联为回单联,要求对方单位核对后盖章退回;一联为留存联,由对方单位留存;一联为底联,清查单位留底。

(2)接到对方单位退回的对账单后,进行相应的处理,并分类汇总。接到对方单位退回的对账单,根据对方在"往来单位意见"栏签署的意见进行处理,对于核对无误的,暂时不用作处理；对于核对中发现的错误和没有收到对账单回单的情况，单位应派人到往来单位进行核实，以查清原因，得出结论。

(3) 清查结束后，编制"往来款项清查报告表"。清查结束后，要及时编制"往来款项清查报告表"，列明相符和不相符的金额，对不相符的款项按有争议、未达账项、无法收回等情况归类合并，针对具体情况及时采取措施予以解决。同时，对无望收回的款项和无法收（付）的款项加以说明，以便及时采取措施，减少双方损失。"往来款项清查报告表"的格式如图 4-32 所示。

往来款项清查报告表

总账名称：　　　　　　　　　　　　年　　月　　日

明细账户		清查结果		核对不符原因			备注
名称	账面余额	核对相符金额	核对不符合金额	未达账项金额	有争议款项金额	其他	

图 4-32　往来款项清查报告表

小 知 识

符合下列条件之一的应收款项，应该确认为坏账：①债务人死亡，以其遗产清偿后仍然无法收回的应收款项；②债务人破产，以其剩余财产清偿后仍然无法收回的应收款项；③债务人较长时期内未履行其偿债义务，并有足够的证据表明无法收回或收回的可能性极小的应收款项；④确认无法支付的应付款项的会计处理。确认应付款项无法支付时，借记"应付账款"等账户，贷记"营业外收入"账户。

三、财产清查结果的处理

（一）财产清查结果的处理要求

对于财产清查中发现的问题，如财产物资的盘盈、盘亏、毁损或其他各种损失，应核实情况，调查分析产生的原因，按照国家有关法律法规的规定，进行相应的处理。

财产清查结果处理的具体要求如下。

(1) 分析产生差异的原因和性质，提出处理建议。财产清查所发现的实存数量与账存数量的差异，应进行对比，核定其相差的数额，调查并分析产生差异的原因，明确经济责任，提出处理意见，处理方案应按规定的程序报请审批。

(2) 积极处理多余积压财产，清理往来款项。对于财产清查中发现的多余积压物资，应分不同情况处理。属于盲目采购或者盲目生产等原因造成的积压，一方面积极利用或改造出售，另一面要停止采购或生产。

(3) 总结经验教训，建立健全各项管理制度。财产清查后，要针对存在的问题和不足，总结经验教训，采取必要的措施，建立健全财产管理制度，进一步提高财产管理水平。

(4) 及时调整账簿记录，保证账实相符。对于财产清查中发现的盘盈或盘亏，应及时调整账面记录,以保证账实相符。应根据清查中取得的原始凭证编制记账凭证,登记有关账簿,使各种财产物资的账存数与实存数相一致,同时反映待处理财产损溢的发生额。

(二) 财产清查结果处理方法

财产清查结果的处理可分为以下两种情况。

1. 审批之前的处理

根据"清查结果报告表""盘点报告表"等已经查实的数据资料,填制记账凭证,记入有关账簿,使账簿记录与实际盘存数相符,同时根据权限,将处理建议报股东大会、董事会、经理(厂长)会议或类似机构批准。

2. 审批之后的处理

企业清查的各种财产的损溢,应于期末前查明原因,并根据企业的管理权限,经股东大会、董事会、经理(厂长)会议或类似机构批准后,在期末结账前处理完毕。企业应严格按照有关部门对财产清查结果提出的处理意见进行账务处理,填制有关记账凭证,登记有关账簿,并追回由于责任者原因造成的财产损失。

企业清查的各种财产的损溢,如果在期末结账前尚未经批准,在对外提供财务报表时,先按上述规定进行处理,并在附注中作出说明。其后批准处理的金额与已处理金额不一致的,调整财务报表相关项目的年初数。

(三) 财产清查结果的账务处理

1. 存货清查结果的处理

1) 账户设置

设置"待处理财产损溢"账户。该账户属于双重性质的资产类账户,用于反映和监督企业在财产清查过程中查明的各种财产物资的盘盈、盘亏、毁损及其处理情况。该账户的借方登记财产物资的盘亏数、毁损数和批准转销的财产物资盘盈数;贷方登记财产物资的盘盈数和批准转销的财产物资盘亏及毁损数。企业清查的各种财产的盘盈、盘亏和毁损应在年终结账前处理完毕,所以"待处理财产损溢"账户在年终结账后没有余额,其账户结构如图 4-33 所示。

借方	待处理财产损溢	贷方
财产盘亏和毁损的发生额		财产盘盈的发生额
财产盘盈的转销数		财产盘亏和毁损的转销额

图 4-33 "待处理财产损溢"账户结构

该账户可以设置"待处理流动资产损溢"和"待处理固定资产损溢"两个明细分类账户进行明细分类核算。

2) 存货盘盈的账务处理

存货盘盈时,应及时办理存货入账手续,调整存货账簿的实存数。盘盈的存货应按其重置成本作为入账价值借记"原材料""库存商品""生产成本""周转材料"等科目,贷记"待处理财产损溢——待处理流动资产损溢"科目。

对于盘盈的存货,应及时查明原因,由于收发计量或核算上的误差等原因造成的,按管理权限报经批准后,冲减管理费用,即按其入账价值,借记"待处理财产损溢——待处理流动资产损溢"科目,贷记"管理费用"科目。

3) 存货盘亏的账务处理

企业在发现存货盘亏时,应按盘亏的金额借记"待处理财产损溢——待处理流动资产损溢"科目,贷记"原材料""库存商品"等科目。材料、产成品、商品采用计划成本或售价核算的,还应同时结转成本差异或商品进销差价。涉及增值税的,还应进行相应处理。

对于盘亏的存货,应及时查明原因,按管理权限报经批准后,按可收回的保险赔偿和过失人赔偿的金额借记"其他应收款"科目;因管理不善等原因造成净损失的金额借记"管理费用"科目;因自然灾害等原因造成净损失的金额借记"营业外支出"科目;因残料入库或变价收入造成损失的金额借记"原材料"或"银行存款"等科目;原记入"待处理财产损溢——待处理流动资产损溢"科目借方的金额贷记本科目。

2. 固定资产清查结果的处理

1) 账户设置

设置"以前年度损益调整"账户。该账户属于损益类账户,用于核算企业本年度发生的调整以前年度损益的事项以及本年度发现的重要前期差错更正涉及调整以前年度损益的事项。企业在资产负债表日至财务报告批准报出日之间发生的需要调整报告年度损益的事项,也可以通过"以前年度损益调整"核算。

该账户的借方登记调整减少以前年度的利润或增加以前年度亏损以及由于以前年度损益调整增加的所得税费用;贷方登记调整增加以前年度的利润或减少以前年度亏损以及由于以前年度损益调整减少的所得税费用。经上述调整后,应将以前年度损益调整余额转入"利润分配——未分配利润"科目。

如为贷方余额

借:以前年度损益调整

　　贷:利润分配——未分配利润

如为借方余额

借:利润分配——未分配利润

　　贷:以前年度损益调整

账户结转后无余额,其账户结构如图 4-34 所示。

借方	以前年度损益调整	贷方
调整减少以前年度的利润		调整增加以前年度的利润
调整增加以前年度的亏损		调整减少以前年度的亏损
由于以前年度损益调整增加的所得税费用		由于以前年度损益调整减少的所得税费用

图 4-34　"以前年度损益调整"账户结构

2) 固定资产盘盈的处理

企业在财产清查中盘盈的固定资产,作为前期差错处理。盘盈的固定资产通过"以前年度损益调整"账户核算。

盘盈的固定资产,应按以下规定确定其入账价值:①如果同类或类似固定资产存在活跃市场,按同类或类似固定资产的市场价格,减去按该项资产的新旧程度估计的价值损耗后的余额,作为入账价值;②若同类或类似固定资产不存在活跃市场的,按该项固定资产的预计未来现金流量的现值,作为入账价值。按此确定的入账价值,借记"固定资产"科目,贷记"以前年度损益调整"科目。

盘盈固定资产作为前期差错处理的原因是,根据《企业会计准则第 4 号——固定资产》及其应用指南的有关规定,固定资产盘盈应作为前期差错记入"以前年度损益调整"科目,而之前规定则是作为当期损益处理。新准则之所以将固定资产盘盈作为前期差错进行会计处理,是因为固定资产出现盘盈的可能性极小,如果企业出现固定资产的盘盈,必定是由于企业以前会计期间少计、漏计固定资产,故应当作为会计差错进行更正处理,这样也能在一定程度上控制人为调解利润的可能性。

3)固定资产盘亏的处理

企业在财产清查中盘亏的固定资产,通过"待处理财产损溢——待处理固定资产损溢"科目核算,盘亏造成的损失,应当计入当期损益,通过"营业外支出——盘亏损失"科目核算。

【工作任务——库存现金清查结果的财务处理】

【例 4-12】2019 年 10 月 30 日,苏州荣华食品有限公司在财产清查中,发现库存现金短少 1 500 元。经查主要是责任人张明个人的原因,研究由张明个人赔偿 800 元,其余由企业承担。2019 年 11 月 3 日收到张明赔付的现金。账务处理为

  借:待处理财产损溢——待处理流动资产损溢 1 500.00
   贷:库存现金   1 500.00
  借:其他应收款——张明   800.00
    管理费用   700.00
   贷:待处理财产损溢——待处理流动资产损溢 1 500.00
  借:库存现金   800.00
   贷:其他应收款——张明   800.00

【例 4-13】2019 年 11 月 10 日,苏州荣华食品有限公司在财产清查时发现销货款多出现金 150 元。11 月 13 日,经查明销货款多出现金中 100 元为应支付给苏州优美食品有限公司的款项,其余 50 元无法查明原因,账务处理为

  借:库存现金   150.00
   贷:待处理财产损溢——待处理流动资产损溢 150.00
  借:待处理财产损溢——待处理流动资产损溢 150.00
   贷:营业外收入   50.00
    其他应付款——苏州优美食品有限公司 100.00

【工作任务——存货清查结果的财务处理】

【例 4-14】2019 年 10 月 30 日,苏州荣华食品有限公司在财产清查中,发现盘盈中筋面粉 100 千克,该面粉的实际成本为每千克 5.80 元,在报经批准处理前,根据"实存账存对比表"确定的材料盘盈数,调整账面记录,财务处理为

  借:原材料——中筋面粉   580.00
   贷:待处理财产损溢——待处理流动资产损溢 580.00

上述中筋面粉盘盈经有关部门查明原因,批准冲减管理费用。
  借:待处理财产损溢——待处理流动资产损溢   580.00
   贷:管理费用   580.00

【例4-15】2019年10月30日,苏州荣华食品有限公司在财产清查中,发现盘亏高筋面粉150千克,实际总成本37.5元;盘亏纯牛奶10千克,实际总成本199.5元;经查明原因是高筋面粉系由于自然损耗产生的定额内损耗;纯牛奶系管理不善造成的超定额损耗,应由孙晓晓赔偿100元,其余损失计入管理费用。

  在报经批准前,根据"实存账存对比表"确定的材料盘亏数,调整账面记录,账务处理为
  借:待处理财产损溢——待处理流动资产损溢   237.00
   贷:原材料——高筋面粉   37.50
      ——纯牛奶   199.50
  查明原因,经批准后,转销盘亏材料的会计分录为
  借:其他应收款——孙晓晓   100.00
    管理费用   137.00
   贷:待处理财产损溢——待处理流动资产损溢   237.00

【工作任务——固定资产结果的财务处理】

【例4-16】2019年10月30日,苏州荣华食品有限公司在财产清查过程中,发现盘盈一台设备,其重置成本为3 000元,因该设备为旧设备,估计其折旧为2 500元。财务处理为
  借:固定资产   500.00
   贷:以前年度损益调整   500.00

【例4-17】2019年11月30日,苏州荣华食品有限公司在财产清查中,发现盘亏机器设备一台,其账面原价为5 000元,账面已提折旧4 000元。则在报经批准前,应调整账面记录为
  借:待处理财产损溢——待处理固定资产损溢 1 000.00
    累计折旧   4 000.00
   贷:固定资产   5 000.00
  报经批准后,转销固定资产盘亏额,账务处理为
  借:营业外支出   1 000.00
   贷:待处理财产损溢——待处理固定资产损溢 1 000.00

【工作任务——往来款项结果的财务处理】

【例4-18】2019年11月30日,苏州荣华食品有限公司将一项无法偿还的应付账款3 000元,按规定程序报经批准后,转作营业外收入。
  借:应付账款   3 000.00
   贷:营业外收入   3 000.00

【例4-19】2019年11月30日,乙公司破产,无法收回该公司所欠货款40 000元,经核实确认核销其应收账款。
  借:坏账准备   40 000.00
   贷:应收账款——乙公司   40 000.00

任务五 结账

结账是指在将本期发生的交易或事项全部登记入账的基础上,结算出每个账户的本期发生额和期末余额,并将期末余额结转至下期。

一、结账的程序

结账的一般程序如下。

(1) 结账前,必须将本期内发生的交易或事项全部登记入账,对漏记的账项及时补记,会计人员不得为了编制会计报表而提前结账,把本期发生的经济业务延至下期登账,也不得先编会计报表后结账。

(2) 按权责发生制的要求进行期末账项调整,调整那些收支期与归属期不一致的收入和费用。如预收收入的分配、预付费用的摊销、合理确定本期应计的收入和应计的费用。

(3) 期末分配结转有关成本费用。按照配比原则对有关费用进行分配,并结转损益。将"制造费用"账户分配记入"生产成本"账户,将各损益类账户转入"本年利润"账户等。

(4) 在本期全部交易或事项已登记入账的基础上,分别计算出库存现金日记账、银行存款日记账、总账和明细账的本期发生额和期末余额,并通过试算平衡核对相符,将期末余额结转至下期。

二、结账的方法

结账的具体方法因账簿的种类和账页的格式不同而有所不同,结账时,应当结出每个账户的期末余额,具体方法如下。

(1) 对不需要按月结计本期发生额的账户,如债权、债务和各项财产物资明细分类账等,每次记账以后,都要随时结出余额,每月最后一笔余额即为月末余额。月末结账时,只需要在最后一笔经济业务事项记录之下划通栏单红线,不需要再结计一次余额。红线是为了醒目,便于看账,会计上称单红线为计算线,如图 4-35 所示。

原材料明细账

存货编号:1101　　　　　　　　　　　　　　　　　　　　计量单位:千克
存货类别:主要材料　　　　　　　　　　　　　　　　　　最高存量:
品名及规格:高筋面粉　　　　　　　　　　　　　　　　　最低存量:

2019年		凭证号数	摘要	借方			贷方			余额		
月	日			数量	单价	金额	数量	单价	金额	数量	单价	金额
11	5		承前页							10 000	5.25	52 500
	7	略	略	12 000	5.25	63 000				22 000	5.25	115 500
	10	略	略				15 000	5.25	78 750	7 000	5.25	36 750
	15	略	略				5 000	5.25	26 250	2 000	5.25	10 500

图 4-35　原材料明细账

（2）对库存现金、银行存款日记账和需要按月结计发生额的收入、费用等明细账，每月结账时，要在最后一笔经济业务记录下面，结出本月发生额和余额，在摘要栏内注明"本月合计"字样，并在下面划通栏单红线，如图4-36所示。

库存现金日记账

2019年		凭证号数	摘要	对方科目	收入	付出	结余
月	日						
10	1		月初余额				1 850.00
	7	现付1	付办公用品费	管理费用		150.00	1 700.00
	8	现付2	李明预借差旅费	其他应收款		1 600.00	100.00
	9	银付3	提现备用	银行存款	2 000.00		2 100.00
	15	现收1	李明归还差旅费	其他应收款	100.00		2 200.00
10	31		本月合计		2 100.00	1 750.00	2 200.00

图4-36 库存现金日记账

（3）对需要结计本年累计发生额的某些明细账户，每月结账时，应在"本月合计"行下结出自年初起至本月末止的累计发生额，登记在月份发生额下面；在摘要栏内注明"本年累计"字样，并在下面划通栏单红线。12月末的"本年累计"就是全年累计发生额，在全年累计发生额下划通栏双红线。双红线表示封账，又称为结束线，如图4-37所示。

主营业务收入明细账

产品名称：苏打饼干

2019年		凭证号数	摘要	借方金额	贷方金额	借或贷	余额
月	日						
12	1		销售		450 000.00	贷	450 000.00
	10		销售		300 000.00	贷	300 000.00
	25		销售		100 000.00	贷	100 000.00
	31		结转收入	850 000.00		平	0.00
	31		本月合计	850 000.00	850 000.00	平	0.00
	31		本年累计	7 200 000.00	7 200 000.00		

图4-37 主营业务收入明细账

（4）总分类账账户平时只需结出月末余额。年终结账时，将所有总账账户结出全年发生额和年末余额，在摘要栏内注明"本年合计"字样，并在合计数下划通栏双红线，如图4-38所示。

总分类账

账户名称：应收账款

2019年		凭证号数	摘要	借方金额	贷方金额	借或贷	余额
月	日						
12	1		月初余额			借	420 000.00
	10	转	销售商品	351 000.00		借	771 000.00
	12	银收1	收回E公司货款		500 000.00	借	271 000.00
	17	银收2	F公司归还货款		100 000.00	借	171 000.00
	31		本月合计	351 000.00	600 000.00	借	171 000.00
	31		本年合计	4 300 000.00	4 040 000.00	借	171 000.00

图4-38 总分类账

(5)年度终了结账时,有余额的账户,要将其余额结转下年,并在摘要栏注明"结转下年"字样;在下一会计年度新建有关会计账户的第一行余额栏内填写"上年结转"字样。结转下年时,既不需要编制记账凭证,也不必将余额再记入本年账户的借方或贷方,使本年有余额的账户余额变为零,而是使有余额的账户的余额如实反映在账户中,以免混淆有余额的账户和无余额的账户,如图4-39和图4-40所示。

总分类账

账户名称:应收账款

2019年		凭证号数	摘要	借方金额	贷方金额	借或贷	余额
月	日						
12	1		月初余额			借	420 000.00
	10	转	销售商品	351 000.00		借	771 000.00
	12	银收1	收回E公司货款		500 000.00	借	271 000.00
	17	银收2	F公司归还货款		100 000.00	借	171 000.00
	31		本月合计	351 000.00	600 000.00	借	171 000.00
	31		本年合计	4 300 000.00	4 040 000.00	借	171 000.00
			结转下年				

图4-39 总分类账

总分类账

账户名称:应收账款

2020年		凭证号数	摘要	借方金额	贷方金额	借或贷	余额
月	日						
1	1		上年结转			借	171 000.00

图4-40 总分类账

若由于会计准则或会计制度改变而需要在新账中改变原有账户名称及其核算内容的,可将年末余额按新会计准则或会计制度的要求编制余额调整分录,或编制余额调整工作底稿,将调整后的账户余额抄入新账的有关账户余额内。

> **温馨提示**
>
> 债权、债务类明细账、财产物资明细账等都不需要按月结计本月发生额。收入、费用等明细账都要结出本月发生额和余额。

任务六　更换与保管会计账簿

一、会计账簿的更换

为了保持会计账簿资料的连续性,在每一会计年度结束,新的会计年度开始时,应按会计制度规定,进行会计账簿的更换。

会计账簿更换的具体做法如下。

(1) 总账、日记账和大部分明细账,每年更换一次。

年初,将旧账簿中各账户的余额直接记入新账簿中有关账户新账页的第一行"余额"栏内。同时,在"摘要"栏内加盖"上年结转"戳记,将旧账页最后一行数字下的空格中划一条斜红线注销,并在旧账页最后一行"摘要"栏内加盖"结转下年"戳记。在新旧账户之间转记余额,可不必填制凭证。

在年度内,订本式账簿记满更换新账簿时,办理与年初更换新账簿相似的手续。

(2) 部分明细账,如固定资产明细账等,因年度内变动不多,若更换新账,重抄一遍的工作量相当大,因此,可以跨年使用,年初不必更换账簿。但在"摘要"栏内要加盖"结转下年"戳记,以划分新旧年度之间的金额。各种备查账簿也可以连续使用。

> **温馨提示**
>
> 上年度账户中的借方余额,转至本年度新账内仍为借方余额,上年度账户中的贷方余额,转至本年度新账内仍为贷方余额,即余额方向不因结转而变化。

二、会计账簿的保管

会计账簿、会计凭证和会计报表等都是企业重要的经济档案与历史资料,必须妥善保管,不得随意丢失和销毁。各种账簿的保管年限和销毁的审批程序,应按会计制度的规定严格执行。

(一) 会计账簿的日常保管

在账簿的日常管理中,各种账簿要分工明确,指定专门人员负责。账簿经管人员既要负责记账、对账、结账等工作,又要负责保证账簿的安全、完整。会计账簿日常管理中应注意以下几点。

(1) 会计账簿未经单位领导和会计负责人或有关人员批准,非经管人员不能随意翻阅查看、摘抄和复制。

(2) 会计账簿除需要与外单位核对外,一般不能携带外出,对携带外出的账簿,一般应由经管人员或会计主管人员指定专人负责。

(3) 会计账簿不能随意交与其他人员管理,防止任意涂改账簿等问题发生。

(二) 会计账簿的归档保管

年度终了更换并启用新账后,对更换下来的旧账要整理、装订、造册,办理交接手续后归档保存。

> **温馨提示**
>
> 　　正在建设期间的建设单位,其会计账簿,无论保管期限是否已满,一律不得销毁,必须妥善保管,待项目办理竣工决算后,再按规定的交接手续交给接收单位。
>
> 　　会计档案的销毁是一项严肃的工作,各单位必须严格按规定进行。故意销毁依法应当保存的会计账簿,以及授意、指使、强令会计机构、会计人员及其他人员故意销毁依法应当保存的会计账簿,都属于违法行为。构成犯罪的,要依法追究刑事责任;没构成犯罪的,也要承担行政责任,违法单位和责任人员会受到相应的经济处罚和行政处分。

【实操训练——编制科目汇总表,并登记账簿】

　　实训要求:根据案例企业苏州宝青食品有限公司2020年11月份发生的经济业务(见项目三例3-7～例3-63)及各账户余额(见项目二【实操训练——期初建账】),编制2020年11月的科目汇总表,并据以登记总账。

项目五 编制财务报表

学习目标

价值目标
1. 坚持会计信息的真实性和可靠性；
2. 养成及时收集、提供会计信息的职业习惯。

能力目标
1. 能根据账簿记录正确填列资产负债表的项目；
2. 能根据账簿记录正确填列利润表的项目；
3. 能阅读理解会计报表的主要项目。

知识目标
1. 理解会计报表的内涵；
2. 了解会计报表的分类；
3. 掌握资产负债表的作用、结构和基本编制方法；
4. 掌握利润表的作用、结构和基本编制方法。

任务一 认知财务报表

一、财务报表的概念和分类

（一）财务报表的概念

财务报表是指单位根据经过审核的会计账簿记录和有关资料，编制并对外提供的反映单位某一特定日期财务状况和某一会计期间经营成果、现金流量的文件。它是企业根据日常会计核算资料归集、加工和汇总后形成的，是企业会计核算的最终成果，也是会计核算工作的总结。

单位编制财务报表的主要目的是为投资者、债权人、政府及相关机构、单位管理人员、社会公众等财务会计报告的使用者提供会计信息，以做出决策。

（二）财务会计报表的分类

1. 按反映的经济内容分类

（1）财务状况报表。财务状况报表是反映企业在某一特定日期或一定时期财务状况的会计报表，一般包括资产负债表和现金流量表。资产负债表通过资产、负债、所有者权益项目，反映企业在某一特定日期的财务状况；现金流量表通过企业在一定会计期间现金收支的财务变动情况，反映企业理财的过程和结果。

（2）经营成果报表。经营成果报表是反映企业一定时期利润的形成及分配等基本情况的会计报表，一般包括利润表和利润分配表。利润表反映企业在一定期间的经营成果情况，利润分配表反映企业利润分配的过程。

2. 按编报的时间分类

（1）中期会计报表。中期会计报表是以短于一个完整会计年度的报告期间为基础编制的，包括月报、季报、半年报。主要有资产负债表和利润表。月度会计报表应于月度终了后6天内（节假日顺延，下同）对外提供，季度中期会计报表应于季度终了后15天内对外提供，半年度中期会计报表应于年度中期结束后60天内（相当于两个连续的月份）对外提供。

（2）年度会计报表。年度会计报表是在年度终了编制的会计报表，通常称为决算报告，主要有资产负债表、利润表和现金流量表。年度财务报表应当于年度终了后4个月内对外提供。

3. 按编报的主体分类

（1）个别财务报表。个别财务报表是由企业在自身会计核算基础上，对账簿记录进行加工而编制的会计报表，主要用于反映企业自身的财务状况、经营成果和现金流量情况。

（2）合并财务报表。合并报表是指以母公司和子公司组成的企业集团为一个会计主体，以母子公司的个别报表为基础编制的会计报表，由母公司编制的综合反映企业集团财务状况、经营成果和现金流量的会计报表。

> **链接与提示**
>
> 合并报表是指具有母子关系的公司（一般当某公司拥有另一公司50%以上股权时，它就成为被投资公司的母公司，被投资公司为其子公司）在对外报送会计报表时需要编制的母子公司合并报表。

4. 按报送的对象分类

（1）外部报表。外部报表主要是向企业外部各类报表使用者（包括企业内部使用者）提供的财务会计报表。这种报表通常有统一的格式和规定的指标体系，企业必须按照规定的时间及时编制并报送，不得随意变更会计报表的格式和内容，如资产负债表、利润表和现金流量表等。

（2）内部报表。内部报表是为了满足企业内部经营管理需要而编制的不对外公开的会计报表，一般没有统一的格式和编制要求，其目的是为企业预测、决策、财务预算、产品成本计算和业绩评价提供财务信息,如成本费用报表、营业收入报表等均属于内部报表。内部报表的种类、内容和格式可由企业自行设计确定。

二、财务报表的编制要求

1. 以持续经营为基础编制

企业应当以持续经营为基础,根据实际发生的交易和事项,按照《企业会计准则——基本准则》和其他各项会计准则的规定进行确认和计量,在此基础上编制财务报表。以持续经营为基础编制财务报表如不再合理,企业应当采用其他基础编制财务报表,并在附注中声明财务报表未以持续经营为基础编制的事实,披露未以持续经营为基础编制的原因和财务报表的编制基础。

2. 按正确的会计基础编制

除现金流量表按照收付实现制原则编制外,企业应当按照权责发生制原则编制财务报表。

3. 至少按年编制财务报表

企业按年至少应当编制财务报表。年度财务报表涵盖的期间短于一年的,应当披露年度财务报表的涵盖期间、短于一年的原因以及报表数据不具可比性的事实。

4. 项目列报遵守重要性原则

重要性是指在合理预期下,财务报表某项目的省略或错报会影响使用者据此作出经济决策。重要性应当根据企业所处的具体环境,从项目的性质和金额两方面予以判断,且对各项目重要性的判断标准一经确定,不得随意变更。判断项目性质的重要性,应当考虑该项目在性质上是否属于企业日常活动、是否显著影响企业的财务状况、经营成果和现金流量等因素;判断项目金额大小的重要性,应当考虑该项目金额占资产总额、负债总额、所有者权益总额、营业收入总额、营业成本总额、净利润、综合收益总额等直接相关项目金额的比重或所属报表单列项目金额的比重。

性质或功能不同的项目,应当在财务报表中单独列报,但不具有重要性的项目除外。

性质或功能类似的项目,其所属类别具有重要性的,应当按其类别在财务报表中单独列报。

某些项目的重要性程度不足以在资产负债表、利润表、现金流量表或所有者权益变动表中单独列示,但对附注却具有重要性的,则应当在附注中单独披露。

由《企业会计准则第 30 号——财务报表列报》规定在财务报表中单独列报的项目,应当单独列报。其他会计准则规定单独列报的项目,应当增加单独列报项目。

5. 保持各个会计期间财务报表项目列报的一致性

财务报表项目的列报应当在各个会计期间保持一致,除会计准则要求改变财务报表项目的列报,或企业经营业务的性质发生重大变化后,变更财务报表项目的列报能够提供更可靠、更相关的会计信息外,不得随意变更。

6. 各项目之间的金额不得相互抵销

财务报表中资产项目和负债项目的金额、收入项目和费用项目的金额、直接计入当期利润的利得项目和损失项目的金额不得相互抵销,但其他会计准则另有规定的除外。

一组类似交易形成的利得和损失应当以净额列示,但具有重要性的除外。资产或负债项目按扣除备抵项目后的净额列示,不属于抵销。非日常活动产生的利得和损失,以同一交易形成的收益扣减相关费用后的净额列示更能反映交易实质的,不属于抵销。

7. 至少应当提供所有列报项目上一个可比会计期间的比较数据

当期财务报表的列报,至少应当提供所有列报项目上一个可比会计期间的比较数据,以及与理解当期财务报表相关的说明,但其他会计准则另有规定的除外。

财务报表的列报项目发生变更的,应当至少对可比期间的数据按照当期的列报要求进行调整,并在附注中披露调整的原因和性质,以及调整的各项目金额。对可比数据进行调整不切实可行的,应当在附注中披露不能调整的原因。

8. 应当在财务报表的显著位置披露编报企业的名称等重要信息

企业应当在财务报表的显著位置(如表首)至少披露下列各项信息。

(1) 编报企业的名称。

(2) 资产负债表日或财务报表涵盖的会计期间。

(3) 人民币金额单位。

(4) 财务报表是合并财务报表的,应当予以标明。

三、财务报表编制前的准备工作

在编制财务报表前,需要完成下列工作。

(1) 严格审核会计账簿的记录和有关资料。

(2) 进行全面财产清查、核实债务,并按规定程序报批,进行相应的会计处理。

(3) 按规定的结账日进行结账,结出有关会计账簿的余额和发生额,并核对各会计账簿之间的余额。

(4) 检查相关的会计核算是否按照国家统一的会计制度的规定进行。

(5) 检查是否存在因会计差错、会计政策变更等原因需要调整前期或本期相关项目的情况等。

任务二 编制资产负债表

一、资产负债表的概述

资产负债表是指反映企业某一特定日期(如月末、季末、年末)财务状况的会计报表。它是根据"资产=负债+所有者权益"这一会计等式,按照一定的分类标准和顺序,将企业在一定日期的全部资产、负债和所有者权益项目适当分类、汇总、排列后编制而成的。

资产负债表的意义主要如下。

(1) 可以反映企业资产的构成及其状况,分析企业在某一日期所拥有的经济资源及其分布情况。

(2) 可以反映企业某一日期的负债总额及其结构,分析企业目前与未来需要支付的债务数额。

(3) 可以反映企业所有者权益的情况,了解企业现有的投资者在企业资产总额中所占的份额。

(4) 可以帮助报表使用者全面了解企业的财务状况,分析企业的债务偿还能力,从而为未来的经济决策提供信息。

二、资产负债表的列示要求

(一) 资产负债表列报总体要求

1. 分类别列报

资产负债表应当按照资产、负债和所有者权益三大类别分类列报。

2. 资产和负债按流动性列报

资产和负债应当按照流动性分别分为流动资产和非流动资产、流动负债和非流动负债列报。

3. 列报相关的合计、总计项目

资产负债表中的资产类至少应当列示流动资产和非流动资产的合计项目;负债类至少应当列示流动负债、非流动负债以及负债的合计项目;所有者权益类应当列示所有者权益的合计项目。资产负债表应当分别列示资产总计项目和负债与所有者权益之和的总计项目,并且这二者的金额应当相等。

(二) 资产的列报

资产负债表中的资产类至少应当单独列示反映下列信息的项目:①货币资金;②以公允价值计量且其变动计入当期损益的金融资产;③应收款项;④预付款项;⑤存货;⑥被划分为持有待售的非流动资产及被划分为持有待售的处置组中的资产;⑦可供出售金融资产;⑧持有至到期投资;⑨长期股权投资;⑩投资性房地产;⑪固定资产;⑫生物资产;⑬无形资产;⑭递延所得税资产。

(三) 负债的列报

资产负债表中的负债类至少应当单独列示反映下列信息的项目:①短期借款;②以公允价值计量且其变动计入当期损益的金融负债;③应付款项;④预收款项;⑤应付职工薪酬;⑥应交税费;⑦被划分为持有待售的处置组中的负债;⑧长期借款;⑨应付债券;⑩长期应付款;⑪预计负债;⑫递延所得税负债。

(四) 所有者权益的列报

资产负债表中的所有者权益类至少应当单独列示反映下列信息的项目:①实收资本(或

股本);②资本公积;③盈余公积;④未分配利润。

三、资产负债表的格式

目前国际上流行的有账户式和报告式两种。根据我国《企业会计准则》的规定,我国企业的资产负债表采用账户式结构。账户式资产负债表一般分为左右两方,左方为资产项目,按资产的流动性大小排列,流动性大的排在前面,流动性小的排在后面。右方为负债和所有者权益项目,按求偿权先后顺序排列。资产负债表格式如表5-1所示。

表5-1 资产负债表

编制单位:　　　　　　　　　　年　月　日

会企01表　单位:元

资产	期末余额	年初余额	负债和所有者权益（或股东权益）	期末余额	年初余额
流动资产:			流动负债:		
货币资金			短期借款		
交易性金融资产			交易性金融负债		
应收票据			应付票据		
应收账款			应付账款		
预付款项			预收款项		
应收利息			应付职工薪酬		
应收股利			应交税费		
其他应收款			应付利息		
存货			应付股利		
一年内到期的非流动资产			其他应付款		
其他流动资产			一年内到期的非流动负债		
流动资产合计			其他流动负债		
非流动资产:			流动负债合计		
可供出售金融资产			非流动负债:		
持有至到期投资			长期借款		
长期应收款			应付债券		
长期股权投资			长期应付款		
投资性房地产			专项应付款		
固定资产			预计负债		
在建工程			递延所得税负债		
工程物资			其他非流动负债		
固定资产清理			非流动负债合计		
生产性生物资产			负债合计		
油气资产			所有者权益(或股东权益):		
无形资产			实收资本(或股本)		
开发支出			资本公积		

续表

资产	期末余额	年初余额	负债和所有者权益 （或股东权益）	期末余额	年初余额
商誉			减：库存股		
长期待摊费用			盈余公积		
递延所得税资产			未分配利润		
其他非流动资产			所有者权益（或股东权益）合计		
非流动资产合计					
资产总计			负债和所有者权益（或股东权益）总计		

四、资产负债表的填制方法

资产负债表通常要填制年初余额和期末余额两栏。

（一）"年初余额"栏的填制方法

年初余额栏内各项数字，应根据上年末（12月31日）资产负债表"期末余额"栏内数字填列。如果本年度资产负债表各项目的名称和内容与上年相比发生变动，应对上年年末资产负债表各项目的名称和数字按本年度的规定进行调整，按调整后的数字填入本表的"年初余额"栏内。

（二）"期末余额"栏的填制方法

期末余额栏内各项数字则可为月末、季末或年末的数字，应根据会计账簿记录填列。填制方法主要有五大类，具体如下。

1. 根据某个总账科目的期末余额直接填列

主要有交易性金融资产、固定资产清理、递延所得税资产、短期借款、交易性金融负债、应付票据、应付利息、应付股利、应交税费、应付职工薪酬、其他应付款、递延所得税负债、实收资本（股本）、资本公积、盈余公积等项目。

一般情况下，资产类项目直接根据其总账科目的借方余额填列，负债类和所有者权益类项目直接根据其总账科目的贷方余额填列。

注：应交税费、应付职工薪酬等项目，如果期末总账账户余额在借方，以"—"填列。

2. 根据若干个总账科目分析计算填列

主要有货币资金、存货、未分配利润等。

货币资金＝库存现金＋银行存款＋其他货币资金

存货＝[在途物资（计划成本核算为材料采购）＋原材料＋库存商品＋生产成本＋
周转材料＋委托加工物资＋材料成本差异（借方余额为＋，贷方余额为－，
计划成本核算时有该科目）＋发出商品]－存货跌价准备

未分配利润(平时即 1 月—11 月末)＝本年利润总账账户余额＋未分配利润总账账户余额

3. 根据有关总账所属明细账的期末余额分析填列

应收账款＝应收账款所属明细账的期末借方余额合计数＋预收账款所属明细账的期末借方余额合计数－坏账准备账户中有关应收账款计提的坏账准备期末余额填列

预付账款＝预付账款所属明细账的期末借方余额＋应付账款所属明细账的期末借方余额－坏账准备账户中有关预付账款计提的坏账准备期末余额

应付账款＝应付账款明细账期末贷方余额＋预付账款明细账期末贷方余额

预收账款＝预收账款明细账期末贷方余额＋应收账款明细账期末贷方余额

4. 根据有关总账及明细账的期末余额分析计算填列

长期应收款＝长期应收款总账账户期末余额－一年内到期的长期应收款数额(在一年内到期的非流动资产填列)－"坏账准备"账户中按长期应收款计提的坏账损失后的金额填列

长期待摊费用＝长期待摊费用总账账户期末余额－一年内到期的长期待摊费用数额(在一年内到期的非流动资产填列)

长期借款＝长期借款总账账户期末余额－一年内到期的长期借款数额

应付债券＝应付债券总账账户期末余额－一年内到期的应付债券数额

长期应付款＝长期应付款总账账户期末余额－一年内到期的长期应付款数额

注：一年内到期的数额包含正好是一年的。

5. 根据有关资产类账户与其备抵账户抵消后的净额填列

包括应收账款、应收票据、其他应收款、存货、持有至到期投资、长期股权投资、固定资产、在建工程、无形资产等。

应收账款＝应收账款所属明细账的期末借方余额合计数＋预收账款所属明细账的期末借方余额合计数－坏账准备账户中有关应收账款计提的坏账准备期末余额填列

应收票据＝应收票据总账账户期末余额－坏账准备中有关应收票据计提的坏账准备期末金额

其他应收款＝其他应收款总账账户期末余额－坏账准备账户中有关其他应收款计提的坏账准备期末余额填列

存货＝[在途物资(计划成本核算为材料采购)＋原材料＋库存商品＋生产成本＋周转材料＋委托加工物资＋材料成本差异(借方余额为＋，贷方余额为－，计划成本核算时有该科目)＋发出商品]－存货跌价准备

持有至到期投资＝持有至到期投资总账账户期末余额－持有至到期投资减值准备账户余额

长期股权投资＝长期股权投资总账账户期末余额－"长期股权投资减值准备"期末账户余额

固定资产＝固定资产总账账户期末余额－累计折旧总账账户期末余额－固定资产减值准备总账账户期末余额

在建工程＝"在建工程"总账账户期末余额－"在建工程减值准备"总账账户期末余额

无形资产＝无形资产总账账户期末余额－累计摊销总账账户期末余额－无形资产减值

准备总账账户期末余额

补充：预付账款、应收利息、应收股利、可供出售金融资产也属于根据有关资产类账户与其备抵账户抵消后的净额填列。

资产负债表中每个项目的具体填制方法如下。

(1) 货币资金＝库存现金＋银行存款＋其他货币资金。

其中其他货币资金是指企业除库存现金、银行存款以外的各种货币资金，主要包括银行汇票存款、银行本票存款、信用卡存款、信用证保证金存款、存出投资款、外埠存款等。

(2) 交易性金融资产，根据交易性金融资产总账账户的期末余额直接填列。

交易性金融资产主要是指企业为了近期内出售而持有的金融资产，例如，企业以赚取差价为目的从二级市场购入的股票、债券、基金等。企业应设置"交易性金融资产"科目，本科目核算企业持有的以公允价值计量且其变动计入当期损益的金融资产，包括为交易目的所持有的债券投资、股票投资、基金投资、权证投资和直接指定为以公允价值计量且其变动直接计入当期损益的金融资产。

(3) 应收票据＝应收票据总账账户期末余额－坏账准备中有关应收票据计提的坏账准备期末金额。

(4) 应收账款＝应收账款所属明细账的期末借方余额合计数＋预收账款所属明细账的期末借方余额合计数－坏账准备账户中有关应收账款计提的坏账准备期末余额填列。

(5) 预付账款＝预付账款所属明细账的期末借方余额＋应付账款所属明细账的期末借方余额－坏账准备账户中有关预付账款计提的坏账准备期末余额。

(6) 其他应收款＝其他应收款总账账户期末余额－坏账准备账户中有关其他应收款计提的坏账准备期末余额填列。

(7) 应收利息＝应收利息总账账户期末余额－"坏账准备"科目中有关应收利息计提的坏账准备期末余额后的金额填列。

本科目核算企业交易性金融资产、持有至到期投资、可供出售金融资产、贷款等应收取的利息。企业购入的一次还本付息的持有至到期投资，持有期间取得的利息，在"持有至到期投资"科目核算。

(8) 应收股利＝应收股利总账账户期末余额－"坏账准备"科目中有关应收股利计提的坏账准备期末余额后的金额填列。

应收股利是指企业因股权投资而应收取的现金股利以及应收其他单位的利润。

(9) 存货＝[在途物资(计划成本核算为材料采购)＋原材料＋库存商品＋生产成本＋周转材料＋委托加工物资＋材料成本差异(借方余额为＋，贷方余额为－，计划成本核算时有该科目)＋发出商品]－存货跌价准备。

(10) 一年内到期的非流动资产＝一年内到期的长期应收款＋一年内到期的长期待摊费用。

反映企业将于一年内到期的非流动资产项目金额。本项目应根据有关科目的期末余额填列。

(11) 其他流动资产＝其他资产有关科目的期末余额。

其他流动资产指除货币资金、短期投资、应收票据、应收账款、其他应收款、存货等流动资产以外的流动资产期末余额填列，一般指"待处理财产损溢"账户的期末余额填列，期末如为贷方余额填负数,待处理财产损溢科目年末无余额。

(12) 流动资产合计＝货币资金＋交易性金融资产＋应收票据＋应收账款＋预付账款＋其他应收款＋应收利息＋应收股利＋存货＋一年内到期的非流动资产＋其他流动资产。

(13) 可供出售金融资产＝可供出售金融资产总账账户期末余额－可供出售金融资产减值准备总账账户余额。

本科目核算企业持有的可供出售金融资产的价值,包括划分为可供出售的股票投资、债券投资等金融资产。

(14) 持有至到期投资＝持有至到期投资总账账户期末余额－持有至到期投资减值准备账户余额。

企业从二级市场购入的固定利率国债、浮动利率公司债券等,都属于持有至到期投资。持有至到期投资通常具有长期性质,但期限较短(一年以内)的债券投资,符合持有至到期投资条件的,也可以划分为持有至到期投资。

(15) 长期应收款＝长期应收款总账账户期末余额－一年内到期的长期应收款数额(在一年内到期的非流动资产填列)－"坏账准备"账户中按长期应收款计提的坏账损失后的金额填列。

本科目核算企业融资租赁产生的应收款项和采用递延方式分期收款、实质上具有融资性质的销售商品和提供劳务等经营活动产生的应收款项。

(16) 长期股权投资＝长期股权投资总账账户期末余额－"长期股权投资减值准备"期末账户余额。

(17) 固定资产＝固定资产总账账户期末余额－累计折旧总账账户期末余额－固定资产减值准备总账账户期末余额。

(18) 在建工程＝"在建工程"总账账户期末余额－"在建工程减值准备"总账账户期末余额。

(19) 工程物资＝工程物资总账账户期末余额。

(20) 固定资产清理＝固定资产清理总账账户期末余额。

固定资产清理结转到营业外收入或营业外支出后,无余额。

(21) 无形资产＝无形资产总账账户期末余额－累计摊销总账账户期末余额－无形资产减值准备总账账户期末余额。

(22) 商誉＝商誉总账账户期末余额－"商誉减值准备"总账账户期末余额。

商誉是指在同等条件下,由于其所处地理位置的优势,或由于经营效率高、历史悠久、人员素质高等多种原因,能获取高于正常投资报酬率所形成的价值。企业应设置"商誉"科目,以核算企业合并中形成的商誉价值。商誉发生减值的,可以单独设置"商誉减值准备"科目核算。

(23) 长期待摊费用＝长期待摊费用总账账户期末余额－一年内到期的长期待摊费用数额(在一年内到期的非流动资产填列)。

(24) 递延所得税资产＝递延所得税资产总账账户期末余额。

递延所得税资产通俗的说,是指企业按照企业所得税法的规定当期和以前期间已缴纳的企业所得税额,大于按照会计准则规定处理应缴纳的企业所得税额,这一差异在未来期间会计处理时,转回会减少未来期间按照会计准则处理确定的应纳税所得额和应缴所得税,这对于企业来说是一项递延资产,称为递延所得税资产。

(25) 其他非流动资产＝其他非流动资产有关科目的期末余额。

反映企业除长期股权投资、固定资产、在建工程、工程物资、无形资产以外的其他非流动资产;其他非流动资产主要包括特准储备物资、冻结存款、冻结物资、涉及诉讼中的财产等,一般企业不一定有其他非流动资产。

(26) 非流动资产合计＝可供出售金融资产＋持有至到期投资＋长期应收款＋长期股权投资＋固定资产＋在建工程＋工程物资＋固定资产清理＋无形资产＋商誉＋长期待摊费用＋递延所得税资产＋其他非流动资产。

(27) 资产总计＝流动资产合计＋非流动资产合计。

(28) 短期借款＝短期借款总账期末余额。

(29) 交易性金融负债＝交易性金融负债总账期末余额。

(30) 应付票据＝应付票据总账期末余额。

(31) 应付账款＝应付账款明细账期末贷方余额＋预付账款明细账期末贷方余额。

(32) 预收账款＝预收账款明细账期末贷方余额＋应收账款明细账期末贷方余额。

(33) 应付职工薪酬＝应付职工薪酬总账期末贷方余额(如果期末是借方余额填负数)。

(34) 应交税费＝应交税费总账期末贷方余额(如果期末是借方余额填负数)。

(35) 应付利息＝应付利息总账期末余额。

(36) 应付股利＝应付股利总账账户期末余额。

(37) 其他应付款＝其他应付款总账账户期末余额。

(38) 一年内到期的非流动负债＝一年内到期的长期借款＋一年内到期的应付债券＋一年内到期的长期应付款。

(39) 其他流动负债＝根据有关账户余额填列(一般指或有负债)。

或有负债是指过去的交易或事项形成的潜在义务,其存在须通过未来不确定事项的发生或不发生予以证实。

(40) 流动负债合计＝短期借款＋交易性金融资产＋应付票据＋应付账款＋预收账款＋应付职工薪酬＋应交税费＋应付利息＋应付股利＋其他应付款＋一年内到期的非流动负债＋其他流动负债。

(41) 长期借款＝长期借款总账账户期末余额－一年内到期的长期借款数额。

(42) 应付债券＝应付债券总账账户期末余额－一年内到期的应付债券数额。

(43) 递延所得税负债＝递延所得税负债总账账户期末余额。

递延所得税负债是指企业按照企业所得税法的规定当期和以前期间已缴纳的企业所得税额,小于按照会计准则规定处理应缴纳的企业所得税额,这一差异在未来期间会计处理时,转回会增加未来期间按照会计准则处理确定的应纳税所得和应缴所得税,这对于企业是一项递延负债,称为递延所得税负债。

(44) 其他非流动负债应根据有关科目期末余额减去将于一年内(含一年)到期偿还数后的余额填列。其他非流动负债项目是反映企业除长期借款、应付债券等项目以外的其他非流动负债。非流动负债各项目中将于一年内(含一年)到期的非流动负债,应在"一年内到期的非流动负债"项目内单独反映。

(45) 非流动负债合计＝长期借款＋应付债券＋递延所得税负债＋其他流动负债。

(46) 实收资本＝实收资本总账账户期末余额。

(47) 资本公积＝资本公积总账账户期末余额。

(48) 盈余公积＝盈余公积总账账户期末余额。

(49) 未分配利润（平时即1月—11月末）＝本年利润总账账户余额＋未分配利润总账账户余额。

注：本年利润和利润分配的余额均在贷方的，用二者之和填列；二者余额均在借方的，用二者之和以负数填；二者余额一个在借方，一个在贷方的，用二者余额互相抵减后的差额填列，如为借差以负数填列。未分配利润（年末，即12月31日）＝利润分配总账账户余额（借方余额就填负数）。

【工作任务——填制资产负债表中相关项目金额】

【例 5-1】苏州荣华食品有限公司2019年11月30日有关账户的余额如表5-2所示，根据账户余额表计算资产负债表中有关项目金额。

表 5-2 2019 年 11 月 30 日有关账户的余额   单位：元

科目	借方余额	贷方余额
库存现金	(1) 2 000.00	
银行存款	(2) 400 000.00	
在途物资	(3) 7 000.00	
原材料	(4) 25 000.00	
库存商品	(5) 30 000.00	
生产成本	(6) 6 000.00	
预付账款	(7) 10 000.00	
其中：A公司	(8) 11 000.00	
B公司		(9) 1 000.00
其他应收款	(10) 5 000.00	
应收账款	(11) 20 000.00	
其中：甲公司	(12) 30 000.00	
乙公司		(13) 10 000.00
坏账准备		(14) 200.00
应付账款		(15) 20 000.00
其中：丙公司	(16) 20 000.00	
丁公司		(17) 40 000.00
预收账款		(18) 15 000.00
其中：C公司	(19) 2 000.00	
D公司		(20) 17 000.00
应付职工薪酬	(21) 10 000.00	
长期借款		(22) 80 000.00 其中将于一年内到期的借款 30 000.00 元
本年利润		(23) 30 000.00
利润分配		(24) 7 000.00

该企业2019年11月30日资产负债表有关项目的金额填列如下。

(1) 货币资金＝(1)＋(2)＝2 000＋400 000＝402 000(元)
(2) 存货＝(3)＋(4)＋(5)＋(6)＝7 000＋25 000＋30 000＋6 000＝68 000(元)
(3) 预付款项＝(8)＋(16)＝11 000＋20 000＝31 000(元)
(4) 其他应收款＝(10)＝5 000(元)
(5) 应收账款＝(12)＋(19)－(14)＝30 000＋2 000－200＝31 800(元)
(6) 应付账款＝(17)＋(9)＝40 000＋1 000＝41 000(元)
(7) 预收款项＝(20)＋(13)＝17 000＋10 000＝27 000(元)
(8) 应付职工薪酬＝－(21)＝－10 000(元)
(9) 一年内到期的非流动资产＝30 000(元)
(10) 长期借款＝(22)－30 000＝50 000(元)
(11) 未分配利润＝(23)＋(24)＝30 000＋7 000＝37 000(元)

> **温馨提示**
>
> 我国会计法规规定,会计核算以人民币为记账本位币,对于外币业务较多的单位,可以选定其中一种外币作为记账本位币,但编报的会计报表应当折算为人民币。

【实操训练——编制资产负债表】

根据案例企业苏州宝青食品有限公司提供的项目二【实操训练——期初建账】和项目三例3-7～例3-63相关资料,编制苏州宝青食品有限公司2020年11月30日的资产负债表,如表5-3所示。

表5-3 资产负债表

会企01表

编制单位： 年 月 日 单位:元

资产	期末余额	年初余额	负债和所有者权益 (或股东权益)	期末余额	年初余额
流动资产：			流动负债：		
货币资金			短期借款		
交易性金融资产			交易性金融负债		
应收票据			应付票据		
应收账款			应付账款		
预付款项			预收款项		
应收利息			应付职工薪酬		
应收股利			应交税费		
其他应收款			应付利息		
存货			应付股利		
一年内到期的非流动资产			其他应付款		
其他流动资产			一年内到期的非流动负债		
流动资产合计			其他流动负债		
非流动资产：			流动负债合计		

续表

资产	期末余额	年初余额	负债和所有者权益 （或股东权益）	期末余额	年初余额
可供出售金融资产			非流动负债：		
持有至到期投资			长期借款		
长期应收款			应付债券		
长期股权投资			长期应付款		
投资性房地产			专项应付款		
固定资产			预计负债		
在建工程			递延所得税负债		
工程物资			其他非流动负债		
固定资产清理			非流动负债合计		
生产性生物资产			负债合计		
油气资产			所有者权益（或股东权益）：		
无形资产			实收资本（或股本）		
开发支出			资本公积		
商誉			减：库存股		
长期待摊费用			盈余公积		
递延所得税资产			未分配利润		
其他非流动资产			所有者权益（或股东权益）合计		
非流动资产合计					
资产总计			负债和所有者权益 （或股东权益）总计		

任务三 编制利润表

一、利润表概述

利润表是指反映企业一定会计期间（月度、季度、半年度、年度）经营成果的报表，以"收入－费用＝利润"会计等式作为编制依据。利润表按各项收入、费用以及构成利润的各个项目分类分项列示，列示原则为收入按其重要性列示，费用按其性质列示，利润按其构成分类分项列示，并遵循谁受益、谁付费的配比原则。

编制利润表的意义如下。

（1）通过利润表可以从总体上了解企业在一定期间收入、成本和费用、净利润（或亏损）的实现及构成情况。

（2）通过利润表提供的不同时期的数字比较（本期金额、上期金额），可以分析企业的获利能力及利润的未来发展趋势，了解投资者投入资本的保值增值情况。

二、利润表的格式

利润表的格式,主要有单步式利润表和多步式利润表。按照《企业会计准则》的规定,我国企业的利润表采用多步式,一般格式如表 5-4 所示。

表 5-4 利润表

编制单位:××企业　　　　　　　　　年　月　　　　　　　　　会企 02 表
　　　　　　　　　　　　　　　　　　　　　　　　　　　　　　单位:元

项目	行次	本期金额	上期金额
一、营业收入			
减:营业成本			
税金及附加			
销售费用			
管理费用			
财务费用			
其中:利息费用			
利息收入			
加:其他收益			
投资收益(损失以"－"号填列)			
其中:对联营企业和合营企业的投资收益			
公允价值变动收益(损失以"－"号填列)			
信用减值损失(损失以"－"号填列)			
资产减值损失(损失以"－"号填列)			
资产处置收益(损失以"－"号填列)			
二、营业利润(亏损以"－"号填列)			
加:营业外收入			
减:营业外支出			
其中:非流动资产处置损失			
三、利润总额(亏损总额以"－"号填列)			
减:所得税费用			
四、净利润(净亏损以"－"号填列)			
五、每股收益			
(一)基本每股收益			
(二)稀释每股收益			

多步式利润表的主要编制步骤和内容如下。

1. 营业收入

$$营业收入=主营业务收入(贷方)+其他业务收入(贷方)$$

2. 营业利润

营业利润＝营业收入－营业成本(主营业务成本＋其他业务成本)－税金及附加－销售费用－管理费用－财务费用＋其他收益＋投资收益(损失以"－"数填列)＋公允价值变动收

益（损失以"－"数填列）＋信用减值损失（损失以"－"数填列）＋资产减值损失（损失以"－"数填列）＋资产处置收益（损失以"－"数填列）

3. 利润总额

利润总额＝营业利润＋营业外收入－营业外支出

4. 净利润

净利润＝利润总额－所得税费用

5. 每股收益

每股收益包括基本每股收益和稀释每股收益。

基本每股收益只考虑当期实际发行在外的普通股股份，应按照归属于普通股股东的当期净利润除以当期实际发行在外的普通股股份。

稀释每股收益是以基本每股收益为基础，在存在稀释性潜在普通股时，应根据其影响分别调整归属于普通股股东的当期净利润以及发行在外普通股的加权平均数计算。例如，存在可转换公司债券、认股权证、股份期权等。

三、利润表的编制方法

1. "本期金额"栏的填列方法

"本期金额"栏根据"主营业务收入""主营业务成本""税金及附加""销售费用""管理费用""财务费用""资产减值损失""公允价值变动损益""资产处置损益""投资收益""营业外收入""营业外支出""所得税费用"等科目期末结转前各账户的本期发生额分析计算填列。其中，"营业利润""利润总额""净利润"等项目根据该表中相关项目计算填列。具体填列方法归纳起来有以下几种。

1）收入类项目的填列

收入类项目大多是根据收入类账户结转前贷方发生额减去借方发生额后的差额填列，若差额为负数，以"－"号填列。但营业收入＝主营业务收入（贷方）＋其他业务收入（贷方）。

2）费用类项目的填列

费用类项目大多是根据费用类账户期末结转前借方发生额减去贷方发生额后的差额填列，若差额为负数，以"－"号填列。但营业成本＝主营业务成本（借贷发生额差额）＋其他业务成本（借贷发生额差额）。

3）自然计算项目的填列

如"营业利润""利润总额""净利润"等项目，如为亏损用"－"号填列。

2. "上期金额"栏的填列方法

"上期金额"栏应根据上年该期利润表"本期金额"栏内所列数字填列。如果上年该期利润表规定的各个项目的名称和内容同本期不一致，应对上年该期利润表各项目的名称和数字按本期的规定进行调整，填入利润表"上期金额"栏内。

【工作任务——编制利润表】

【例5-2】苏州荣华食品有限公司2019年11月各损益类账户发生额如表5-5所示。

表 5-5　2019 年 11 月各损益类账户发生额

单位:元

账户名称	借方发生额	贷方发生额
主营业务收入		1 000 000.00
其他业务收入		5 000.00
主营业务成本	400 000.00	
其他业务成本	4 000.00	
税金及附加	65 000.00	
销售费用	30 000.00	
管理费用	90 000.00	
财务费用	25 000.00	1 000.00
投资收益		2 500.00
营业外收入		2 000.00
营业外支出	1 750.00	
所得税费用	98 687.50	

则苏州荣华食品有限公司 2019 年 11 月利润表有关项目的金额填制如表 5-6 所示。

表 5-6　利润表

会企 02 表

编制单位:苏州荣华食品有限公司　　　　2019 年 11 月　　　　　　　　　　　单位:元

项目	行次	本期金额	上期金额
一、营业收入		1 005 000.00	
减:营业成本		404 000.00	
税金及附加		65 000.00	
销售费用		30 000.00	
管理费用		90 000.00	
财务费用		24 000.00	
其中:利息费用		25 000.00	
利息收入		1 000.00	
加:其他收益			
投资收益(损失以"—"号填列)		2 500.00	
其中:对联营企业和合营企业的投资收益			
公允价值变动收益(损失以"—"号填列)			
信用减值损失(损失以"—"号填列)			
资产减值损失(损失以"—"号填列)			
资产处置收益(损失以"—"号填列)			
二、营业利润(亏损以"—"号填列)		394 500.00	
加:营业外收入		2 000.00	
减:营业外支出		1 750.00	
其中:非流动资产处置损失			
三、利润总额(亏损总额以"—"号填列)		394 750.00	
减:所得税费用		98 687.50	

续表

项目	行次	本期金额	上期金额
四、净利润（净亏损以"－"号填列）		296 062.50	
五、每股收益			
（一）基本每股收益			
（二）稀释每股收益			

【实操训练——编制利润表】

根据案例企业苏州宝青食品有限公司提供的项目三例 3-62、例 3-63 相关资料，编制苏州宝青食品有限公司 2020 年 11 月的利润表，如表 5-7 所示。

表 5-7 利润表

会企 02 表

编制单位：　　　　　　　　　　　年　　月　　　　　　　　　　　　单位：元

项目	行次	本期金额	上期金额
一、营业收入			
减：营业成本			
税金及附加			
销售费用			
管理费用			
财务费用			
其中：利息费用			
利息收入			
加：其他收益			
投资收益（损失以"－"号填列）			
其中：对联营企业和合营企业的投资收益			
公允价值变动收益（损失以"－"号填列）			
信用减值损失（损失以"－"号填列）			
资产减值损失（损失以"－"号填列）			
资产处置收益（损失以"－"号填列）			
二、营业利润（亏损以"－"号填列）			
加：营业外收入			
减：营业外支出			
其中：非流动资产处置损失			
三、利润总额（亏损总额以"－"号填列）			
减：所得税费用			
四、净利润（净亏损以"－"号填列）			
五、每股收益			
（一）基本每股收益			
（二）稀释每股收益			

参 考 文 献

[1] 刘永泽. 基础会计[M]. 大连:东北财经大学出版社,2013.
[2] 李岚. 基础会计[M]. 苏州:苏州大学出版社,2013.
[3] 李家华. 基础会计[M]. 北京:北京邮电大学出版社,2012.
[4] 葛家澍,耿金岭. 企业财务会计[M]. 北京:高等教育出版社,2012.
[5] 企业会计准则研究组. 企业会计准则案例实解:主要经济业务操作指南[M]. 北京:中国宇航出版社,2014.
[6] 陈国辉,迟旭升. 基础会计[M]. 大连:东北财经大学出版社,2015.
[7] 王坤. 基础会计[M]. 北京:北京出版社,2014.
[8] 杨明,李庆云,陈志宏. 会计职业道德[M]. 北京:中国财政经济出版社,2013.
[9] 沈清文. 基础会计理论·实务·案例[M]. 北京:清华大学出版社,2016.
[10] 缪启军. 会计基础[M]. 上海:立信会计出版社,2015.